## 权威·前沿·原创

皮书系列为
"十二五""十三五"国家重点图书出版规划项目

# 中国薪酬发展报告
## （2018~2019）

ANNUAL REPORT ON CHINA REMUNERATION
DEVELOPMENT (2018-2019)

主　编／谭中和

图书在版编目(CIP)数据

中国薪酬发展报告.2018~2019/谭中和主编.——北京：社会科学文献出版社，2019.7
（薪酬蓝皮书）
ISBN 978-7-5201-5071-2

Ⅰ.①中… Ⅱ.①谭… Ⅲ.①劳动报酬-研究报告-中国-2018-2019 Ⅳ.①F249.24

中国版本图书馆 CIP 数据核字（2019）第122864号

薪酬蓝皮书
**中国薪酬发展报告（2018~2019）**

主　　编／谭中和

出 版 人／谢寿光
组稿编辑／恽　薇　陈凤玲
责任编辑／关少华

出　　版／社会科学文献出版社·经济与管理分社（010）59367226
　　　　　地址：北京市北三环中路甲29号院华龙大厦　邮编：100029
　　　　　网址：www.ssap.com.cn

发　　行／市场营销中心（010）59367081　59367083

印　　装／天津千鹤文化传播有限公司

规　　格／开　本：787mm×1092mm　1/16
　　　　　印　张：20.5　字　数：307千字

版　　次／2019年7月第1版　2019年7月第1次印刷

书　　号／ISBN 978-7-5201-5071-2

定　　价／198.00元

本书如有印装质量问题，请与读者服务中心（010-59367028）联系

▲ 版权所有 翻印必究

# 《中国薪酬发展报告（2018~2019）》编委会

**主　　编**　谭中和

**编委会成员**（以文序排列）

　　　　　　谭中和　许英杰　刘军胜　王　宏　胡宗万
　　　　　　狄　煌　孙玉梅　钱　诚　王　霞　常风林
　　　　　　王学力　肖婷婷　贾东岚

# 主编简介

**谭中和** 中国劳动和社会保障科学研究院副院长、研究员。主要从事工资收入分配和社会保障方面的研究。几十年来主持完成国家级课题120多项,包括社科基金、中央财经领导小组、国家发展和改革委员会、人力资源和社会保障部项目,世界银行、亚洲开发银行、国际劳工组织及地方政府和企事业单位委托的课题项目共计130多项。出版《工资收入分配与社会保险筹资》《中国薪酬发展报告(2017)》《养老保险基金投资运营与监管》《社会保障管理服务》等专著9部,发表专业学术论文140多篇。

# 序

习近平总书记指出："收入分配是民生之源，是改善民生、实现发展成果由人民共享最重要最直接的方式。"[①] 党的十八大以来，以习近平同志为核心的党中央高度重视工资收入分配工作，坚持以人民为中心的发展理念，出台一系列政策措施，着力提高人民群众特别是一线职工、技能人才、科技人员和低收入人群的收入水平。与中国特色社会主义市场经济体制相适应的工资收入分配体制机制基本建立，合理有序的工资收入分配秩序初步形成，地区之间、城乡之间与不同行业和人群之间的收入差距进一步缩小，并逐步趋于合理。使人民群众过上美好生活的物质和财力基础不断夯实，工资收入分配改革取得举世瞩目的巨大成就，劳动群众工资收入水平不断提高。当前和今后一段时期，我们必须以习近平新时代中国特色社会主义思想为指导，坚持以人民为中心的发展思想，坚持在经济增长的同时实现居民收入同步增长、在劳动生产率提高的同时实现劳动报酬同步提高，促进收入分配更合理、更有序。

这里呈现给读者的《中国薪酬发展报告（2018~2019）》，汇集了中国劳动和社会保障科学研究院2017年以来针对我国工资收入分配改革重点难点问题的研究成果，既有宏观层面，规范收入分配秩序、缩小收入分配差距，以及协调推进就业、工资分配和社会保障改革等方面的研究，也有微观层面，着眼于健全完善政府对企业工资调控政策，国有企业工资决定和增长机制，企业人工成本情况，以及部分发达国家工业化过程中工资增长规律和科技人员工资情况的分析。这些研究成果聚焦我国当前工资改革中的现实难

---

[①] 《让老百姓过上好日子——关于改善民生和创新社会治理》，《人民日报》2014年7月10日，第8版。

点问题,是由科研人员通过深入调查、充分研讨,有些还进行了抽样问卷调查,并对国内较有影响的工资研究学者、政策制定有关部门人员专题访谈的基础上形成的。资料来源于人力资源和社会保障部课题或中国劳动和社会保障科学研究院基本业务费课题。本书对正确分析判断我国当前工资分配,特别是企业工资分配现状,了解新时代我国工资收入分配改革发展趋势,具有重要参考价值。

本书在编辑和出版过程中,得到中国劳动和社会保障科学研究院学术委员会的指导和帮助,社会科学文献出版社的同志给予了精心指导;在前期相关课题研究中,人力资源和社会保障部相关司局和参加研讨评审的专家学者给予了指导和帮助,在此一并深表感谢!

我国正处在新旧动能转换、产业结构转型升级、增长方式转变,建设高质量现代经济体系的关键时期,工资收入分配制度是实现高质量发展的重要内在驱动力,是经济发展和人力资源配置的重要杠杆。生产是分配的基础,分配则是社会经济发展结果的重要表现。因而工资制度的改革将伴随整个社会经济发展和改革开放的进程。本书对于一些工资分配问题的探讨也是初步的,一些结论和观点也值得商榷并需要进一步论证。由于编者能力和水平的限制难免存在不足甚至错误,希望本书对推动和促进我国工资改革研究起到抛砖引玉的作用。

谭中和<br>
2019 年 5 月

# 摘　要

《中国薪酬发展报告（2018~2019）》是中国劳动和社会保障科学研究院研究团队2017年以来开展的工资收入分配改革重点难点问题的主要研究成果。既包括宏观层面的规范收入分配秩序、缩小收入分配差距，以及协调推进就业、工资分配和社会保障改革等方面的研究，也包括健全完善政府对企业工资宏观调控政策、国有企业工资决定和增长机制、企业人工成本情况，以及部分发达国家工业化过程中工资增长规律和科技人员工资情况的分析。本书聚焦我国当前工资收入分配改革中的重点难点问题，每篇报告都是中国劳动和社会保障科学研究院的研究人员历经深入调查、文献分析、充分研讨论证，有些研究还进行了抽样问卷调查，以及在对国内较有影响的工资研究方面的学者、政策制定部门的专题访谈基础上研究而成。

《中国薪酬发展报告（2018~2019）》由总报告和四个专题篇组成，共16篇研究报告。总报告分析了2017年以来我国工资收入分配的总体格局，总结梳理了政府着力规范工资收入分配秩序，缩小地区之间、人群之间、行业之间和城乡之间工资收入分配差距，健全完善工资宏观调控的政策措施及其成效，着重从新时代中国特色社会主义市场经济体制所要求的工资收入分配体制机制，如加大对科技人员、技能人才和低收入劳动者工资薪酬激励，建立按劳分配与按要素分配相结合的体制机制等问题的探讨。分析了新时代我国工资收入分配面临的矛盾和挑战，提出了深化工资收入分配改革的政策建议。

法律与政策篇，从国有企业工资决定和调整机制，扩大中等收入群体的比重，完善最低工资标准正常调整机制及评估机制，努力实现在经济增长的同时居民收入同步增长、在劳动生产率提高的同时实现劳动报酬同步提高，

以及推进工资分配、就业和社会保障配套改革等方面,对工资收入分配改革进行比较系统研究。

区域与产业篇,对部分城市的人工成本情况、人工成本上升对制造业影响、地区之间的工资收入差距的分析,以及以江苏省为例研究分析了餐饮行业的工资集体协商问题。

群体篇,聚焦分析上市公司高管薪酬情况、北京市高校毕业生薪酬状况,以及我国开发区管委会工资薪酬的分配制度等专题。

国际借鉴篇,研究了典型国家的科研人员薪酬激励、发达国家工业化进程中的工资增长规律,以及中等收入群体发展态势的国际借鉴情况。

**关键词:**工资收入分配　中等收入群体　人工成本　最低工资标准　工资集体协商

# 目录

## Ⅰ 总报告

B.1 中国工资收入分配改革发展现状与趋势……………… 谭中和 / 001

## Ⅱ 法律与政策篇

B.2 国有企业工资决定机制设计…………………………… 许英杰 / 027
B.3 探索实现"两个同步"长效机制………………………… 刘军胜 / 046
B.4 扩大中等收入群体相关政策分析报告………………… 王　宏 / 066
B.5 协调推进工资收入分配、就业和社会保障配套改革…… 谭中和 / 080
B.6 2018年最低工资标准调整对企业承受能力影响的评估报告
　　…………………………………………………………… 胡宗万 / 108

## Ⅲ 区域与产业篇

B.7 中国部分城市人工成本分析（2014~2016年）………… 狄　煌 / 129
B.8 中国地区工资收入差距分析报告……………………… 孙玉梅 / 150
B.9 人工成本上升对智能制造发展影响分析……………… 钱　诚 / 171
B.10 江苏省餐饮行业工资集体协商制度建设分析
　　…………………………………………………… 王　霞　王　宏 / 187

## Ⅳ 群体篇

**B.11** 2017年沪深上市公司高管薪酬分析报告 ………… 常风林 / 200
**B.12** 北京地区高校毕业生薪酬状况分析
　　　　………… "北京地区高校毕业生薪酬状况研究"课题组 / 218
**B.13** 中国开发区管委会工资分配制度改革实践分析 ……… 王学力 / 239

## Ⅴ 国际借鉴篇

**B.14** 典型国家科研人员薪酬激励的启示 ………………… 肖婷婷 / 257
**B.15** 发达国家工业化进程中的工资增长规律 …………… 钱　诚 / 272
**B.16** 中等收入群体发展态势国际借鉴 …………………… 贾东岚 / 284

Contents …………………………………………………………………… / 298

# 总 报 告
## General Report

## 中国工资收入分配改革发展现状与趋势

谭中和*

**摘　要：** 工资是绝大多数劳动者及其家庭最主要的收入来源渠道，工资分配在国民收入分配中具有支配地位。近几年来，我国各类劳动者的工资稳步增长，其增长幅度总体看与GDP的增长幅度和劳动生产率的提高同步，劳动者较好分享了社会经济发展成果，群众过上美好生活的财力和物质基础不断增强。但新时代仍然面临工资收入分配秩序有待进一步规范，群体之间、地区之间和行业之间的收入差距依然不合理，部分劳动者尤其是一线职工和低收入劳动者工资增长缓慢，工资薪酬对科技人员、技能人才的激励不足，劳动者对工资较快增长的迫切需求与企业人工成本不断提高的矛盾日益凸显。在

---

\* 谭中和，中国劳动和社会保障科学研究院副院长、研究员，主要研究领域为工资收入分配和社会保障。

各要素分配方面，由于资本强势、劳动要素分配不足等，都需要通过不断深化改革，健全完善适应新时代社会主义市场经济体系的工资分配制度。

**关键词：** 工资　按劳分配　要素分配　最低工资

2017年以来，以习近平同志为核心的党中央坚持以人民为中心的发展思想，高度重视工资收入分配工作，一系列工资收入分配改革举措出台并扎实推进，有效带动了全体人民收入水平的提高，人民生活向全面小康社会更加扎实迈进。群众的获得感、幸福感、安全感更充实、更有保障、更可持续。2017年，全国居民人均可支配收入达到25974元，扣除价格因素，比1978年实际增长22.8倍，年均增长8.5%，我国正在向人均收入3万元大关迈进。

## 一　2017年以来工资收入分配的总体情况

2017年以来，是继续深化工资收入分配改革的关键时期。总的主题主要包括以下几方面。一是着力围绕提高劳动者的收入水平，出台一系列政策，提高科技人才、技能人才和低收入劳动者的工资收入水平。二是深化规范收入分配改革，出台健全完善国有企业工资决定和调整机制的指导意见，不断完善市场机制在企业工资收入分配中的作用。三是着力提高低收入群体、低收入地区和低收入行业的工资收入水平，地区之间、人群之间和行业之间的工资收入差距出现缩小趋势。四是建立健全最低工资正常调整和评估机制，充分考虑最低工资在保障低收入劳动者及其赡养家属基本生活和企业生产经营情况方面发挥的作用。五是政府通过法律、信息、行政等手段调控工资收入的体制机制基本健全。另外，治欠保支，从根本上解决拖欠农民工工资的法律体系快速推进。

## （一）各类就业人员平均工资水平稳步增长

根据统计，2017年全国城镇单位就业人员年平均工资水平为74318元，比2016年增长10.0%[①]。2017年全国城镇私营单位就业人员年平均工资为45761元，比上年提高2928元，增长6.8%。2017年，农民工人均月收入水平为3485元，比2016年提高210元，增长6.4%。图1为2006年以来我国三类就业人员平均工资情况。

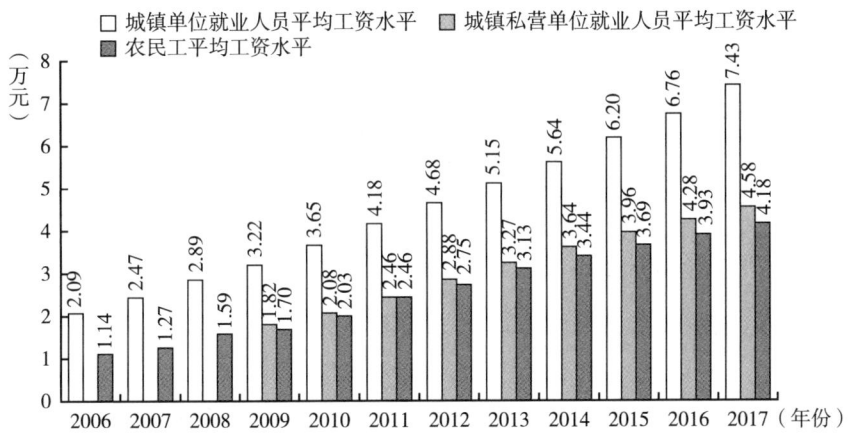

**图1　2006~2017年我国三类就业人员平均工资情况**

注：2006~2008年城镇私营单位就业人员平均工资数据缺失。
资料来源：①城镇单位就业人员平均工资水平、城镇私营单位就业人员平均工资水平数据来源于国家统计局历年《中国统计年鉴》；②农民工平均工资水平为笔者根据历年《农民工监测调查报告》整理。

从我国各类就业人员平均工资增长情况看，体现了以下几个特点。

一是城镇单位就业人员工资收入总额增长与GDP基本保持同步，并且工资增长率略高于GDP增长率，劳动者较好地分享了社会经济发展的成果（见图2）。

二是城镇单位就业人员平均工资增长率高于城镇私营单位就业人员平均

---

① 资料来源：2018年人力资源和社会保障部统计摘要。

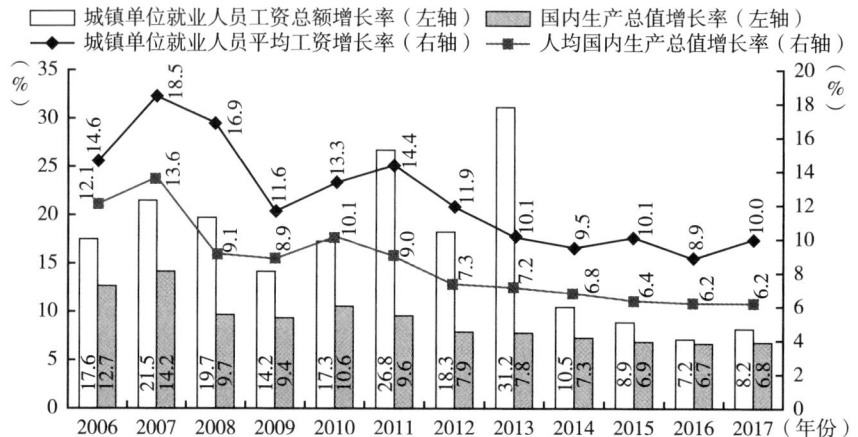

**图 2　2006～2017 年我国 GDP 和城镇单位就业人员工资增长情况**

资料来源：笔者根据国家统计局相关数据整理，中华人民共和国国家统计局网站，http://data.stats.gov.cn/easyquery.htm?cn=B01。

工资增长率，也高于农民工平均工资增长率，城镇私营单位就业人员平均工资增长率高于农民工平均工资增长率（见图3）。

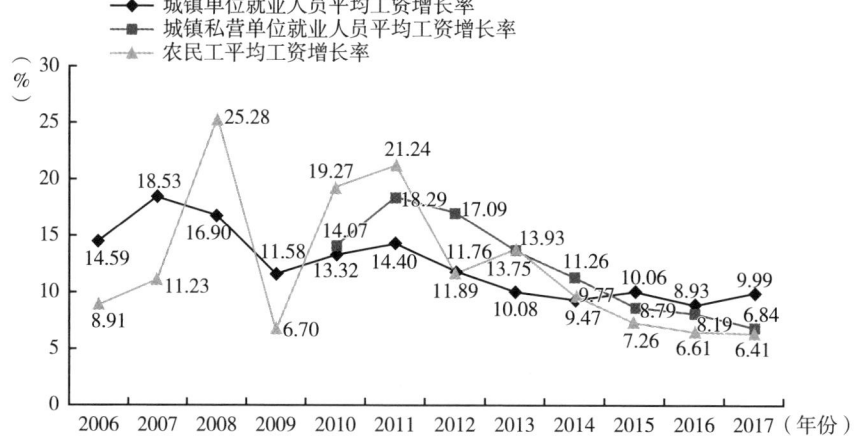

**图 3　2006～2017 年我国三类就业人员平均工资增长率**

资料来源：①城镇单位就业人员平均工资增长率、城镇私营单位就业人员平均工资增长率是笔者根据国家统计局历年《中国统计年鉴》相关数据计算；②农民工平均工资增长率为笔者根据历年《农民工监测调查报告》整理。

三是不同行业城镇单位就业人员平均工资水平除少数行业①增速发生变化外,整体呈现同步增长趋势②(见图4)。除采矿业平均工资水平在2015年出现较大下降外,其他行业城镇单位就业人员平均工资水平增长率整体呈现缓慢下降趋势(见图5)。

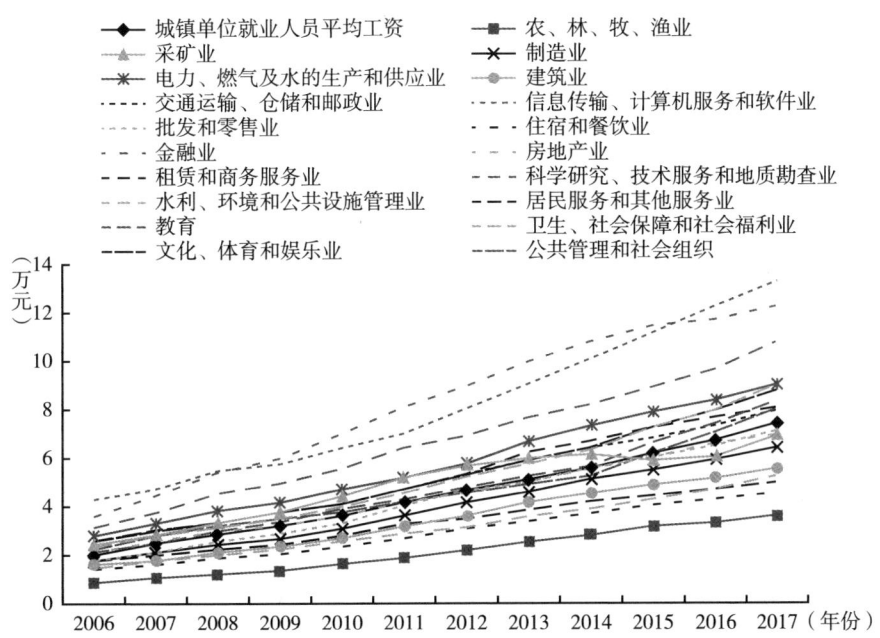

图4 2006~2017年我国19个行业城镇单位就业人员平均工资水平变化情况

注:①资料来源为笔者根据国家统计局历年《中国统计年鉴》披露数据整理;②2006~2008年的城镇单位就业人员平均工资即原来的城镇单位就业人员平均劳动报酬。

四是农民工工资收入稳步增长③。2017年农民工月均收入3485元,比2016年增加了210元,增长6.4%,增速比2016年回落了0.2个百分点。

---

① 如2015年信息传输、计算机服务和软件业工资增长速度超过了金融业。
② 采矿业2015年、2016年较2014年水平有所降低;但是,2017年,采矿业城镇单位就业人员平均工资水平又快速增加为6.95万元。具体来看,2014年、2015年、2016年、2017年采矿业城镇单位就业人员平均工资水平分别为6.17万元、5.94万元、6.05万元和6.95万元。
③ 资料来源:国家统计局官方微信"统计微讯"文章《2017年农民工监测调查报告》。

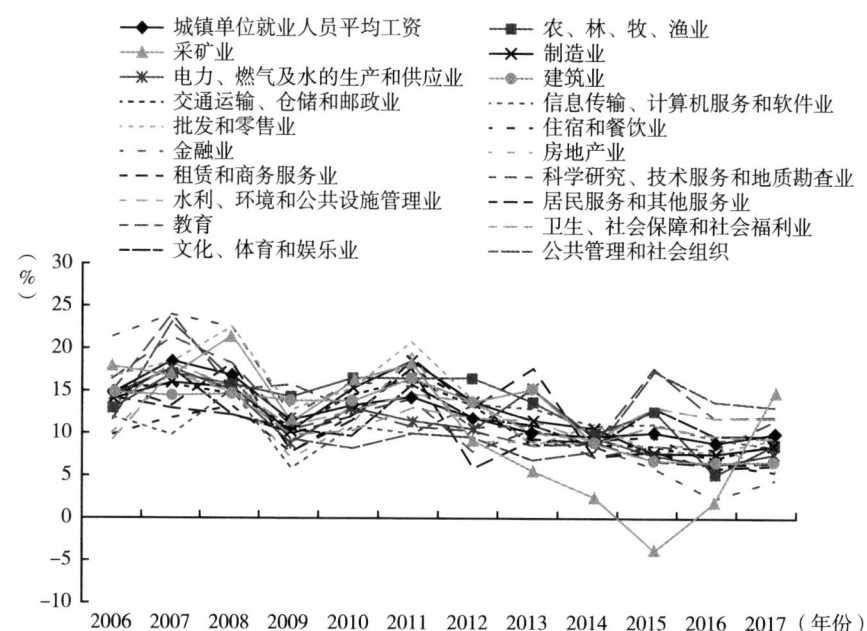

**图 5　2006～2017 年我国 19 个行业城镇就业人员平均工资水平增长率变化趋势**

注：①数据来源为笔者根据国家统计局历年《中国统计年鉴》披露数据整理；② 2006～2008 年不同行业城镇单位就业人员平均工资增长率计算依据为原来的城镇单位就业人员平均劳动报酬。

外出务工农民工月均收入增速快于本地农民工，在东部和中部地区就业的农民工月均收入增速加快，而在西部地区和在东北地区就业的农民工工资收入增速比 2016 年均出现回落。

## （二）劳动报酬占初次分配的比重波动提升①

2006 年以来，我国劳动报酬占初次分配的比重波动提升。2006 年，我国居民劳动报酬占初次分配的比重为 48.65%，2013 年为 50.65%，到 2016 年，我国居民劳动报酬占初次分配的比重达到 52.25%。

---

① 由于国家统计局披露数据的原因，找不到 2017 年同之前口径一致的统计数据；为此，在本部分分析中，仅分析到 2016 年。

## (三)收入差距逐步缩小

总体来看,我国居民收入基尼系数①保持下降趋势。2017年,我国基尼系数已经降至0.467,尽管2016年以来我国居民收入基尼系数有所提升,2016年和2017年分别为0.465和0.467,但自2006年以来,总体下降趋势没有改变(见图6)。但是从不同人群、不同行业和地区看,收入差距持续扩大,应当引起高度重视。

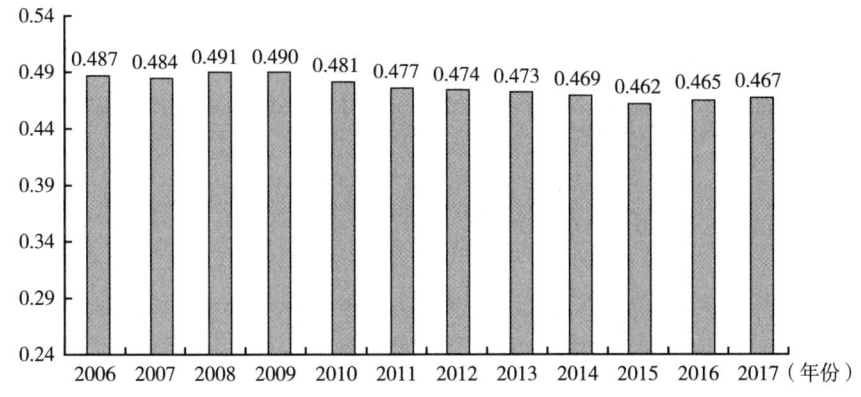

**图6 2006~2017年我国基尼系数变化情况**

资料来源:笔者根据国家统计局历年《中国统计年鉴》披露数据整理。

按省份地区工资差异情况看,2017年地区平均工资水平高于全国社会平均工资水平②(2017年全国社会平均工资水平比2016年增长10%)的有8个省份,低于全国社会平均工资水平的有23个省份。2017年云南省、河北省和青海省的社会平均工资增长较快,分别增长了14.32%、13.92%和13.68%,西藏、新疆和黑龙江分别增长了5.41%、6.58%和6.93%。总体来看,在各省份

---

① 取值范围为0~1,当基尼系数为0时,表示收入分配完全平等;当基尼系数为1时,表示收入分配绝对不平等;当基尼系数处于0~0.2时,表示收入绝对平等;当基尼系数处于0.2~0.3时,表示收入分配比较平均;当基尼系数处于0.3~0.4时,表示收入分配相对合理;当基尼系数处于0.4~0.5时,表示收入差距较大;当基尼系数在0.5以上时,表示收入差距悬殊。
② 在全国地区比较中,不包含香港、澳门和台湾。下同。

工资普遍增长的情况下，地区间工资收入水平的绝对差额增长较大，地区间最高和最低工资的差额由1978年的394元扩大到2017年的76205元（见图7）。

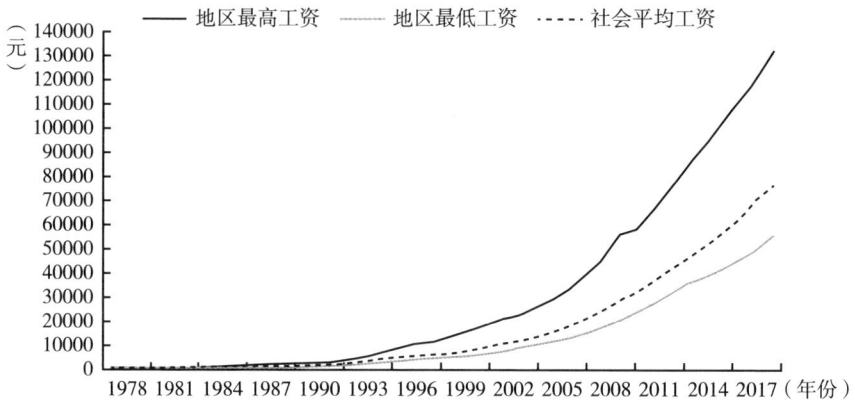

**图7　我国地区间城镇非私营单位就业人员平均工资**

资料来源：笔者根据国家统计局历年《中国统计年鉴》数据整理。

按东中西部和东北四大地区划分来看，1978年以来各地区工资水平都有了很大的提高，年均增长率都在13%以上。总体上看，四大地区间工资收入相对差距呈缩小的趋势。随着西部大开发、振兴东北老工业基地等一系列地区均衡发展策略的实施，我国地区间工资收入差距呈现缩小的态势，2017年四大地区间工资收入差距为1.44倍，但绝对差距持续拉大，从1985年的127元扩大到2017年的26218元（见图8），中部地区长期以来工资增长相对缓慢。

从就业人员单位类型分析，2017年全国城镇私营单位就业人员平均工资水平为45761元，比2016年增长了2928元，增长了6.8%，增长幅度低于非私营单位增长幅度，城镇私营单位就业人员和非私营单位就业人员工资收入绝对额差距继续拉大。2017年全国城镇非私营单位就业人员平均工资水平比私营单位就业人员平均工资水平高28557元，非私营单位是私营单位就业人员平均工资水平的1.62倍。各地区城镇私营单位和非私营单位就业人员的平均工资水平差距也不尽相同，其中上海市二者差距最大，非私营单位就业人员平均工资水平是私营单位的2.49倍，二者差距最小的是山东，非私营单位就业人员平均工资水平是私营单位的1.31倍。

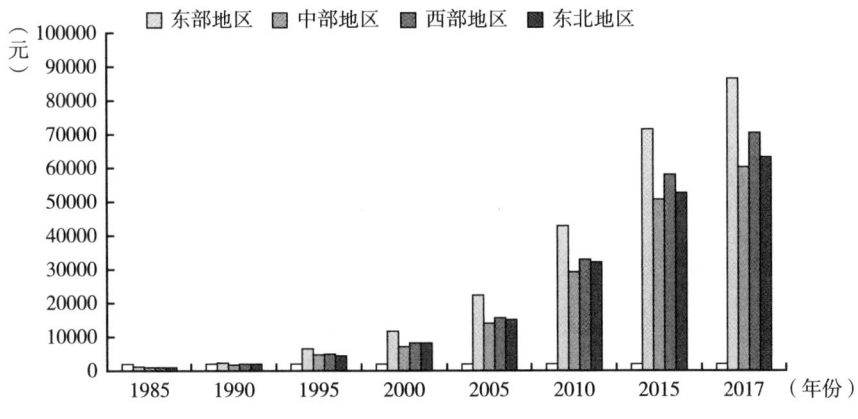

**图8 四大地区职工平均工资水平**

资料来源：笔者根据国家统计局历年《中国统计年鉴》数据整理。

城镇单位就业人员行业间的平均工资水平差距呈现缩小的趋势。自2006年以来，不同行业城镇单位就业人员平均工资变异系数波动下降，2008年不同行业城镇单位就业人员平均工资变异系数相对最高，为0.3416，到2017年，下降至近年来的最低点，为0.3166（见图9）。

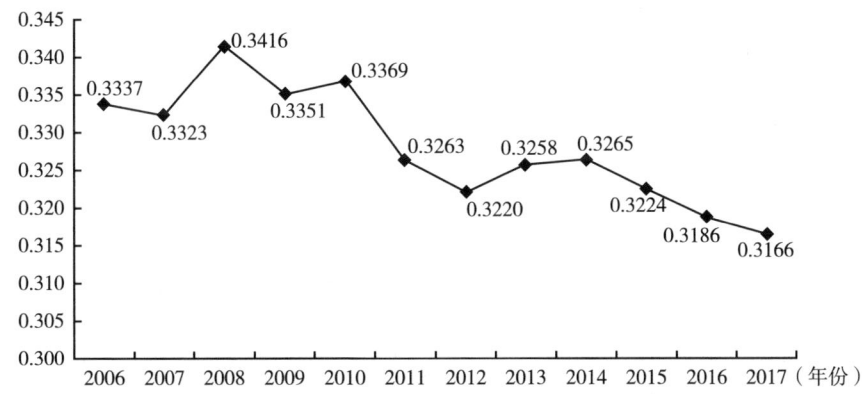

**图9 2006~2017年我国不同行业城镇单位就业人员平均工资变异系数**

资料来源：笔者根据国家统计局历年《中国统计年鉴》数据整理。

尽管如此，行业间工资收入的绝对差距呈不断增大趋势。2006年行业最高与最低差距是4.69倍，到2017年缩小为3.65倍（见图10）。但2006

年，我国不同行业城镇单位就业人员平均工资最高水平和最低水平分别为4.34万元和0.93万元，二者相差3.41万元。2017年，我国不同行业城镇单位就业人员平均工资最高水平和最低水平分别为13.32万元和3.65万元，最高和最低水平绝对差距进一步拉大为9.67万元（见图11）。

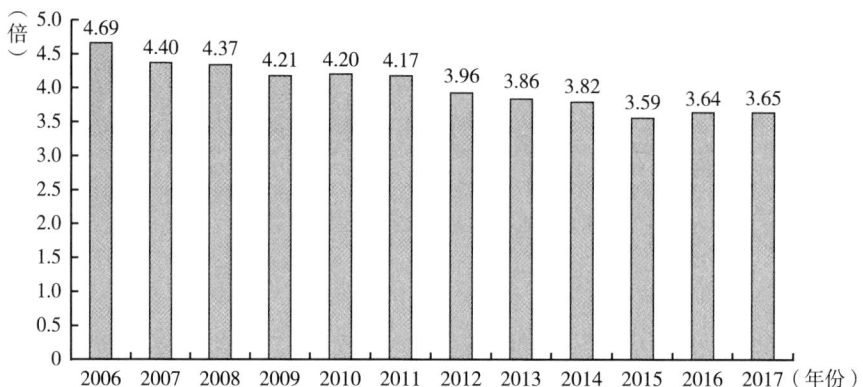

**图10　2006~2017年不同行业城镇单位就业人员平均工资最高和最低水平相对差距**

注：①笔者根据国家统计局历年《中国统计年鉴》披露数据整理；②2006~2008年的城镇单位就业人员平均工资最高和最低水平指原来的城镇单位就业人员平均劳动报酬。

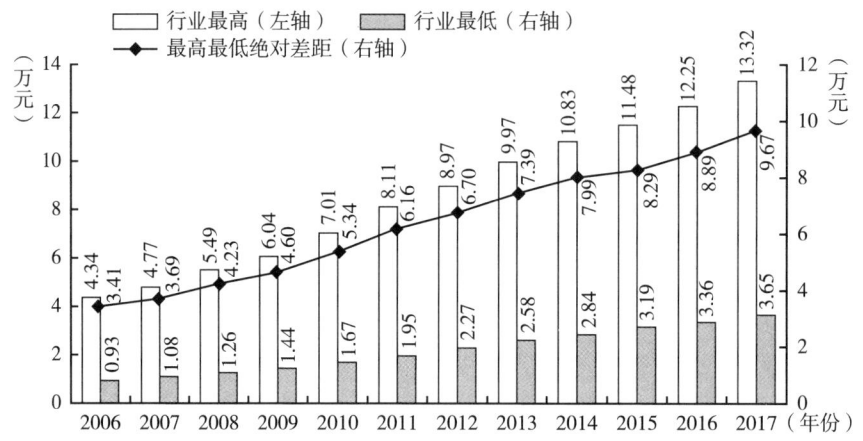

**图11　2006~2017年我国城镇单位就业人员行业平均收入最高水平和最低水平及其绝对差距**

注：①笔者根据国家统计局历年《中国统计年鉴》披露数据整理；②2006~2008年城镇单位就业人员平均工资最高和最低水平指原来的城镇单位就业人员平均劳动报酬。

## 二 不断深化工资收入分配改革，强化人才激励

在国有企业工资改革方面，2018年5月国务院印发了《关于改革国有企业工资决定机制的意见》（国发〔2018〕16号，以下简称《意见》），提出了建立健全灵活、高效的国有企业经营机制，推动国有企业全面提升发展质量和效率。《意见》的颁布标志着与中国特色社会主义市场经济制度相适应的工资分配制度体系基本形成，其基本特征之一是坚持了市场机制决定工资分配，突出了国有企业工资分配的市场化方向。明确了国有企业工资总额的确定和增长，要与劳动力市场相适应，与经济效益和劳动生产率相挂钩，统筹考虑一揽子因素合理确定工资总额。这样国有企业的工资更加符合市场经济规律和企业发展规律。在工资水平决定机制上，要加强人工成本投入产出率和职工工资水平的市场对标，使工资水平设定的合理性更多地由市场评判。在工资分配主体上，采取符合市场规律的预算管理办法，工资总额预算方案由企业自主编制，并对主业处于充分竞争行业和领域的商业类国有企业原则上实行备案制，从而使国有企业的市场主体地位更加突出。强化了企业自主分配，实现了企业在内部分配上拥有充分的自主权，使得企业尤其是国有企业通过科学灵活的薪酬体系，大大提高了创新活力，让企业根据内部绩效考核和业绩评价发放薪酬，提高企业的盈利能力和可持续竞争力。目前，全国大多数地区和国有企业出台了相应的实施方案细则。

在促进劳动者增收方面，为实现党的十八大提出的居民增收目标，完成形成合理有序分配格局的任务要求，2016年10月，国务院印发《关于激发重点群体活力带动城乡居民增收的实施意见》（国发〔2016〕56号），瞄准技能人才、新型职业农民、科研人员、小微创业者、企业经营管理人员、基层干部队伍等七大群体，深化收入分配制度改革，推出差别化收入分配激励政策，依次带动居民收入增长。2017年、2018年，国务院相关部门先后出台一系列与这一文件相配套的政策措施：

2017年3月人力资源和社会保障部出台《关于支持和鼓励事业单位专业技术人员创新创业的指导意见》（人社部规〔2017〕4号），2018年财政部、国家税务总局、科技部联合下发《关于科技人员取得职务科技成果转化现金奖励有关个人所得税政策的通知》等。与此同时，微观主体也开始了相关探索。例如，河北师范大学2018年出台《在职人员协议工资制方案（试行）》《专业技术二、三级岗位人员协议工资制方案（试行）》，对部分关键岗位、高层次人才、业务骨干和做出突出成绩的在职人员在一定期限内实施协议工资制，提高了奖励性绩效工资。2018年3月，中共中央办公厅、国务院办公厅印发《关于提高技术工人待遇的意见》，从薪酬待遇、人才培养、评价、选拔等各个环节全面改善技术工人的待遇水平。在提高收入水平方面，实施技术工人工资激励计划，强化工资收入分配制度的技能价值激励导向，提高技术工人工资待遇和津贴水平，建立企业技术工人工资正常增长机制，探索技术工人长效激励机制，制定企业技术工人技能要素和创新成果按贡献参与分配的办法，推动技术工人享受促进科技成果转化的有关政策。其中，对于技术工人中的高技能领军人才，还应鼓励企业制定职业发展规划和年资（年功）工资制度，试行年薪制和股权期权激励，鼓励企业设立特聘岗位津贴、带徒津贴等，参照高级管理人员标准落实经济待遇，对高技能领军人才参与国家科技计划项目的，鼓励所在单位根据其实际贡献给予绩效奖励。

事业单位是我国特有的由国家机关或国有资产举办的公益性社会组织，聚集着一大批科技和技能人才，是我国提供科研、教学和公共服务的主力军。2018年12月中共中央组织部、人力资源和社会保障部印发了《事业单位工作人员奖励规定》，成为继《事业单位人事管理条例》、事业单位绩效工资后，激励事业单位工作人员担当作为、干事创业的制度支撑。

在健全完善最低工资调整机制和企业薪酬信息发布制度方面，2018年，全国有15个省份（16个地区，其中深圳市标准与广东省不同）调整了最低工资，调整省份平均工资涨幅为 11.39%。相比 2017 年，最低工资标准各档次平均值平均增幅为 5.02%，总体与经济发展速度相匹配。截至 2018 年底，上海、广东、北京、天津、江苏和浙江 6 个省份的月最低工资均超过 2000 元（见表 1）。其中最高的是上海市，最低工资标准达到 2420 元，最低的是重庆市，为 1500 元。在小时最低工资标准方面，北京、上海、天津、广东的小时最低工资标准超过 20 元，其中小时最低工资标准最高的是北京市，为 24 元。2018 年第四季度以来，多地调整了最低工资标准。安徽省在 2018 年 11 月实施最新调整的最低工资标准，与 2015 年的标准相比，月最低工资标准调整幅度为 30 元。河南省于 2018 年 10 月调整了最低工资标准，其中河南省一类行政区域月最低工资标准从 1720 元调整为 1900 元，小时最低工资标准从 16 元调整为 19 元；海南省于 2018 年 12 月执行新的最低工资标准，调整后的月最低工资标准较之前提高了 240 元。

表 1 2018 年各省份月最低工资标准

单位：元

| 地区 | 标准实行日期 | 月最低工资标准 | | | | |
|---|---|---|---|---|---|---|
| | | 第一档 | 第二档 | 第三档 | 第四档 | 第五档 |
| 北京 | 2018 年 9 月 1 日 | 2120 | | | | |
| 天津 | 2017 年 7 月 1 日 | 2050 | | | | |
| 河北 | 2016 年 7 月 1 日 | 1650 | 1590 | 1480 | 1380 | |
| 山西 | 2017 年 10 月 1 日 | 1700 | 1600 | 1500 | 1400 | |
| 内蒙古 | 2017 年 8 月 1 日 | 1760 | 1660 | 1560 | 1460 | |
| 辽宁 | 2018 年 1 月 1 日 | 1620 | 1420 | 1300 | 1120 | |
| 吉林 | 2017 年 10 月 1 日 | 1780 | 1680 | 1580 | 1480 | |
| 黑龙江 | 2017 年 10 月 1 日 | 1680 | 1450 | 1270 | | |
| 上海 | 2018 年 4 月 1 日 | 2420 | | | | |
| 江苏 | 2018 年 8 月 1 日 | 2020 | 1830 | 1620 | | |
| 浙江 | 2017 年 12 月 1 日 | 2010 | 1800 | 1660 | 1500 | |

续表

| 地区 | 标准实行日期 | 月最低工资标准 | | | | |
|---|---|---|---|---|---|---|
| | | 第一档 | 第二档 | 第三档 | 第四档 | 第五档 |
| 安徽 | 2018年11月1日 | 1907 | 1737 | 1637 | 1537 | |
| 福建 | 2017年7月1日 | 1700 | 1650 | 1500 | 1380 | 1280 |
| 江西 | 2018年1月1日 | 1680 | 1580 | 1470 | | |
| 山东 | 2018年6月1日 | 1910 | 1730 | 1550 | | |
| 河南 | 2018年10月1日 | 1900 | 1700 | 1500 | | |
| 湖北 | 2017年11月1日 | 1750 | 1500 | 1380 | 1250 | |
| 湖南 | 2017年7月1日 | 1580 | 1430 | 1280 | 1130 | |
| 广东 | 2018年7月1日 | 2100 | 1720 | 1550 | 1410 | |
| 其中:深圳 | 2018年7月1日 | 2200 | | | | |
| 广西 | 2018年2月1日 | 1680 | 1450 | 1300 | | |
| 海南 | 2018年12月1日 | 1670 | 1570 | 1520 | | |
| 重庆 | 2016年1月1日 | 1500 | 1400 | | | |
| 四川 | 2018年7月1日 | 1780 | 1650 | 1550 | | |
| 贵州 | 2017年7月1日 | 1680 | 1570 | 1470 | | |
| 云南 | 2018年5月1日 | 1670 | 1500 | 1350 | | |
| 西藏 | 2018年1月1日 | 1650 | | | | |
| 陕西 | 2017年5月1日 | 1680 | 1580 | 1480 | 1380 | |
| 甘肃 | 2017年6月1日 | 1620 | 1570 | 1520 | 1470 | |
| 青海 | 2017年5月1日 | 1500 | | | | |
| 宁夏 | 2017年10月1日 | 1660 | 1560 | 1480 | | |
| 新疆 | 2018年1月1日 | 1820 | 1620 | 1540 | 1460 | |

注：加底色地区为已调整最低工资地区。
资料来源：笔者根据人力资源和社会保障部有关统计资料整理。

提高最低工资标准水平，对保障低收入劳动者的权益，提高其收入水平具有重要意义。统计发现，全国有19个省份设定的失业保险金标准参照最低工资标准，不少省份的最低生活保障标准也与最低工资标准挂钩。所以，各省份提高最低工资标准也使包括最低生活保障补助、失业保险待遇等在内的与最低工资标准挂钩的各类社会保障、社会福利、社会救助等的待遇标准随之上调，有利于低收入职工和居民家庭较好地分享经济社会发展成果。另外，北京、上海、安徽等省份还在最低工资标准中剔除了个人缴纳的社会保险费和住房公积金，实实在在地增加了最低工资标准的"含金量"。

近年来，人力资源和社会保障部组织开展全国最低工资评估并对各地最低工资调整提出指导意见。2014~2018 年，全国分别有 19、27、9、20 和 16 个省份调整了最低工资标准，调增省份对应平均调增幅度分别为 14.1%、14.9%、10.7%、11.05% 和 11.39%（见图 12）。

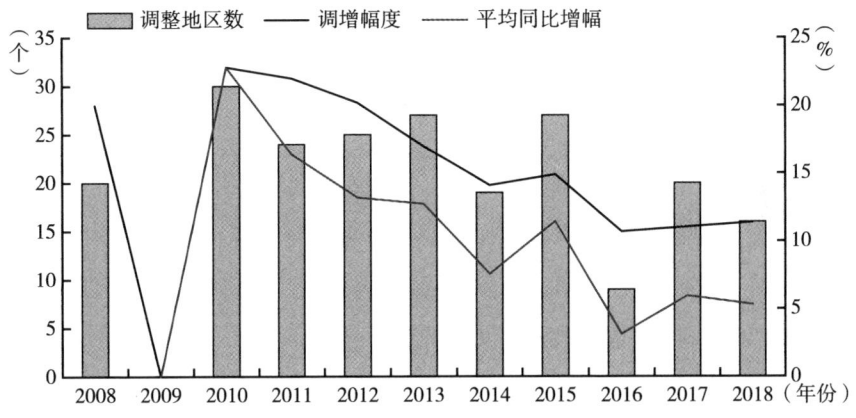

**图 12　2008~2018 年最低工资调整省份数量和增长情况**

资料来源：笔者根据国家统计局历年《中国统计年鉴》及人力资源和社会保障部统计数据整理。

根据中国劳动和社会保障科学研究院最低工资评估课题组分析，总体而言，近几年最低工资标准的增速快于同期人均 GDP 增速的状况得以改善。2017 年，在全国最低工资标准调整地区相对较多的背景下，2010~2017 年人均 GDP 年均增幅为 7.10%，同期最低工资标准实际年均增幅为 7.13%，基本保持了与经济增长同步。这表明，绝大多数地区最低工资调整充分兼顾了企业的承受能力和劳动者的利益。但个别省份最低工资增幅仍快于人均 GDP 增幅。例如，安徽省 2010~2018 年人均 GDP 年均增速为 9.21%，同期最低工资年均实际增速为 11.25%；宁夏 2010~2018 年人均 GDP 年均增速为 8%，同期最低工资年均实际增速为 8.72%。调查结果显示，50% 左右的劳动密集型企业存在以最低工资标准作为加班工资基数的情况，40% 左右的劳动密集型企业将最低工资作为社保缴费基数；如果月最低工资标准调整10%，50%左右的劳动密集型企业会考虑调整一线职工固定工资标准，30%左右的劳动密集型企业会考虑减少招工、增加自动化投入等。因此，在经济下行压力较大、企业经营困难较多的背景下，最低工资调整需综合平衡多方因素，科学谨慎调整。

在政府对工资的宏观调控方面，按照《中共中央国务院关于构建和谐劳动关系的意见》（中发〔2015〕10号）、《国务院批转发展改革委等部门关于深化收入分配制度改革若干意见的通知》（国发〔2013〕6号）的要求，2018年人力资源和社会保障部、财政部联合出台了《关于建立企业薪酬调查和信息发布制度的通知》。建立企业薪酬调查和信息发布制度，是深化企业工资分配制度改革的重要任务，是完善人力资源市场公共信息服务的重要内容，是政府通过法律、信息、经济等调控工资的重要形式。通过开展企业薪酬调查并发布不同职业劳动者的工资报酬信息、不同行业企业人工成本信息，对指导企业合理确定职工工资水平，发挥市场在工资分配中的决定性作用，形成科学的工资水平决定机制，对引导劳动力有序流动、促进人力资源合理配置具有十分重要的意义。根据《关于建立企业薪酬调查和信息发布制度的通知》，有关企业薪酬调查和信息发布制度的目标任务是：到2020年，建成国家、省（自治区、直辖市）、市（副省级市、地级市、州、盟）企业薪酬调查和信息发布体系。该体系包含调查企业从业人员的工资报酬和企业人工成本情况，包括不同职业从业人员的工资报酬水平、构成等相关数据，以及不同行业、不同规模企业人工成本水平、构成及主要经济数据。调查覆盖18个国民经济行业门类（不含公共管理、社会保障和社会组织以及国际组织行业门类）各类登记注册类型的企业、各类职业从业人员（不含军人和不便分类的其他从业人员），为深化工资分配制度改革、调节工资分配关系提供决策支持。

在企业人工成本方面，近年来，受经济增长方式转变、供给侧结构性改革和中美经贸摩擦等影响，我国东部沿海地区一些劳动密集型企业出现人工成本上升较快的情况，一些企业反映存在人工成本上升导致经营困难、竞争力下降和承受能力不足等问题。劳动报酬（工资）是企业人工成本的最大部分（综合比重为80%左右），那么近几年我国企业的人工成本及工资在其人工成本中的比重究竟如何，根据中国劳动和社会保障科学研究院的相关研究，以制造业为例，2017年我国制造业城镇单位人工成本总额约为4.63万亿元①，2016年和2017年增速分别为2.64%和2.24%，近五年来保持增长态势，但近两年随着国家为企业减税降费政策的实施，人工成本增速放缓，劳动生产率不断提高。近五年来呈上升趋势，2015~2017年制造业人工成本年增速分别为5.93%、6.31%和7.93%，而2015年和2016年城镇单位制造业劳动生产率增速分别达到10.79%和9.65%。

工资是企业人工成本的主体。国家统计局数据显示，2013~2017年城镇非私营单位人均收入增长速度达到9.61%，其中，2015~2017年工资增速分别为10.06%、8.93%和9.99%。对比"十二五"期间工资增速有所回落，但仍快于同期人均国内生产总值增速（年均7.99%）。武汉大学《中国企业－劳动力匹配调查（CEES）报告》指出，虽然劳动力工资和社保成本上涨，但二者在企业总成本中的比重不高，其中，2013年和2014年工资占总成本的比重约为17%，2015年约为18%。企业社会保障支出占总工资的比重是17%，占总费用的比重只有3%左右。

## 三 新时代工资收入分配制度面临的矛盾和现实困境

我国进入中国特色社会主义市场经济新时代，这对工资制度改革提出了新的任务、新的目标和新的要求。当前，工资分配还存在一些矛盾和困境，需要通过不断深入的改革，完善新时代要求的工资收入制度。

一是人民群众对美好生活的向往与经济增长趋缓的矛盾。工资收入是大多数劳动者的主要经济和财富来源，是使群众过上美好生活的财务基础。而经济增长是提高工资收入的基础和保证。国内受供给侧改革、技术升级、新

---

① 根据国家统计局《中国统计年鉴》中关于城镇单位行业工资总额估算。

旧动能转换和产业结构调整等影响，国外受中美经贸摩擦等不确定因素的影响，稳增长面临诸多挑战，表现在职工对工资增长的迫切需求，与企业特别是一些中小微企业成本上升、劳动生产率和盈利能力下降、效益增长缓慢甚至经营困难形成的矛盾。在稳就业和提高就业人员工资收入方面，也需要出台一些更加有针对性的政策。在通过薪酬激励科技人才、高技能人才的同时，也需要考虑一线职工，特别是低收入职工的工资增长问题。多年来中国经济持续高增长，带动了各类群体工资收入的增加，一旦经济增长放缓，工资增长就会滞涨甚至部分就业人员工资收入减少，不仅会影响这部分人群和家庭的获得感和幸福感，而且会影响社会的稳定，影响全面小康社会的质量。

二是地区之间、行业之间和不同就业人群之间的工资收入差距过大，垄断行业过高的不合理工资收入依然存在。特别要重视在工资普遍增长的情况下既有工资总额基数的差异，导致工资收入绝对值的差距。这种收入的差距，在经济高速增长、工资连年增加的情景下，往往会掩盖绝对差距，如果一旦经济增长放缓，工资增长放缓甚至减少，这种工资收入差距必将引发诸多矛盾。另外，按劳分配和按要素分配相结合的体制机制尚未建立，资本强势劳动弱势导致普通劳动者劳动报酬份额不断减少的状况，随着新兴的现代服务业（如网络平台经济等）的发展越来越突出，需要通过加快深化工资分配改革步伐得到缓解。

三是国有企业工资总额控制对国有企业改革的影响。2018年《意见》发布，核心内容是国企工资总额实行"一适应双挂钩"的办法。现实中，出现只重视经济效益和劳动生产率指标，没有考核衡量企业效益的来源和劳动生产率提高的推动力是否源自创新发展、创新驱动的结果。忽略增长的动力和源泉，导致有些企业不重视发展动力和方向，不利于建设高质量现代经济体系的目标，不利于国有企业做大做优做强。有些企业甚至出现为了经济效益而不顾主业发展、淡化科技创新，忘记国有企业引领科技创新的使命，走入"什么钱好挣干什么"的不良境地。一方面，受到工资总额限制，国有企业难以有效吸引、留住一流的人才；另一方面，由于工资总额的限制，国有企业普遍反映关键岗位人才流失严重。当前不论在事业单位推行的绩效工资总额控制,还是国有企业工资总额和工资增长双调控政策下,出现了新的工资收入不合理的状况,"总额"的限制引发了"你多我就少",从而对关键岗位和人才的激励不足,一些国有企业成了外资或民营企业的"培训基地"。"工资水平"的调控则引发了企业增长的动力不足问题。在实施了绩效工资总额控制的科研事业单位,也出现了中青年科技人才流失的现象,非常值得重视。

四是"职业经理人"工资面临的制度壁垒。党的十八届三中全会上发布的《中共中央关于全面深化改革若干重大问题的决定》,提出"建立职业经理人制度"。2015年8月中共中央、国务院印发《关于深化国有企业改革的指导意见》,进一步明确提出,"对市场化选聘的职业经理人实行市场化薪酬分配机制,可以采取多种方式探索完善中长期激励机制"。当前,在推行国有企业职业经理人制度中仍然存在着企业法人治理结构不完善、法人治理主体职责模糊、职业经理人选聘以行政任命为主、激励约束机制不完善、退出机制不健全等障碍,使得推行国有企业职业经理人制度困难重重。

五是最低工资动态调整机制尚不健全。自2004年我国建立最低工资制度以来,31个省份全部建立了最低工资制度。最低工资制度在维护劳动者取得劳动报酬的合法权益、保障劳动者个人及其家庭成员的基本生活、促进实现低收入劳动者劳动和高质量就业、实现低工资劳动者分享社会经济发展的成果等方面发挥了极其重要的作用。但随着供给侧结构性改革的深化以及中美经贸摩擦等,一些企业特别是中小微企业经营困难,人工成本持续增长,各地最低工资调整的幅度有所减缓,调整范围有所缩小,调整频率趋稳趋缓。最低工资标准和调整幅度如何保持与经济发展和企业效益相适应,有效保障劳动者个人及其家庭成员基本生活,与共享发展理念要求相适应,也是新时代工资制度改革需要破解的难题。

六是扩大中等收入群体任重道远。提高中等收入群体比重是党的十九大提出的重要任务,是全面实现小康社会的重要内容。中等收入群体是社会的中坚力量,是维持社会安定、扩大消费的主力军。从国际上看,大多数的劳动者是中等收入群体的主要人群,但目前我国存在着劳动者低收入人群较

多,中等收入群体比重不高且不稳定。国内多家研究机构的结论均表明,我国目前中等收入群体不仅数量偏低,而且一些中等收入人群难以进入高收入人群,而极易滑向低收入人群之中。

## 四 深化工资收入分配改革的政策建议

改革未有穷期。党的十九大提出,必须始终把人民利益摆在至高无上的地位,让改革发展成果更多更公平惠及全体人民,朝着实现全体人民共同富裕不断迈进。理论和实践证明,工资收入分配是财富分配的核心,是社会体现公平正义,发挥经济杠杆,提高人民生活和提高劳动生产率最直接最重要的社会经济政策。新时代如何以习近平新时代中国特色社会主义思想为指导,坚持以人民为中心的发展思想,深化工资分配改革,不断满足人民日益增长的美好生活需要,不断促进社会公平正义,成为工资分配必须要回答的课题。

### (一)总体目标和基本思路

工资收入分配改革的总体目标是,通过社会经济高质量发展,实现高质量就业,提高劳动者收入;通过创新驱动引领产业结构和经济增长方式的转变,带动劳动者人力资本的提升,提高劳动报酬;通过深化国企特别垄断行业改革,进一步规范工资收入分配秩序,增强工资分配的公平性;通过基本公共服务均等化及再分配政策,提高低收入劳动者的工资性收入质量;通过政府工资宏观调控政策和市场化分配机制,合理引导劳动者工资收入预期,保持在经济增长和劳动生产率提高的基础上提高劳动者收入。

### (二)推进路径和策略

收入是生产、消费链条中的重要一环,分配则是结果。讨论工资收入分配必须要将其放置在社会经济的大背景下研究。当前,我国进入中国特色社会主义新时代,高质量发展成为时代主旋律。工资分配改革也需要沿着高质量、公平、共享的路径推进。

一是加强收入分配的顶层设计。在即将全面实现小康的背景下，笔者认为在工资分配上应处理好几个方面的关系。统筹设计初次分配、再分配和第三次分配的关系，统筹设计兼顾政府、企业和居民的收入，统筹公务员、事业单位职工和企业职工的收入，统筹劳动、资本、技术和管理等要素收入，统筹城镇非私营单位和私营单位的工资分配，统筹东部发达地区与中西部地区的劳动者收入，统筹工资性收入与居民财富增长等关系。

二是适应高质量发展要求，以高质量就业为引领，提高劳动者工资收入。高质量发展的基础是产业结构优化、经济增长方式的转变，外在表现是产品的高质量和先进技术的应用，其深层次是劳动者就业的高质量，反映在不同行业和岗位的劳动者的体面劳动上，反映在工资收入及其能力价值、贡献上，以及岗位要求（如艰苦环境等）等。从发达国家看，不论科技和生产力如何发达，总有部分就业者从事低端的劳动（如环卫工人、餐饮行业服务人员、家政从业人员等），高质量发展下所提供的薪酬应使这些从业者珍惜所拥有的工作岗位，能够满足劳动者个人及其家庭维持体面，能够达到当期中等收入水平。

三是适应人工智能及新技术应用的要求，以知识技能为导向，引导劳动者通过提升人力资本提高工资收入。人工智能和新技术的应用势不可挡，劳动者技能的提高迫在眉睫。人工智能和新技术的应用在替代一些重复性等劳动岗位的同时，也产生新的就业岗位，但这些岗位需要相应的技能和能力，因而工资薪酬的分配要适应这种变化，工资分配要向科技人才、技能人才倾斜，通过制定实施通过提升人力资本提高工资收入的政策措施，推动和促进劳动者主动学习技能，提升能力，从而提高工资收入水平。

四是加强基本公共服务能力，实现基本公共服务均等化，从根本上解决低收入劳动者隔代传递效应。党的十九大做出了我国社会主要矛盾发生了根本转变的重大判断，这就意味着，当前和未来我国财政的投入重点将由过去的发展经济、促进经济增长，转向改善和加强基本公共服务和民生保障方面。这对于缩小收入分配差距、规范收入分配秩序具有重要意义。当期基本公共服务建设的重点，一是加强落后地区和低收入人群的技能教育培训，提高其家庭成员和子女的教育质量。这样一方面通过加强落后地区和低收入家庭的人力资本能力，提高就业质量，从而提高工资性收入；另一方面使其家庭中的子女能够享受到高质量教育，不因今天的贫困导致贫穷的继承和延续，从根本上解决贫穷代代相传的问题。因此，应加大落后地区教育投入提高人力资本水平。加大对落后地区的教育投入力度，在宏观上给予落后地区更大的教育经费支持，积极促进教育公平，通过政府举办免费或低收费的基础教育、资助低收入者接受更多教育等方式让弱势群体积累更多的人力资本。二是健全完善医疗保障体系，真正实现医疗保障保大病，解决低收入家庭看不起病或中等收入家庭因病致贫等问题。三是实施政府、社会、企业等全方位全社会性的知识技能等人力资源提升工程，面对快速发展的新技术、新旧动能转换和产业升级，需要广大劳动者在技能和知识及意识等各方面适应这种变化，通过提高全社会成员的知识技能增加工资性收入，使其分享新技术和劳动生产率的提高带来的红利。积极推进现有教育资源的分配结构优化，重视中等职业技术教育，鼓励并扶持用人单位开展员工技能型培训和继续教育，通过加强职业教育、培训等措施来优化劳动力市场、提升劳动生产率，以劳动生产率的提高带动工资水平的增长。

五是着力扩大和稳定中等收入群体，形成橄榄形收入分配格局。当前扩大中等收入群体的重点应是"提低"，增加劳动报酬在初次分配中的比重，尤其是要通过政策措施大力提高科技人员、技术和一线工人，以及其他低收入劳动者的收入水平，逐步实现绝大多数能够提供正常劳动的劳动者，都能够达到和维持中等收入水平。

另外，要按照党的十九大提出的合理引导群众预期的精神，引导群众对收入增长的预期。经济效益和劳动生产率的提高是工资增长的前提。如果经济增长放缓、劳动生产率下降，工资收入也会随之增长放缓和下降。工资的增长既取决于经济的增长和企业效益的提高，也取决于劳动者个人的能力、价值和对企业的贡献，能高能低、价值分配、按能力和贡献分配，将是工资市场化改革普遍的规律和逻辑。

## （三）具体改革政策

1. 加快企业工资制度改革

我国已经建立了社会主义市场经济体系，企业和劳动者是市场主体，企业工资制度也是最重要的工资制度，并且工资是引导劳动力流动、影响企业人工成本的最重要杠杆。深化企业工资制度改革是工资改革的重点和难点。一是在贯彻落实国有企业工资决定机制方面，应当给予企业更大的自主权，采取措施鼓励引导国有企业对标国际一流企业，吸引、留住一流人才，通过创新和技术进步，提高经济效益和劳动生产率。工资总额主管部门不能简单对工资总额一限了之，应着眼于国企战略目标、发展阶段、经营创新能力等，促进其实现高质量发展。二是在国企职业经理人工资薪酬制度方面，在坚持加强党对国有企业领导的前提下，取消国有企业职业经理人的行政任命制，取消国企职业经理人的行政级别和"干部"身份。引入竞争和淘汰的市场化运营机制，实现职业经理人依靠自身的业绩而晋升的机制。市场化选聘的高管工资薪酬应该通过市场定价的方式确定，政府有关部门不能对企业高管薪酬进行直接地数量管制。同时对职业经理人进行专业化考核，考核结果与薪酬挂钩，使薪酬真正体现高管业绩和能力，从根本上改变过去薪酬能上不能下的问题。三是健全完善最低工资评估和动态调整制度。首先，最低工资标准需要考虑企业的支付能力，毕竟工资是由企业支付的。其次，最低工资标准需要考虑劳动力市场供求状况。市场竞争自然形成的适用于低等级劳动者的工资标准与最低工资标准如果相差过大，就会影响到企业对用工的需求，对就业产生影响，所以最低工资标准调整的幅度要适当、适度和适时。最后，最低工资标准还要考虑在岗职工的社会平均工资水平，使最低工资标准的确定能够在与社会平均工资标准的对比过程中保持适当的比例关系。总之，最低工资是否调整及调整的幅度，应与居民消费价格指数、劳动力市场价位、企业效益、社会平均工资等指标的变动相匹配，把握劳动者权益和企业承受能力之间的平衡，把握最低工资标准的调整节奏和调整幅度。

**2. 进一步完善工资宏观调控体系**

完善工资宏观调控体系的主要政策应是，持续优化工资指导线制度，尝试建立全国或地区性工资指导线协调机制，合理缩小不同地区工资增长基准的差距，调节不同地区工资收入分配差距。完善最低工资保障制度，引导各地区合理有序地调整最低工资标准，加强地区之间最低工资标准调整的协调，通过最低工资引导经济单位向低收入地区合理流动，提升低收入地区整体工资收入水平。同时还应不断健全工资决定机制和正常工资增长机制，建立健全劳动力市场，通过劳动力健康有序合理的流动，促进均衡的劳动力市场价格的形成，以此缓解工资收入的分配差距。

**3. 改革完善事业单位绩效工资制度**

绩效工资制度是激励事业单位职工干事创业的薪酬激励政策，以此增强事业单位的活力。但实际运行中，存在诸多需要解决的难题和矛盾。一是事业单位聚集着我国众多的科技人才和高技能人才，目前的绩效工资普遍实行了单位绩效工资总额"封顶"的天花板政策，不利于吸引人才和留住人才。二是事业单位下涵盖了科研、教育、卫生等诸多行业，各个行业的业务和管控模式差异很大，很难用一个绩效工资制度反映不同行业的薪酬工资情况，例如，基础研究和应用研究、社会学研究和工程机械设计研究、教育和医疗机构、以科研为主和以提供公共服务为主等行业。需要建立符合行业特点的薪酬体系和绩效考核体系。因此，建议取消事业单位绩效工资核定审批，根据事业单位的业务特点，建立符合行业特点的绩效工资制度。以科研单位为例，应对标国内领先和赶超国际先进为目标，制定吸引人才的薪酬激励机制。

**4. 制定有利于技术要素参与分配的体制机制**

无论是实现"中国制造2025"的目标，还是建设现代化国家，技术创新和新技术应用将是驱动我国发展的主要动力。因此，应当强化知识、技术、技能等要素参与分配的机制，研究探索实施科技人员协议工资、股权激励、收益分红等激励机制，大胆鼓励创新、新产品开发和新技术应用，为建设高质量经济体系提供人才和技术支撑。

5. 适应新时代发展需要，增强劳动保护，改变资本强势的分配政策

经过多年来对拖欠或克扣工资的持续治理，拖欠工资和克扣工资现象有了根本好转，源头治理、依法治理的体制机制和具体措施基本形成。但个别地方和企业仍存在拖欠工资、超时工作、无偿加班、用最低工资标准代替标准工资的情况。随着平台经济的快速发展，如"滴滴出行""美团点评""饿了么"等共享经济平台的网约工从业人员越来越多，其劳动保护也值得关注，以建立劳动关系和签订劳动合同为前提的诸多劳动法律法规难以涵盖这类从业人员，导致他们的劳动工资、劳动保护、社会保险及福利等无法得到法律保护。为此需要适应新经济发展的需要，尽快修改完善劳动法律法规，制定工资支付保障法律。

随着人工智能及其他技术的应用，新旧动能转换、产业结构的调整，引起人力资源劳动力市场发生了很大变化，变化之一就是资本越来越强势，劳动越来越处于劣势。这一现象不仅发生在生产领域，也传导到分配环节。生产环节出现的机器换人，传导至分配环节资本回报率持续上升，资本对劳动生产率贡献进一步提高，进而控制劳动，劳动要素分配降低。应当制定适应经济发展过程中资本和技术深化引起的对劳动的控制，将新技术和资本产生的利润的一定部分转移至劳动报酬部分，而不仅仅是资本所得。

**参考文献**

［1］《人力资源和社会保障统计摘要2018》（上）。

［2］《决胜全面建成小康社会　夺取新时代中国特色社会主义伟大胜利》，人民出版社，2017。

［3］张士义等编《从一大到十九大》，人民东方出版社，2018。

［4］中国劳动和社会保障科学研究院：《改革开放四十年我国工资收入分配重大史料研究报告》，2018。

［5］《中共中央、国务院关于深化国有企业改革的指导意见》，新华网，http：//www.xinhuanet.com//politics/2015-09/13/c_1116547305.htm，2015年9月13日。

［6］《国务院关于改革国有企业工资决定机制的意见》（国发〔2018〕16号）。
［7］李锡元等：《国有企业推行职业经理人制度的改革路径》，《学习与实践》2018年第6期。
［8］《中国统计年鉴2018》，中国统计出版社，2018。

# 法律与政策篇

## Law & Policy Reports

# B.2 国有企业工资决定机制设计

许英杰*

**摘　要：** 目前，国有企业工资决定机制依然存在一定的问题，有待进一步解决，而国有企业分类改革已经成为国有企业改革基本思路，本报告基于这一背景，提出从国有企业分类视角设计国有企业工资决定机制的思路。在对国有企业工资决定机制进行再理解和内容进行再解构的基础上，提出国有企业工资决定机制的重构思路和基本逻辑，从市场集中度和股权结构两个维度将国有企业分为十六个类别，分别提出同国有企业分类相适应的十六类工资决定机制。

**关键词：** 国有企业　工资决定机制　分类视角

---

\* 许英杰，中国劳动和社会保障科学研究院助理研究员，管理学博士，研究领域为劳动工资和收入分配、国有企业薪酬和激励约束、公司治理等。

## 一 问题提出

企业工资决定机制是指工资决定因素及工资决定主体之间相互作用的过程和方式,是针对由工资决定因素构成的工资决定框架及由工资决定主体相互作用而形成的制度化的工资决定办法①。长期以来,国有企业工资决定机制都是社会各界关注的焦点。尽管改革开放以来,随着我国社会主义市场经济体制的不断建立,与之相匹配的国有企业工资决定机制也不断演进和优化,但是,我国国有企业工资决定机制依然存在一定的优化空间。

2013年党的十八届三中全会所通过的《中共中央关于全面深化改革若干重大问题的决定》②,2015年中共中央、国务院发布的《关于深化国有企业改革的指导意见》③以及2016年人力资源和社会保障部所发布的《人力资源和社会保障事业发展"十三五"规划纲要》④等均对进一步完善"国有企业工资决定机制"提出明确的部署或要求,我国国有企业工资决定机制迎来进一步完善和深化发展的契机。2015年9月,中共中央和国务院所发布的《关于深化国有企业改革的指导意见》明确提出"分类推进国有企业改革"的思路;2015年12月,国资委等所颁布的《关于国有企业功能界定与分类的指导意见》也进一步明确"国有企业功能界定与分类"问题⑤。如此一来,基于分类视角构建国有企业工资决定机制成为重要方向。

---

① 宋晶、孟德芳:《企业工资决定:因素、机制及完善对策研究》,《财经问题研究》2013年第5期,第103~108页。
② 《中共中央关于全面深化改革若干重大问题的决定》,新华网,http://news.xinhuanet.com/2013-11/15/c_118164235.htm,2013-11-15/2017-03-21。
③ 《关于深化国有企业改革的指导意见》,中华人民共和国中央政府网站,http://www.gov.cn/zhengce/2015-09/13/content_2930440.htm,2015年9月13日。
④ 人力资源和社会保障部:《人力资源社会保障部关于印发人力资源和社会保障事业发展"十三五"规划纲要的通知》,中华人民共和国人力资源和社会保障部网站,http://www.mohrss.gov.cn/gkml/xxgk/201607/t20160713_243491.html,2016年7月6日。
⑤ 《国资委财政部发展改革委关于印发〈关于国有企业功能界定与分类的指导意见〉的通知》,http://www.gov.cn/gongbao/content/2016/content_5061700.htm,2015年12月7日。

2018年5月25日，国务院发布的《关于改革国有企业工资决定机制的意见》（国发〔2018〕16号），明确提出当前及今后一段时期我国国有企业工资决定机制改革的"指导思想"和"基本原则"、"工资总额决定机制"的改革内容、"工资总额管理方式"的改革思路、"企业内部工资分配管理"的完善途径、"工资分配监管体制机制"的健全路径等内容。为贯彻落实《关于改革国有企业工资决定机制的意见》的要求，部分地方政府结合当地实际，陆续发布"关于改革国有企业工资决定机制的实施意见"，对当地国有企业更好地实施国有企业工资决定机制改革提出了明确的要求。在政策层面，无论是国家层面的"意见"，还是地方层面的"实施意见"，均将"工资总额分类管理"作为基本原则之一。如此一来，基于分类视角构建国有企业工资决定机制成为国有企业工资决定机制改革的关键。

在此背景之下，为更好地服务相关政府部门科学设计国有企业工资决定机制政策、助力各级各类国有企业更好地设计内部工资薪酬方案，笔者在对工资决定机制内容进行解构的基础上，提出国有企业工资决定机制优化思路和重构逻辑；立足于此，分别提出国有企业类别划分的操作逻辑和不同类别国有企业工资决定机制的设计思路。

## 二 国有企业工资决定机制内容解构

对于国有企业工资决定机制的理解可以从两个视角展开，一个视角是基于机制视角的国有企业工资决定机制，另一个视角是基于工资视角的国有企业工资决定机制。笔者认为，从机制视角来看，国有企业工资决定机制是指国有企业工资决定过程中，影响国有企业工资决定因素之间的制度性框架以及国有企业工资决定主体之间相互作用的过程和方式；从工资视角来看，国有企业工资决定机制是指国有企业工资总额的构成中，由不同工资类型的决定机制所构成的决定机制集合。立足于上述两个思路的国有企业工资决定机制内涵的界定，笔者将国有企业工资决定机制内容结构分为个体自主工资决定机制、团体协商工资决定机制、国家参与工资决定机制三个层面。

## （一）个体自主工资决定机制

所谓个体自主工资决定机制，是指员工的工资完全由个体员工和个体企业基于协商一致的原则，按照自由市场经济情景之下的供给需求规律，通过自愿签订劳动合同而确定工资的机制。在个体自主工资决定机制下，劳动力市场既包括数量繁多、具有相似能力的寻找工作人员，也包括进行雇佣的各类国有企业，但是，无论是潜在求职者，还是潜在雇佣者，在完全自由竞争的劳动力市场情形下，均不能对劳动力市场施加影响。所以，从这个角度来看，无论是潜在的求职者，还是潜在的雇佣者，都是劳动力价格即工资的接受者。求职者和雇佣者只需要按照劳动力的市场价格签订劳动合同即可，也就是说个体自主工资决定机制下，工资是由市场的供求决定的，劳动力市场的均衡价格就是工资水平。对于国有企业而言，尤其是那些处于完全竞争行业的国有企业而言，所面临的基本格局就是劳动力市场上的供给和需求基本上是完全竞争。比如，处于零售业的华润万家，所面临的劳动力市场就是大量的潜在求职者；与此同时，在潜在的雇主层面，华润万家也不是唯一的零售业的劳动需求方。因此，个体自主工资决定机制可能适用于相应特定类别的国有企业，个体自主工资决定机制是国有企业工资决定机制的重要组成部分。

## （二）团体协商工资决定机制

所谓团体协商工资决定机制，主要是针对市场机制存在信息不对称、垄断现象等不完全竞争的情形下而提出的。在这种工资决定机制下，工人组成工会组织或由企业组成雇主团体，通过集体协商或集体谈判的方式决定员工工资的机制。显而易见，它是一种在国家法律保护和约束下，通过企业与工会之间的谈判来决定工人工资的决定方式[1]。对于国有企业而言，由于国家

---

[1] 王慧：《集体谈判对我国企业工资决定机制的影响》，硕士学位论文，山西财经大学，2009。

对国有资产战略布局的调整,我国国有企业不断从完全竞争的行业收缩。但是,我国国有资产庞大,作为社会主义基本国家制度的经济基础,我国国有经济还普遍地分布于各种行业或部门,尤其是那些关系国家安全、国民经济命脉的重要行业和关键领域。由于信息不对称的存在,以及我国部分国有企业所处行业还带有垄断的特点,这些国有企业所参与的劳动力市场不能体现为充分自由竞争。比如,对于供电企业而言,本身就是带有自然垄断的性质,电网行业所参与的劳动力市场不能充分体现自由竞争的属性。所以,在此背景之下,基于实践层面,从客观必然性角度,团体协商工资决定机制是我国国有企业工资决定机制的重要内容。

### (三)国家参与工资决定机制

对于国有企业而言,国家参与工资决定机制又可以分为三种情形,分别为国家调控工资决定机制、国家规制工资决定机制和国家干预工资决定机制。

在国家调控工资决定机制方面,无论是在国有企业工资决定过程中,还是在非国有企业工资决定过程中,国家所追求的重要目标就是"工资分配的合理化"[1]。为此,无论是在成熟的市场经济国家还是在我国,均不断建立起以劳动力市场指导价位制度、人工成本信息指导制度、工资指导线制度在内的各类宏观调控抓手,修正以自由市场为基础的工资决定机制[2],服务包括国有企业在内的工资决定过程。如此一来,劳动力市场指导价位制度、人工成本信息指导制度、工资指导线制度等构成国家调控工资决定机制的基本政策工具。

国家规制工资决定机制是指作为法律法规条例制定者的主体,为了保护员工的合法权益以及企业的正当利益,通过制定法律、法规、条例等手段,对劳动力市场和企业员工工资进行规范的机制。一般而言,国家规制工资决定机制包括三个方面,分别为劳动合同制度、企业集体协商制度以及最低工

---

[1] 何平、聂明隽:《试论企业工资决定机制》,《经济与管理研究》1990年第1期,第32~35页。
[2] 宋晓舒:《我国现阶段国有企业工资制度研究》,博士学位论文,吉林大学,2013。

资标准制度等。

国家干预工资决定机制是指国家以国有企业股东的身份,通过国有企业工资治理机制安排,直接将国家意志体现在国有企业工资决定的过程之中。比如,国家以出资人的身份对国有企业工资总额方案进行审批,国家以出资人的身份制定专门针对国有企业工资总额的确定办法并审核国有企业确定的具体工资总额等都是国家直接干预国有企业工资决定过程的重要体现。

## 三 基于分类视角的国有企业工资决定机制重构思路和基本逻辑

### (一)重构思路

工资既与微观经济因素有关,也同宏观经济因素有关。其中,在微观经济因素方面,工资同员工在招聘、投资等方面的行为效应不无关系;在宏观经济因素方面,工资同通货膨胀、就业、消费等因素有着千丝万缕的联系[①]。不过,作为员工保持就业、获取工资的前提和基础,企业获取可持续的效益是关键。当前我国国有企业工资决定机制依然将"工效挂钩"作为核心内容,而当前国有企业工资决定机制"不足"之处的关键,也是"工效挂钩"机制在理论和实践层面所面临的难题。为此,深入分析企业效益的根源就成为找到"优化国有企业工资决定机制"的关键。

企业效益可以使用企业收益标识,如果用 $Q$ 表示企业生产产品或服务的数量,用 $P$ 表示企业所生产的产品或服务的价格,那么企业效益就可以表示为二者的乘积,即:

$$企业效益 = Q \cdot P \tag{1}$$

对于作为市场微观主体的企业而言,$Q$ 是由生产函数决定的,所谓生产

---

① 王慧:《集体谈判对我国企业工资决定机制的影响》,硕士学位论文,山西财经大学,2009。

函数，是指特定时期在投入各种生产要素的情况之下，企业所生产的产品或服务的最大数量，使用公式就可以表示为：

$$Q = f(L, K, N, E) \qquad (2)$$

其中，$L$ 表示作为生产要素的劳动投入，$K$ 表示作为生产要素的资本投入，$N$ 表示作为生产要素的土地地租，$E$ 表示作为生产要素的企业家才能。

从创新理论看来，创新在经济发展过程中起着重要的作用。由于经济发展过程中的创新具体落实到作为微观主体的企业身上，对于企业而言，无论是技术创新，还是管理创新，均能够将生产函数向外推移。用 $A$ 表示创新，$A_t$ 表示技术创新，$A_m$ 表示管理创新，那么，加入创新的因素，就可以将企业的生产函数表示为：

$$Q = A \cdot Q = (A_t + A_m) \cdot f(L, K, N, E) \qquad (3)$$

不仅如此，如果考量到通货膨胀的因素，那么作为产品和服务价格的 $P$，还可以表示为 $P_0$ 和 $P_f$ 之和，其中，$P_0$ 表示实际价格，$P_f$ 表示通货膨胀率，即：

$$P = P_0 + P_f \qquad (4)$$

如此一来，对公式（1）、（2）、（3）、（4）进行整合，就可以构建形成企业效益模型，即：

$$企业效益 = (A_t + A_m) \cdot f(L, K, N, E) \cdot (P_0 + P_f) \qquad (5)$$

由于在短时间之内，作为生产要素的土地租金保持不变，作为生产要素的企业家才能难以测量，如果将 $N$ 和 $E$ 用 $R$ 替代，那么，公式（5）就可以进一步表示为如下形式，即：

$$企业效益 = R \cdot (At + Am) \cdot f(L, K) \cdot (P_0 + P_f) \qquad (6)$$

显而易见，当前的国有企业工资决定机制所产生的问题主要表现为员工工资增长可能并不一定反映员工生产效率的提高。为此，对当前的国有企业工资决定机制进行优化，就可以沿着推进员工工资增长切实反映员工生产效

率的展开。立足于公式（6）所呈现的企业效益模型，如果能够在企业效益的增长中，扣除价格因素、资本因素、创新因素所带来的企业效益的提高，剩余的企业效益的提高就是员工生产效率提高所带来的。如此一来，通过引入主体、设计机制，以便找到由于员工生产效率提高而带来的企业效益的提升，或者找到企业效益提升中资本因素、创新因素和价格因素所占的比重，就可以建立起员工生产效率和企业效益的强关联，推进国有企业工资决定机制进一步优化。

### （二）基本逻辑

一方面，无论是西方发达的市场经济国家，还是新型经济体国家，抑或是社会主义市场经济国家，在国民经济运行中，政府和市场的关系问题一直是开展社会经济管理的重要主题。党的十八届三中全会所通过的《中共中央关于全面深化改革若干重大问题的决定》明确提出，要"处理好政府和市场的关系，使市场在资源配置中起决定性作用和更好发挥政府作用"。这就要求在对当前的国有企业工资决定机制的优化路径选择过程中，要正确处理政府与市场的关系。通过公式（6）所隐含的启迪角度，从静态来看，只有劳动因素、资本因素和价格因素对企业效益造成重要影响。其中，价格因素（$P_0 + P_f$）更多的是结构性因素导致的，也就是说（$P_0 + P_f$）更多的是由市场结构而带来的竞争—垄断格局所产生的；对于国有企业而言，资本因素决定了国家参与国有企业公司治理、影响工资决定机制的选择问题。由于不同的市场结构所决定的价格因素强弱不同，而股权占比又决定了国家在国有企业公司治理权利设计中的强弱，因此，从国有企业所属行业的市场结构和国家在国有企业中的股权占比两个维度对国有企业进行分类将是重构国有企业工资决定机制的关键。

另一方面，国有企业工资决定机制的内容可以解构为个体自主工资决定机制、团体协商工资决定机制、国家参与工资决定机制（国家调控工资决定机制、国家规制工资决定机制、国家干预工资决定机制）三个层面。由于国有企业所属行业的市场结构决定了国有企业实行个体自主工资决定机制、团体协商工资决定机制、国家调控工资决定机制、国家规制工资决定机制的倾向；而国家在国有股权中的占比又决定了国家在干预国有企业工资决定中的权利和合法性。因此，基于国有企业的分类，结合国有企业工资决定机制的内容结构，构建形成针对不同国有企业类别的工资决定机制，成为国有企业工资决定机制重构的基本逻辑。

## 四 基于市场集中度和股权结构的国有企业类别划分

在基于市场结构的国有企业类别划分和基于股权占比的国有企业类别划分的基础上，从市场集中度和政府持股占比两个维度将国有企业分为16个类别（见图1）。

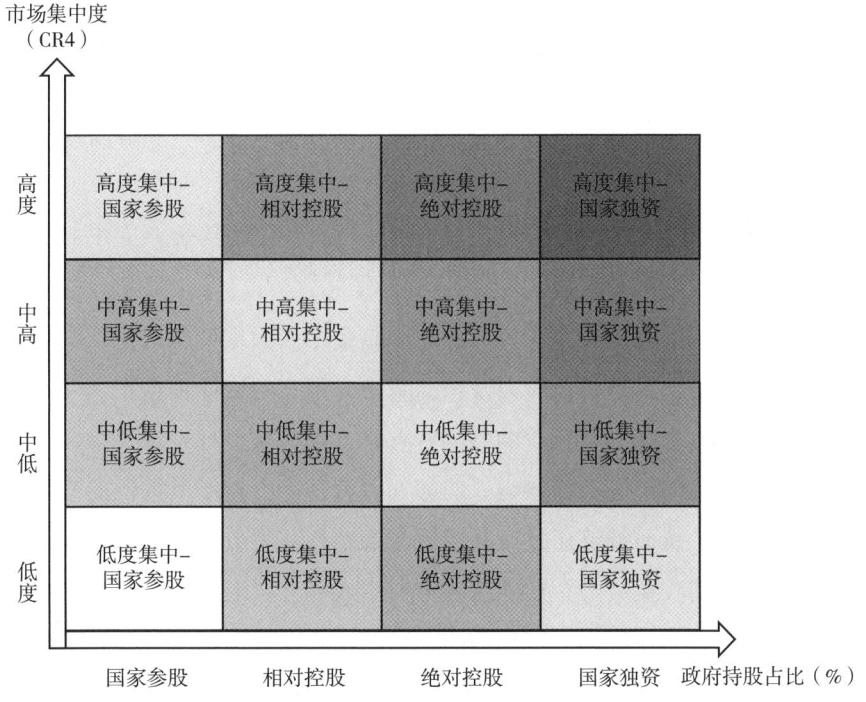

图1 基于市场集中度和国家占股情况的国有企业分类

## （一）高市场集中度层面国有企业类别

高市场集中度国有企业又可以分为高度集中－国家参股、高度集中－相对控股、高度集中－绝对控股以及高度集中－国家独资四种类别。

高市场集中度国有企业的共同特点是，国有企业处于完全垄断的市场结构，具有极大的市场垄断势力，能够完全控制所提供的产品和服务的市场定价，从而能够通过产品或服务的销售获得超额利润，因完全垄断而产生的收益成为企业效益的关键组成部分。但四种类别国有企业又有不同，其中，高度集中－国家参股类别的国有企业由国家参股，国家不是第一大股东，在公司治理机制中所占据的地位相对较弱；高度集中－相对控股类别的国有企业由国家相对控股，尽管国家持股比例尚未超过50%，但是国家依然是第一大股东，在公司治理机制中所占据的地位相对较强；高度集中－绝对控股类别的国有企业由国家绝对控股，国家持股比例超过50%，国家是绝对意义上的第一大股东，在公司治理机制中拥有绝对的话语权；高度集中－国家独资类别的国有企业由国家独资控股，国家持股比例为100%，由国家完全占有，在公司治理机制中拥有完全的话语权。

## （二）中高市场集中度层面国有企业类别

中高市场集中度国有企业可以分为中高集中－国家参股、中高集中－相对控股、中高集中－绝对控股以及中高集中－国家独资四种类别。

中高市场集中度国有企业的共同特点是，国有企业处于寡头垄断的市场结构，具有较强的市场垄断势力，能够在较大程度上控制所提供的产品和服务的市场定价，从而能够通过产品或服务的销售获得较高的超额利润，因寡头垄断而产生的收益成为企业效益的重要组成部分。但四种类别国有企业又有不同，其中，中高集中－国家参股类别的国有企业由国家参股，国家不是第一大股东，在公司治理机制中所占据的地位相对较弱；中高集中－相对控股类别的国有企业由国家相对控股，尽管国家持股比例尚未超过50%，但是，依然是第一大股东，在公司治理机制中所占据的地位相对较强；中高集中-绝对控股类别的国有企业由国家绝对控股，国家持股比例超过50%，国有企业是绝对意义上的第一大股东，在公司治理机制中拥有绝对的话语权；中高集中-国家独资类别的国有企业由国家独资控股，国家持股比例为100%，由国家完全占有，在公司治理机制中拥有完全的话语权。

### （三）中低市场集中度层面国有企业类别

中低市场集中度国有企业可以分为中低集中-国家参股、中低集中-相对控股、中低集中-绝对控股以及中低集中-国家独资四种类别。

中低市场集中度国有企业的共同特点是，国有企业处于竞争垄断的市场结构，具有一定的市场垄断势力，能够在一定程度上控制所提供的产品和服务的市场定价，从而能够通过产品或服务的销售获得一定的超额利润，因竞争垄断而产生的收益成为企业效益的重要来源之一。但四种类别国有企业又有不同，其中，中低集中-国家参股类别的国有企业由国家参股，国家不是第一大股东，在公司治理机制中所占据的地位相对较弱；中低集中-相对控股类别的国有企业由国家相对控股，尽管国家持股比例尚未超过50%，但是，国家依然是第一大股东，在公司治理机制中所占据的地位相对较强；中低集中-绝对控股类别的国有企业由国家绝对控股，国家持股比例超过50%，国有企业是绝对意义上的第一大股东，在公司治理机制中拥有绝对的话语权；中低集中-国家独资类别的国有企业由国家独资控股，国家持股比例为100%，由国家完全占有，在公司治理机制中拥有完全的话语权。

### （四）低市场集中度层面国有企业类别

低市场集中度国有企业层面可以分为低度集中-国家参股、低度集中-相对控股、低度集中-绝对控股以及低度集中-国家独资四种类别。

低市场集中度国有企业的共同特点是，国有企业处于完全的市场结构，是产品或服务市场价格接受者，不具有任何市场垄断势力，不能够控制所提供的产品和服务的市场定价，从而也不能够通过产品或服务的销售获得一定的超额利润，市场结构所决定的价格因素长期来看不是企业效益的来源。但四种类别国有企业又有不同,其中,低度集中－国家参股类别的国有企业由国家参股,国家不是第一大股东,在公司治理机制中所占据的地位相对较弱;低度集中－相对控股类别的国有企业由国家相对控股,尽管国家持股比例尚未超过50%,但是,国家依然是第一大股东,在公司治理机制中所占据的地位相对较强;低度集中－绝对控股类别的国有企业由国家绝对控股,国家持股比例超过50%,国有企业绝对意义上的第一大股东,在公司治理机制中拥有绝对的话语权;低度集中－国家独资类别的国有企业由国家独资控股,国家持股比例为100%,由国家完全占有,在公司治理机制中拥有完全的话语权。

## 五 不同类别国有企业工资决定机制设计

国有企业工资决定机制内容可以解构为个体自主工资决定机制、团体协商工资决定机制和国家参与工资决定机制三个层次,其中,国家参与工资决定机制又可以解构为国家调控工资决定机制、国家规制工资决定机制和国家干预工资决定机制三个方面。针对十六种类型的国有企业类别划分,笔者重构形成相应的国有企业工资决定机制[①]。

### (一)高市场集中度层面国有企业工资决定机制

结合国有企业工资决定机制内容结构所形成的个体自主工资决定机制、团体协商工资决定机制、国家参与工资决定机制三个层面的工资决定机制,在对高市场集中度层面国有企业特点进行分析的基础上,课题组分别提出适用于高度集中－国家参股、高度集中－相对控股、高度集中－绝对控股、高度集中－国家独资四个类别国有企业的工资决定机制(见表1)。具体来看为:高度集中－国家参股类别的国有企业所适用的国有企业工资决定机制为:中下等水平个体自主工资决定机制、较高水平团体协商工资决定机制、

---

① 详见本文附表。

较高水平国家调控工资决定机制、较高水平国家规制工资决定机制以及少量国家干预工资决定机制的组合。

高度集中-相对控股类别的国有企业所适用的国有企业工资决定机制为：中下等水平个体自主工资决定机制、较高水平团体协商工资决定机制、较高水平国家调控工资决定机制、较高水平国家规制工资决定机制以及中上等水平国家干预工资决定机制组合。

高度集中-绝对控股类别的国有企业所适用的国有企业工资决定机制为：中下等水平个体自主工资决定机制、较高水平团体协商工资决定机制、较高水平国家调控工资决定机制、较高水平国家规制工资决定机制以及较高水平国家干预工资决定机制组合。

高度集中-国家独资类别的国有企业所适用的国有企业工资决定机制为：中下水平个体自主工资决定机制、较高水平团体协商工资决定机制、较高水平国家调控工资决定机制、较高水平国家规制工资决定机制以及较高水平国家干预工资决定机制组合。

表1 高市场集中度层面四个类别国有企业工资决定机制基本内容

| 企业类别 | 个体自主工资决定机制 | 团体协商工资决定机制 | 国家参与工资决定机制 | | |
|---|---|---|---|---|---|
| | | | 国家调控工资决定机制 | 国家规制工资决定机制 | 国家干预工资决定机制 |
| 高度集中-国家参股 | ★★ | ★★★★★ | ★★★★★ | ★★★★★ | ★ |
| 高度集中-相对控股 | ★★ | ★★★★★ | ★★★★★ | ★★★★★ | ★★★★ |
| 高度集中-绝对控股 | ★★ | ★★★★★ | ★★★★★ | ★★★★★ | ★★★★★ |
| 高度集中-国家独资 | ★★ | ★★★★★ | ★★★★★ | ★★★★★ | ★★★★★ |

## （二）中高市场集中度层面国有企业工资决定机制

结合国有企业工资决定机制内容结构所形成的个体自主工资决定机制、团体协商工资决定机制、国家参与工资决定机制三个层面的工资决定机制，在对中高市场集中度层面国有企业特点进行分析的基础上，课题组分别提出适用于中高集中-国家参股、中高集中-相对控股、中高集中-绝对控股、中高集中-国家独资四个类别国有企业的工资决定机制（见表2）。具体来看为：中等水平个体自主工资决定机制、中上水平团体协商工资决定机制、中上水平国家调控工资决定机制、中上水平国家规制工资决定机制以及少量水平国家干预工资决定机制组合。

中高集中-相对控股类别的国有企业所适用的国有企业工资决定机制为：中等水平个体自主工资决定机制、中上水平团体协商工资决定机制、中上水平国家调控工资决定机制、中上水平国家规制工资决定机制以及中等水平国家干预工资决定机制组合。

中高集中-绝对控股类别的国有企业所适用的国有企业工资决定机制为：中等水平个体自主工资决定机制、中上水平团体协商工资决定机制、中上水平国家调控工资决定机制、中上水平国家规制工资决定机制以及中上水平国家干预工资决定机制组合。

中高集中-国家独资类别的国有企业所适用的国有企业工资决定机制为：中等水平个体自主工资决定机制、中上水平团体协商工资决定机制、中上水平国家调控工资决定机制、中上水平国家规制工资决定机制以及较高水平国家干预工资决定机制组合。

表2 中高市场集中度层面四个类别国有企业工资决定机制基本内容

| 企业类别 | 个体自主工资决定机制 | 团体协商工资决定机制 | 国家参与工资决定机制 | | |
|---|---|---|---|---|---|
| | | | 国家调控工资决定机制 | 国家规制工资决定机制 | 国家干预工资决定机制 |
| 中高集中-国家参股 | ★★★ | ★★★★ | ★★★★ | ★★★★ | ★ |
| 中高集中-相对控股 | ★★★ | ★★★★ | ★★★★ | ★★★★ | ★★★ |
| 中高集中-绝对控股 | ★★★ | ★★★★ | ★★★★ | ★★★★ | ★★★★ |
| 中高集中-国家独资 | ★★★ | ★★★★ | ★★★★ | ★★★★ | ★★★★★ |

## （三）中低市场集中度层面国有企业工资决定机制

结合国有企业工资决定机制内容结构所形成的个体自主工资决定机制、团体协商工资决定机制、国家参与工资决定机制三个层面的工资决定机制，在对中低市场集中度层面国有企业特点进行分析的基础上，课题组分别提出适用于中低集中－国家参股、中低集中－相对控股、中低集中－绝对控股、中低集中－国家独资四个类别国有企业的工资决定机制（见表3）。

表3　中低市场集中度层面四个类别国有企业工资决定机制基本内容

| 企业类别 | 个体自主工资决定机制 | 团体协商工资决定机制 | 国家参与工资决定机制 | | |
|---|---|---|---|---|---|
| | | | 国家调控工资决定机制 | 国家规制工资决定机制 | 国家干预工资决定机制 |
| 中低集中－国家参股 | ★★★★ | ★★★ | ★★★ | ★★★ | ★ |
| 中低集中－相对控股 | ★★★★ | ★★★ | ★★★ | ★★★ | ★★ |
| 中低集中－绝对控股 | ★★★★ | ★★★ | ★★★ | ★★★ | ★★★ |
| 中低集中－国家独资 | ★★★★ | ★★★ | ★★★ | ★★★ | ★★★★ |

中低集中－国家参股类别的国有企业所适用的国有企业工资决定机制为：中上水平个体自主工资决定机制、中等水平团体协商工资决定机制、中等水平国家调控工资决定机制、中等水平国家规制工资决定机制以及少量水平国家干预工资决定机制组合。

中低集中－相对控股类别的国有企业所适用的国有企业工资决定机制为：中上水平个体自主工资决定机制、中等水平团体协商工资决定机制、中等水平国家调控工资决定机制、中等水平国家规制工资决定机制以及中下水平国家干预工资决定机制组合。

中低集中－绝对控股类别的国有企业所适用的国有企业工资决定机制为：中上水平个体自主工资决定机制、中等水平团体协商工资决定机制、中等水平国家调控工资决定机制、中等水平国家规制工资决定机制以及中等水平国家干预工资决定机制组合。

中低集中－国家独资类别的国有企业所适用的国有企业工资决定机制为：中上水平个体自主工资决定机制、中等水平团体协商工资决定机制、中等水平国家调控工资决定机制、中等水平国家规制工资决定机制以及中上水平国家干预工资决定机制组合。

## （四）低市场集中度层面国有企业工资决定机制

结合国有企业工资决定机制内容结构所形成的个体自主工资决定机制、团体协商工资决定机制、国家参与工资决定机制三个层面的工资决定机制，在对低市场集中度层面国有企业特点进行分析的基础上，笔者分别提出适用于低度集中–国家参股、低度集中–相对控股、低度集中–绝对控股、低度集中–国家独资四个类别国有企业的工资决定机制（见表4）。

表4 低市场集中度层面四个类别国有企业工资决定机制基本内容

| 企业类型 | 个体自主<br>工资决定机制 | 团体协商<br>工资决定机制 | 国家参与工资决定机制 | | |
|---|---|---|---|---|---|
| | | | 国家调控<br>工资决定机制 | 国家规制<br>工资决定机制 | 国家干预<br>工资决定机制 |
| 低度集中–国家参股 | ★★★★★ | ★ | ★ | ★ | ★ |
| 低度集中–相对控股 | ★★★★★ | ★ | ★ | ★ | ★ |
| 低度集中–绝对控股 | ★★★★★ | ★ | ★ | ★ | ★ |
| 低度集中–国家独资 | ★★★★★ | ★ | ★ | ★ | ★ |

低度集中–国家参股类别的国有企业所适用的国有企业工资决定机制为：较高水平个体自主工资决定机制、较少水平团体协商工资决定机制、较少水平国家调控工资决定机制、较少水平国家规制工资决定机制以及较少水平国家干预工资决定机制组合。

低度集中–相对控股类别的国有企业所适用的国有企业工资决定机制为：较高水平个体自主工资决定机制、较少水平团体协商工资决定机制、较少水平国家调控工资决定机制、较少水平国家规制工资决定机制以及较少水平国家干预工资决定机制组合。

低度集中–绝对控股类别的国有企业所适用的国有企业工资决定机制为：较高水平个体自主工资决定机制、较少水平团体协商工资决定机制、较少水平国家调控工资决定机制、较少水平国家规制工资决定机制以及较少水平国家干预工资决定机制组合。

低度集中–国家独资类别的国有企业所适用的国有企业工资决定机制

为：较高水平个体自主工资决定机制、较少水平团体协商工资决定机制、较少水平国家调控工资决定机制、较少水平国家规制工资决定机制以及较少水平国家干预工资决定机制组合。

## 参考文献

［1］《国务院关于改革国有企业工资决定机制的意见》，中华人民共和国中央人民政府网站，http：//www.gov.cn/zhengce/content/2018－05/25/content_ 5293656.htm，2018年5月25日。

［2］何平、聂明隽：《试论企业工资决定机制》，《经济与管理研究》1990年第1期，第32~35页。

［3］宋晶、孟德芳：《企业工资决定：因素、机制及完善对策研究》，《财经问题研究》2013年第5期，第103~108页。

［4］宋晓舒：《我国现阶段国有企业工资制度研究》，博士学位论文，吉林大学，2013。

［5］王慧：《集体谈判对我国企业工资决定机制的影响》，硕士学位论文，山西财经大学，2009。

［6］〔美〕约瑟夫·熊彼特：《经济发展理论》，何畏、易家详译，商务印刷馆，1990。

［7］《关于印发人力资源和社会保障事业发展"十三五"规划纲要的通知》，中华人民共和国人力资源和社会保障部网站，http：//www.mohrss.gov.cn/gkml/xxgk/201607/t20160713_ 243491.html，2016年7月6日。

［8］《中共中央关于全面深化改革若干重大问题的决定》，新华网，http：//news.xinhuanet.com/2013－11/15/c_ 118164235.htm，2013年11月15日。

［9］《中共中央、国务院关于深化国有企业改革的指导意见》，中华人民共和国中央政府门户网站，http：//www.gov.cn/zhengce/2015－09/13/content_ 2930440.htm，2015年9月13日。

本文附表　基于分类视角国有企业工资决定机制内容选择

| | 国家参股 | 相对控股 | 绝对控股 | 国家独资 |
|---|---|---|---|---|
| 高度集中度 | 高度集中–国家参股国有企业工资决定机制：<br>个体自主工资决定机制（★）<br>团体协商工资决定机制（★★）<br>国家调控工资决定机制（★★★）<br>国家规制工资决定机制（★★）<br>国家干预工资决定机制（★） | 高度集中–相对控股国有企业工资决定机制：<br>个体自主工资决定机制（★）<br>团体协商工资决定机制（★★）<br>国家调控工资决定机制（★★★）<br>国家规制工资决定机制（★★★）<br>国家干预工资决定机制（★★） | 高度集中–绝对控股国有企业工资决定机制：<br>个体自主工资决定机制（★）<br>团体协商工资决定机制（★★）<br>国家调控工资决定机制（★★★）<br>国家规制工资决定机制（★★★★）<br>国家干预工资决定机制（★★★） | 高度集中–国家独资国有企业工资决定机制：<br>个体自主工资决定机制（★）<br>团体协商工资决定机制（★★）<br>国家调控工资决定机制（★★★）<br>国家规制工资决定机制（★★★★★）<br>国家干预工资决定机制（★★★★） |
| 中高集中度 | 中高集中–国家参股国有企业工资决定机制：<br>个体自主工资决定机制（★★）<br>团体协商工资决定机制（★★）<br>国家调控工资决定机制（★★★）<br>国家规制工资决定机制（★★）<br>国家干预工资决定机制（★★） | 中高集中–相对控股国有企业工资决定机制：<br>个体自主工资决定机制（★）<br>团体协商工资决定机制（★★★）<br>国家调控工资决定机制（★★★）<br>国家规制工资决定机制（★★★）<br>国家干预工资决定机制（★★） | 中高集中–绝对控股国有企业工资决定机制：<br>个体自主工资决定机制（★）<br>团体协商工资决定机制（★★★）<br>国家调控工资决定机制（★★★）<br>国家规制工资决定机制（★★★）<br>国家干预工资决定机制（★★★） | 中高集中–国家独资国有企业工资决定机制：<br>个体自主工资决定机制（★）<br>团体协商工资决定机制（★★★）<br>国家调控工资决定机制（★★★★）<br>国家规制工资决定机制（★★★★）<br>国家干预工资决定机制（★★★） |

续表

| | 国家参股 | 相对控股 | 绝对控股 | 国家独资 |
|---|---|---|---|---|
| 中低集中度 | 中低集中－国家参股国有企业工资决定机制：<br>个体自主工资决定机制（★★）<br>团体协商工资决定机制（★★）<br>国家调控工资决定机制（★★）<br>国家规制工资决定机制（★★）<br>国家干预工资决定机制（★） | 中低集中－相对控股国有企业工资决定机制：<br>个体自主工资决定机制（★★）<br>团体协商工资决定机制（★★）<br>国家调控工资决定机制（★★）<br>国家规制工资决定机制（★★）<br>国家干预工资决定机制（★★） | 中低集中－绝对控股国有企业工资决定机制：<br>个体自主工资决定机制（★★）<br>团体协商工资决定机制（★★）<br>国家调控工资决定机制（★★）<br>国家规制工资决定机制（★★）<br>国家干预工资决定机制（★★） | 中低集中－国家独资国有企业工资决定机制：<br>个体自主工资决定机制（★★★）<br>团体协商工资决定机制（★★★）<br>国家调控工资决定机制（★★★）<br>国家规制工资决定机制（★★★）<br>国家干预工资决定机制（★★） |
| 低度集中 | 低度集中－国家参股国有企业工资决定机制：<br>个体自主工资决定机制（★）<br>团体协商工资决定机制（★）<br>国家调控工资决定机制（★）<br>国家规制工资决定机制（★）<br>国家干预工资决定机制（★） | 低度集中－相对控股国有企业工资决定机制：<br>个体自主工资决定机制（★）<br>团体协商工资决定机制（★）<br>国家调控工资决定机制（★）<br>国家规制工资决定机制（★）<br>国家干预工资决定机制（★） | 低度集中－绝对控股国有企业工资决定机制：<br>个体自主工资决定机制（★）<br>团体协商工资决定机制（★）<br>国家调控工资决定机制（★）<br>国家规制工资决定机制（★）<br>国家干预工资决定机制（★） | 低度集中－国家独资国有企业工资决定机制：<br>个体自主工资决定机制（★）<br>团体协商工资决定机制（★）<br>国家调控工资决定机制（★）<br>国家规制工资决定机制（★）<br>国家干预工资决定机制（★） |

# B.3 探索实现"两个同步"长效机制*

刘军胜**

**摘　要：** 深化我国薪酬制度改革对促进构建"两个同步"长效机制具有重要意义。本报告在准确把握和理解"两个同步"丰富内涵和内在机理的基础上，提出了增速调整率评估法、弹性值评估法、对比评估法三种评估方法及评估原则，并据此对我国"两个同步"现状进行了系统评估，分析了存在的问题及产生的原因。同时通过借鉴吸收发达国家和地区有关收入分配调控和改革的经验，围绕构建"两个同步"长效机制，提出了深化我国薪酬制度及相关配套体制机制改革的对策建议，供有关部门参考和借鉴。

**关键词：** 居民收入　经济增长　劳动报酬　劳动生产率

## 一　准确把握"两个同步"的精神实质

党的十七届五中全会首次提出"努力实现居民收入增长和经济发展同步、劳动报酬提高和劳动生产率提高同步"（简称"两个同步"），十八大报告再次重申"两个同步"的政治主张。党的十九大进一步提出"坚持在经

---

\* 本报告是在《深化我国薪酬制度改革　探索实现"两个同步"长效机制研究》基础上整理的。课题组成员：刘军胜、谭中和、常风林、胡宗万、王宏、肖婷婷、钱诚、杨艳玲、梁小勇、王亚珂。执笔人：刘军胜。
\*\* 刘军胜，中国劳动和社会保障科学研究院企业薪酬研究室主任，研究员。

济增长的同时实现居民收入同步增长、在劳动生产率提高的同时实现劳动报酬同步提高",与十八大的主张相比,十九大既强化了坚持"两个同步"的必要性,又提出了实现"两个同步"的现实可行性,即经济增长是实现居民收入同步增长的前提条件,劳动生产率提高是劳动报酬同步提高的前提条件,全面贯彻了习近平新时代中国特色社会主义思想关于在发展中保障和改善民生的精神实质和丰富内涵。

准确把握"两个同步"的内涵,应当把握以下四点。一是"两个同步"并不是并重的,而是存在主次区别的。"两个同步"以居民收入增长和经济增长同步为主,以劳动报酬提高和劳动生产率提高同步为辅。二是"两个同步"并不是"两个等于",而应是"两个协调",即居民收入增长和经济增长相协调,劳动报酬提高和劳动生产率提高相协调。三是"两个同步"的内涵并不是一成不变的,而是要分阶段、分时期地反映整个国家经济发展战略的具体要求。四是"两个同步"的参照系并不是各地区、各单位,而应是全国范围,即全国人均居民收入增长与全国人均GDP增长同步,总体来讲,全国人均居民收入增长与全国人均GDP增长保持协调平衡,这实际上既是我国经济持续健康发展的要求,也是我国居民收入持续健康增长、全面建成小康社会的必然要求,这种同步关系是我国收入分配政策所追求的最终目标。

要构建"两个同步"长效机制,首先必须对"两个同步"现状进行评估判断,需要建立评估标准或者评估方法,为此课题组提出以下三种评估方法。

1. 增速调整率评估法

增速调整率评估法是指将一个国家或地区的人均居民收入年增长率或者人均劳动报酬增长率分别减去人均GDP增长率或者人均增加值增长率所得到的差值(简称速差),再分别除以人均GDP增长率或者人均增加值增长率,所得到的是增速调整率,用于判断两种增速是否同步或者同步程度的方法。这种评估法的具体操作步骤如下。

第一步,根据被评估国家或地区人均居民收入或人均劳动报酬绝对值计算人均居民收入或劳动报酬年增长率。

第二步，根据被评估国家或地区人均GDP或人均增加值绝对值计算人均GDP或人均增加值年增长率。

第三步，将人均居民收入年增长率或劳动报酬年增长率减去人均GDP或人均增加值年增长率，即得到速差。

第四步，根据速差计算增速调整率，增速调整率＝速差÷人均GDP或人均增加值年增长率。

第五步，建立"同步"判断标准：

（1）｜增速调整率｜≤10%，可认定为高同步，计2分；

（2）10%＜｜增速调整率｜≤30%，可认定为同步，计1.5分；

（3）30%＜｜增速调整率｜≤50%，可认定为低同步，计1分；

（4）｜增速调整率｜＞50%，可认定为不同步，扣1分。

第六步，根据"同步"判断标准，对被评估国家或地区"两个同步"现状进行评分并进行同步等级划分。

首先，计算被评估国家或地区被评估期得分率，分两个步骤完成。第一步，设定满分按被评估对象被评估年份全部年份均为高同步计算，比如评估被评估地区1991~2015年居民收入增长和经济增长同步性，则该项评估的满分为：25×2＝50分。第二步，根据满分计算被评估对象的得分率，其计算公式如下：得分率＝被评估对象被评估年份全部得分÷满分。

其次，根据得分率确定同步等级，具体确定规则如下：

（1）80%≤得分率≤100%，可认定为同步性很好；

（2）60%≤得分率＜80%，可认定为同步性较好；

（3）40%≤得分率＜60%，可认定为同步性一般；

（4）20%≤得分率＜40%，可认定为同步性较差；

（5）得分率＜20%，可认定为同步性很差。

2. 弹性值评估法

弹性值评估法是指以人均居民收入增长率或劳动报酬增长率分别对经济增长或劳动生产率增长率的弹性值作为依据判断"两个同步"是否成立或者同步程度的方法。弹性值判断法的具体操作程序如下。

第一步，计算被评估对象的人均居民收入或者人均劳动报酬年增长率。

第二步，计算被评估对象的人均GDP或劳动生产率（即人均增加值）年增长率。

第三步，计算被评估对象人均居民收入年增长率或劳动报酬年增长率分别对人均GDP或劳动生产率年增长率的弹性，假设分别计为$E_i$和$E_l$，则有：

$E_i$ = 人均居民收入年增长率÷人均GDP年增长率；

$E_l$ = 人均劳动报酬年增长率÷劳动生产率年增长率。

第四步，建立"同步"判断标准：

（1）$0.9 \leq E_i$（或$E_l$）$\leq 1.1$，可认定为高同步，计2分；

（2）$1.1 < E_i$（或$E_l$）$\leq 1.3$或者$0.7 \leq E_i$（或$E_l$）$< 0.9$，可认定为同步，计1.5分；

（3）$1.3 < E_i$（或$E_l$）$\leq 1.5$或者$0.5 \leq E_i$（或$E_l$）$< 0.7$，可认定为低同步，计1分；

（4）$E_i$（或$E_l$）$> 1.5$或者$E_i$（或$E_l$）$< 0.5$，可认定为不同步，扣1分。

第五步，根据"同步"判断标准，对被评估国家或地区"两个同步"现状进行评分并进行同步等级划分。具体划分步骤及规则参照增速调整率评估法。

弹性值评估法和增速调整率评估法是从不同视角探讨"同步关系"是否成立或者同步的程度如何的方法，弹性值评估法以增速的直观比较结果为依据，而增速调整率评估法以增速的变异比率为依据，从最终结果看，两种方法所使用的评估依据是一致的。

3. 对比评估法

对比评估法是指将被评估对象"两个同步"现状与目标对象相应数据进行对比，分析判断被评估对象"两个同步"是否成立或者同步程度的方法。对比评估法因目标对象不同分为国内对比评估法和国际对比评估法。国内对比评估法的目标对象为国内某个省份或地区，国外对比评估法的目标对象为国外某个国家或地区。不论是国内对比评估法还是国际对比评估法，作为参照的目标对象在"两个同步"长效机制构建方面，应该具有某种先进性，即居民收入增长和经济增长、劳动报酬增长和劳动生产率提高基本同步

或者同步性较高。

探索"两个同步"长效机制,应当坚持以下原则。一是要厘清"两个同步"的逻辑脉络及相互关系。"两个同步"看似简单,实际上包含着众多经济关系和交错的逻辑推理关系,只有在厘清楚各种复杂关系的基础上,才能找到探索"两个同步"长效机制的思路和方法,实现理论和实践上的突破。二是坚持可持续发展原则。探索实现"两个同步"长效机制是建立在"十三五"规划关于我国及各地区未来相当长一段时间内经济持续健康发展的假设前提基础之上,离开了经济的长期持续健康发展,就谈不上居民收入的长期持续增长,也就谈不上"两个同步"长效机制的构建。三是坚持问题导向。在厘清"两个同步"的逻辑脉络的基础上,沿着逻辑脉络寻找和发现问题之所在,检视各个环节存在的问题,针对所检视的问题提出解决对策,问题寻找、发现和解决的过程就是"两个同步"长效机制的探索和构建过程,也是逐步健全和完善我国收入分配制度的过程。四是坚持对比分析。将我国的实际与先进国家进行比较,将落后地区的实际与先进地区进行比较,在比较中查找不足,通过比较分析选择优化方案,由此制定更为科学合理的对策措施。五是坚持动态调整的原则。长效机制之所以长效,本身就包含了发展和动态调整的意思,任何固定的、僵化的方案都不可能是长效的。因此不提供僵化方案,坚持在实践中优化、在实践中调整和深化,是探索构建"两个同步"长效机制题中应有之义。

## 二 我国"两个同步"现状及存在问题

### (一)"两个同步"居民收入一侧现状

改革开放以来,我国城乡居民收入提高得很快,1978~2015年城镇居民家庭人均可支配收入增长了89.84倍,年均增长12.96%;农村居民家庭人均可支配收入增长了84.49倍,年均增长12.78%,城乡居民获得感普遍提高,人民生活大为改善。但居民收入城乡、地区差距拉大是促进我国居民收入增长、促进我国"两个同步"长效机制构建面临的主要挑战。因此要通过深化收入分配制度改革,缩小城乡和地区居民收入差距,不能让一个地区、一个居民在全面建成小康社会的道路上落队。

我国居民收入分配格局得到改善,政府部门、企业部门、居民部门三者比例由1978年的12.07∶35.22∶52.71转变为2015年的12.21∶36.76∶51.03,当前居民部门收入比例为51.03%,与多数西方发达国家或者地区相比,还有较大上升空间。

居民收入结构不断得到优化,但提高城镇居民家庭经营净收入和财产净收入比例;提高农村居民家庭工资性收入和财产净收入比例,要通过城镇化让更多农民享有更高的工资性收入,要通过土地流转让更多农民分享改革发展成果,享有更多的财产净收入,让广大居民有更多获得感,任务仍十分艰巨。我国居民收入群体差距近些年有所缩小,但城镇高达7.77∶1、农村高达8.2∶1的最高最低收入比,反映出收入群体差距仍有较大调整空间。

我国不同经济类型城镇单位之间就业人员平均工资差距关系从2000年的2.51倍缩减为2015年的1.64倍,但仍然较大,要通过各种政策措施,促进城镇集体单位经济发展,改善经济效益,提高城镇集体单位职工工资水平,缩小不同经济类型单位之间职工平均工资差距。不同行业城镇单位之间就业人员平均工资差距关系从2003年的4.49倍缩减为2015年的3.59倍,但仍有较大缩减空间,要通过限高、调低、扩中措施,强化对高收入行业工资增长的调控,适度压缩金融业等高收入行业工资增长,采取补贴或者其他财税措施促进农林牧渔业城镇单位改善经济效益,提高就业人员工资水平,引导促进住宿和餐饮业、水利、环境和公共设施管理业、居民服务和其他服务业提高工资水平,缩小行业工资差距。要继续加大对中西部地区和东北老工业基地的转移支付力度,促进经济发展,促进提高职工工资水平,缩小地区工资差距。

### (二)"两个同步"经济增长一侧现状

改革开放以来,我国经济发展取得了令世人瞩目的伟大成就,自2010

年起我国经济总量超过日本，此后稳居全球第二大经济体，但经济增长年度之间不平衡状态仍有待改善。按照世界银行划分标准，2015年我国经济总体进入中等偏上收入阶段，但从地区经济发展看，当前我国天津、北京、上海、江苏已经进入高收入阶段，甘肃处于中等偏下收入阶段，其余26个省份处于中等偏上收入阶段。缩小地区差距、平衡我国各省份经济增长是我国促进经济增长、促进"两个同步"长效机制构建面临的首要任务和突出问题。

2015年我国31个省份，人均GDP最高的是天津市，为107960元；最低的是甘肃省，为26165元，最高省份为最低省份的4.13倍。从1993～2015年人均GDP年均增长率看，人均GDP最高的省份并不是人均GDP年均增长率最低的省份，人均GDP最低的省份并不是人均GDP年均增长率最高的省份，显示出经济发展差距还有可能进一步拉大的趋势。

改革开放以来我国经济增长动力转换明显，但我国内需对经济增长的贡献率为59.7%、投资对经济增长的贡献率为41.6%，与部分发达国家相比，内需对经济增长的贡献率仍然偏低、投资对经济增长的贡献率仍然偏高，因此增加居民收入、拉动内需仍有待进一步强化。

当前，我国居民消费结构大为改善，城乡居民家庭消费支出的恩格尔系数持续下降，农村居民家庭消费支出的恩格尔系数下降幅度更大，但城乡居民家庭消费结构水平差距仍然存在，城镇居民家庭整体进入富裕型消费、农村居民家庭为相对富裕型消费阶段。1992～2015年，食品、衣着、居住、生活用品及服务等保障型消费支出年均增长率，明显低于交通和通信、教育文化和娱乐、医疗保健、其他用品和服务等享受型消费支出年均增长率，但保障型消费支出中的居住消费支出年均增长率明显偏高。与发达国家或者地区相比，我国居民消费结构中的食品和衣着等消费支出比例仍然偏高、教育文化娱乐和其他用品和服务等消费支出比例仍然偏低，整体来讲我国居民消费水平仍属于中等偏下水平，有较大改善空间。

自1978年以来，我国第一产业比例下降快，第二产业缓慢下降，第三产业比例快速上升，但与发达国家和地区比，我国产业结构仍有较大改善空间，仍需要加大力度发展第三产业，促进第三产业转型升级，提高第三产业增加值比例。1978年以来，我国就业结构明显改善，但第一、第二产业就业弹性系数相继转负，而第三产业为正，因此加大对城乡居民的培训力度，引导第一产业就业人员向第二、第三产业合理有序转移，仍是我国当前及今后一个时期促进就业工作的主要目标。当前我国第一产业就业结构偏离度为负，说明就业结构转移滞后于增加值结构的转移；第二产业为正，但正值在不断缩小，说明存在就业人口转入可能但吸纳能力弱化；第三产业为正，但数值并不大，说明第三产业劳产率低，尚处于初级阶段，因此宜将发展第三产业与促进第三产业转型升级结合起来。

### （三）"两个同步"现状

1. 居民收入增长与经济增长的同步关系

（1）我国城镇居民收入增长和经济增长

1978年全国城镇居民家庭人均可支配收入为343元，2015年为31195元，增长了89.84倍，年均增长12.96%。1978年全国人均GDP为385元，2015年为50251元，增长了129.52倍，年均增长14.07%。城镇居民家庭人均可支配收入年均增长率比人均GDP年均增长率低了1.11个百分点。如果我们计算1978~2015年每一年的全国城镇居民家庭人均可支配收入年增长率和人均GDP年增长率，并运用增速调整率评估法对全国城镇居民家庭人均可支配收入增长和人均GDP增长的同步关系进行评估，便可得到表1。

表1　1978~2015年全国城镇居民收入增长与经济增长的同步关系

单位：%

| 年份 | 全国城镇居民人均可支配收入年增长率 | 全国人均GDP年增长率 | 速差 | 增速调整率 | \|增速调整率\|≤10% | 10%<\|增速调整率\|≤30% | 30%<\|增速调整率\|≤50% | \|增速调整率\|>50% | 同步关系 |
|---|---|---|---|---|---|---|---|---|---|
| 1978 | | | | | | | | | |
| 1979 | 17.9 | 9.9 | 8.1 | 81.7 | | | | 1 | 不同步 |
| 1980 | 17.9 | 10.6 | 7.3 | 68.5 | | | | 1 | 不同步 |
| 1981 | 4.8 | 6.2 | -1.4 | -23.0 | | 1 | | | 同步 |

续表

| 年份 | 全国城镇居民人均可支配收入年增长率 | 全国人均GDP年增长率 | 速差 | 增速调整率 | \|增速调整率\|≤10% | 10%<\|增速调整率\|≤30% | 30%<\|增速调整率\|≤50% | \|增速调整率\|>50% | 同步关系 |
|---|---|---|---|---|---|---|---|---|---|
| 1982 | 7.0 | 7.2 | -0.3 | -3.7 | 1 | | | | 高同步 |
| 1983 | 5.5 | 10.3 | -4.8 | -47.0 | | | 1 | | 低同步 |
| 1984 | 15.5 | 19.4 | -3.9 | -20.1 | | 1 | | | 同步 |
| 1985 | 13.3 | 23.4 | -10.0 | -42.9 | | | 1 | | 低同步 |
| 1986 | 21.9 | 12.4 | 9.5 | 77.2 | | | | 1 | 不同步 |
| 1987 | 11.2 | 15.4 | -4.2 | -27.1 | | 1 | | | 同步 |
| 1988 | 17.8 | 22.7 | -4.9 | -21.7 | | 1 | | | 同步 |
| 1989 | 16.4 | 11.5 | 4.9 | 43.1 | | | 1 | | 低同步 |
| 1990 | 9.9 | 8.3 | 1.7 | 20.0 | | 1 | | | 同步 |
| 1991 | 12.6 | 15.0 | -2.4 | -15.8 | | 1 | | | 同步 |
| 1992 | 19.2 | 22.1 | -2.9 | -13.1 | | 1 | | | 同步 |
| 1993 | 27.2 | 29.7 | -2.5 | -8.5 | 1 | | | | 高同步 |
| 1994 | 35.6 | 34.8 | 0.8 | 2.4 | 1 | | | | 高同步 |
| 1995 | 22.5 | 24.7 | -2.2 | -9.1 | 1 | | | | 高同步 |
| 1996 | 13.0 | 15.9 | -2.9 | -18.1 | | 1 | | | 同步 |
| 1997 | 6.6 | 9.9 | -3.2 | -32.8 | | | 1 | | 低同步 |
| 1998 | 5.1 | 5.8 | -0.7 | -12.3 | | 1 | | | 同步 |
| 1999 | 7.9 | 5.4 | 2.5 | 47.0 | | | 1 | | 低同步 |
| 2000 | 7.3 | 9.9 | -2.6 | -26.2 | | 1 | | | 同步 |
| 2001 | 9.2 | 9.8 | -0.5 | -5.4 | 1 | | | | 高同步 |
| 2002 | 12.3 | 9.1 | 3.2 | 35.8 | | | 1 | | 低同步 |
| 2003 | 10.0 | 12.2 | -2.2 | -18.1 | | 1 | | | 同步 |
| 2004 | 11.2 | 17.1 | -5.9 | -34.4 | | | 1 | | 低同步 |
| 2005 | 11.4 | 15.1 | -3.7 | -24.5 | | 1 | | | 同步 |
| 2006 | 12.1 | 16.5 | -4.4 | -26.8 | | 1 | | | 同步 |
| 2007 | 17.2 | 22.5 | -5.3 | -23.4 | | 1 | | | 同步 |
| 2008 | 14.5 | 17.6 | -3.2 | -17.9 | | 1 | | | 同步 |
| 2009 | 8.8 | 8.7 | 0.1 | 1.4 | 1 | | | | 高同步 |
| 2010 | 11.3 | 17.7 | -6.5 | -36.5 | | | 1 | | 低同步 |
| 2011 | 14.1 | 17.9 | -3.8 | -21.1 | | 1 | | | 同步 |
| 2012 | 12.6 | 9.9 | 2.7 | 27.6 | | 1 | | | 同步 |
| 2013 | 7.7 | 9.6 | -1.9 | -19.4 | | 1 | | | 同步 |
| 2014 | 9.0 | 7.6 | 1.3 | 17.5 | | 1 | | | 同步 |
| 2015 | 8.2 | 6.5 | 1.7 | 26.2 | | 1 | | | 同步 |
| 合计 | | | | | 6 | 20 | 8 | 3 | |

注：选择框内划"√"或写入"1"都代表左侧最接近的比率处于该区间内。下同。

从表1可以看出，1978~2015年，全国城镇居民家庭人均可支配收入增长与人均GDP增长可认定为高同步的有6个年份，可认定为同步的有20个年份，可认定为低同步的有8个年份，可认定为不同步的有3个年份。其间全国城镇居民家庭人均可支配收入增长与人均GDP增长的同步关系总体评分为47分，得分率为63.5%，同步程度可认定为较好。可将1978~2015年全国城镇居民家庭人均可支配收入增长与人均GDP增长的同步关系如图1所示。

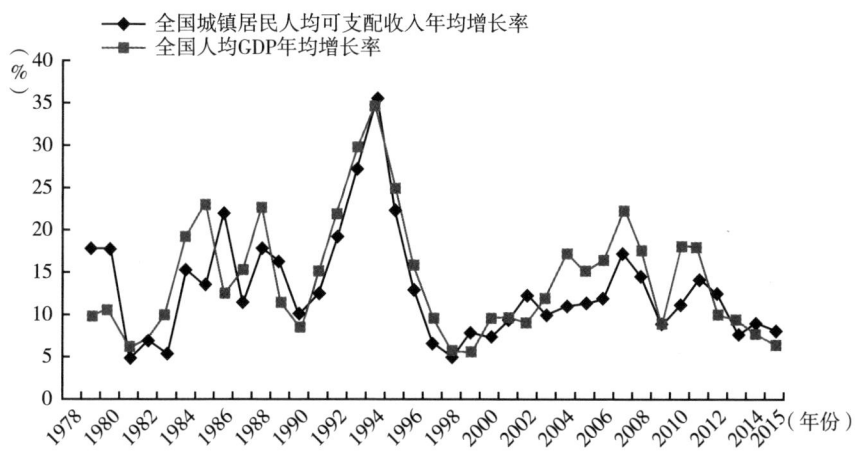

**图1　1978~2015年全国城镇居民收入增长与经济增长同步关系**

（2）全国农村居民收入增长和经济增长

1978年全国农村居民家庭人均可支配收入为134元，2015年为11422元，增长了84.24倍，年均增长12.77%。1978年全国人均GDP为385元，2015年为50251元，增长了129.52倍，年均增长14.07%。农村居民家庭人均可支配收入年均增长率比人均GDP年均增长率低了1.3个百分点。如果我们计算1978~2015年每一年的全国农村居民家庭人均可支配收入年增长率和人均GDP年增长率，并运用增速调整率评估法对全国城镇居民家庭人均可支配收入增长和人均GDP增长的同步关系进行评估，便可得到表2。

表 2  1978～2015 年全国农村居民收入增长与经济增长的同步关系

单位：%

| 年份 | 全国农村居民人均可支配收入年均增长率 | 全国人均GDP年均增长率 | 速差 | 增速调整率 | ︱增速调整率︱≤10% | 10%＜︱增速调整率︱≤30% | 30%＜︱增速调整率︱≤50% | ︱增速调整率︱＞50% | 同步关系 |
|---|---|---|---|---|---|---|---|---|---|
| 1978 | | | | | | | | | |
| 1979 | 19.9 | 9.9 | 10.0 | 101.7 | | | | 1 | 不同步 |
| 1980 | 19.4 | 10.6 | 8.8 | 82.5 | | | | 1 | 不同步 |
| 1981 | 16.8 | 6.2 | 10.6 | 170.8 | | | | 1 | 不同步 |
| 1982 | 20.9 | 7.2 | 13.7 | 188.6 | | | | 1 | 不同步 |
| 1983 | 14.7 | 10.3 | 4.4 | 42.4 | | | 1 | | 低同步 |
| 1984 | 14.7 | 19.4 | -4.7 | -24.2 | | 1 | | | 同步 |
| 1985 | 11.9 | 23.4 | -11.5 | -49.0 | | | 1 | | 低同步 |
| 1986 | 6.6 | 12.4 | -5.8 | -46.7 | | | 1 | | 低同步 |
| 1987 | 9.2 | 15.4 | -6.3 | -40.6 | | | 1 | | 低同步 |
| 1988 | 17.8 | 22.7 | -4.9 | -21.7 | | 1 | | | 同步 |
| 1989 | 10.4 | 11.5 | -1.1 | -9.4 | 1 | | | | 高同步 |
| 1990 | 14.1 | 8.3 | 5.8 | 70.5 | | | | 1 | 不同步 |
| 1991 | 3.2 | 15.0 | -11.7 | -78.3 | | | | 1 | 不同步 |
| 1992 | 10.6 | 22.1 | -11.4 | -51.8 | | | | 1 | 不同步 |
| 1993 | 17.6 | 29.7 | -12.1 | -40.9 | | | 1 | | 低同步 |
| 1994 | 32.5 | 34.8 | -2.3 | -6.7 | 1 | | | | 高同步 |
| 1995 | 29.2 | 24.7 | 4.5 | 18.0 | | 1 | | | 同步 |
| 1996 | 22.1 | 15.9 | 6.2 | 39.3 | | | 1 | | 低同步 |
| 1997 | 8.5 | 9.9 | -1.4 | -13.9 | | 1 | | | 同步 |
| 1998 | 3.4 | 5.8 | -2.4 | -41.2 | | | 1 | | 低同步 |
| 1999 | 2.2 | 5.4 | -3.1 | -58.5 | | | | 1 | 不同步 |
| 2000 | 1.9 | 9.9 | -7.9 | -80.2 | | | | 1 | 不同步 |
| 2001 | 5.0 | 9.8 | -4.7 | -48.6 | | | 1 | | 低同步 |
| 2002 | 4.6 | 9.1 | -4.4 | -49.0 | | | 1 | | 低同步 |
| 2003 | 5.9 | 12.2 | -6.3 | -51.5 | | | | 1 | 不同步 |
| 2004 | 12.0 | 17.1 | -5.1 | -29.8 | | 1 | | | 同步 |
| 2005 | 10.8 | 15.1 | -4.2 | -28.0 | | 1 | | | 同步 |
| 2006 | 10.2 | 16.5 | -6.3 | -38.1 | | | 1 | | 低同步 |

续表

| 年份 | 全国农村居民人均可支配收入年均增长率 | 全国人均GDP年均增长率 | 速差 | 增速调整率 | \|增速调整率\|≤10% | 10%<\|增速调整率\|≤30% | 30%<\|增速调整率\|≤50% | \|增速调整率\|>50% | 同步关系 |
|---|---|---|---|---|---|---|---|---|---|
| 2007 | 15.4 | 22.5 | -7.1 | -31.4 | | | 1 | | 低同步 |
| 2008 | 15.0 | 17.6 | -2.7 | -15.1 | | 1 | | | 同步 |
| 2009 | 8.2 | 8.7 | -0.5 | -5.3 | | 1 | | | 同步 |
| 2010 | 14.9 | 17.7 | -2.9 | -16.3 | | 1 | | | 同步 |
| 2011 | 17.9 | 17.9 | 0.0 | -0.1 | 1 | | | | 高同步 |
| 2012 | 13.5 | 9.9 | 3.6 | 36.0 | | | 1 | | 低同步 |
| 2013 | 19.1 | 9.6 | 9.5 | 98.9 | | | | 1 | 不同步 |
| 2014 | 11.2 | 7.6 | 3.6 | 47.0 | | | 1 | | 低同步 |
| 2015 | 8.9 | 6.5 | 2.4 | 37.8 | | | 1 | | 低同步 |
| 合计 | | | | | 3 | 9 | 14 | 11 | |

从表2可以看出，1978～2015年，全国农村居民家庭人均可支配收入增长与人均GDP增长可认定为高同步的有3个年份，可认定为同步的有9个年份，可认定为低同步的有14个年份，可认定为不同步的有11个年份。其间全国农村居民家庭人均可支配收入增长与人均GDP增长的同步关系总体评分为23分，得分率为30.4%，同步程度可认定为较差。可将全国农村居民家庭人均可支配收入增长与人均GDP增长的同步关系如图2所示。

2. 人均劳动报酬提高和劳动生产率提高的同步关系

（1）人均劳动报酬年提高率与劳动生产率年提高率的关系

2000年全国人均劳动报酬为7255元，到2014年提高到42536元，提高了4.86倍，年均提高13.47%。2000年全国劳动生产率为7942元，到2014年提高到47203元，提高了4.94倍，年均提高13.58%。人均劳动报酬年均提高率比劳动生产率年均提高率低了0.11个百分点。如果我们计算2000～2014年每一年的全国人均劳动报酬年提高率和劳动生产率年提高率，并运用增速调整率评估法对全国人均劳动报酬提高和劳动生产率提高的同步关系进行评估，便可得到表3。

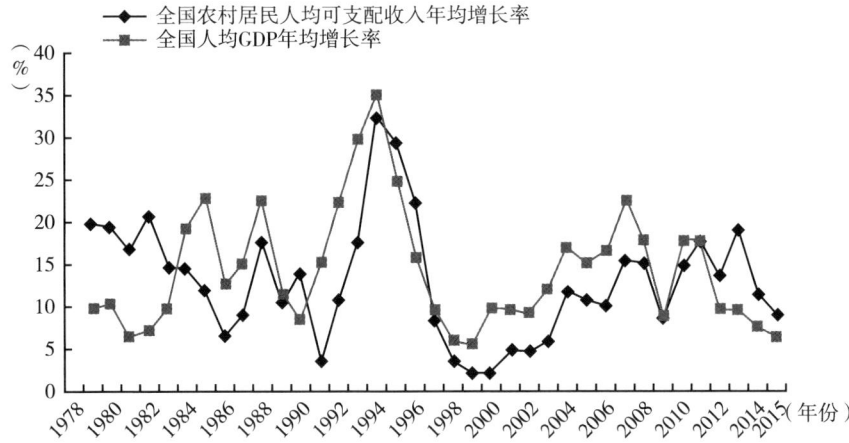

**图 2　1978～2015 年全国农村居民收入增长与经济增长同步关系**

**表 3　2000～2014 年全国人均劳动报酬年提高与劳动生产率年提高的同步关系**

单位：%

| 年份 | 全国人均劳动报酬年提高率 | 全国劳动生产率年提高率 | 速差 | 增速调整率 | \|增速调整率\|≤10% | 10%＜\|增速调整率\|≤30% | 30%＜\|增速调整率\|≤50% | \|增速调整率\|＞50% | 同步关系 |
|---|---|---|---|---|---|---|---|---|---|
| 2000 | | | | | | | | | |
| 2001 | 9.1 | 9.8 | -0.7 | -7.2 | 1 | | | | 高同步 |
| 2002 | 11.4 | 9.1 | 2.3 | 25.7 | | 1 | | | 同步 |
| 2003 | 10.5 | 12.2 | -1.7 | -13.7 | | 1 | | | 同步 |
| 2004 | 12.1 | 17.1 | -5.0 | -29.4 | | 1 | | | 同步 |
| 2005 | 14.5 | 15.1 | -0.6 | -3.8 | 1 | | | | 高同步 |
| 2006 | 13.7 | 16.5 | -2.8 | -16.9 | | 1 | | | 同步 |
| 2007 | 19.7 | 22.5 | -2.8 | -12.6 | | 1 | | | 同步 |
| 2008 | 17.3 | 17.6 | -0.4 | -2.1 | 1 | | | | 高同步 |
| 2009 | 10.5 | 8.7 | 1.8 | 20.5 | | 1 | | | 同步 |
| 2010 | 13.9 | 17.7 | -3.9 | -21.9 | | 1 | | | 同步 |
| 2011 | 16.0 | 17.9 | -1.9 | -10.4 | | 1 | | | 同步 |
| 2012 | 14.9 | 9.9 | 5.0 | 50.7 | | | | 1 | 不同步 |
| 2013 | 16.1 | 9.6 | 6.5 | 67.6 | | | | 1 | 不同步 |
| 2014 | 9.5 | 7.6 | 1.8 | 24.1 | | 1 | | | 同步 |
| | | | 合计 | | 3 | 9 | | 2 | |

从表 3 可以看出，2000～2014 年，全国人均劳动报酬提高与劳动生产率提高可认定为高同步的有 3 个年份，可认定为同步的有 9 个年份，可认定为低同步的有 0 个年份，可认定为不同步的有 2 个年份。其间全国人均劳动报酬提高与劳动生产率提高的同步关系总体评分为 17.5 分，得分率为 62.5%，同步程度可认定为较好。可将全国人均劳动报酬提高与劳动生产率提高的同步关系如图 3 所示。

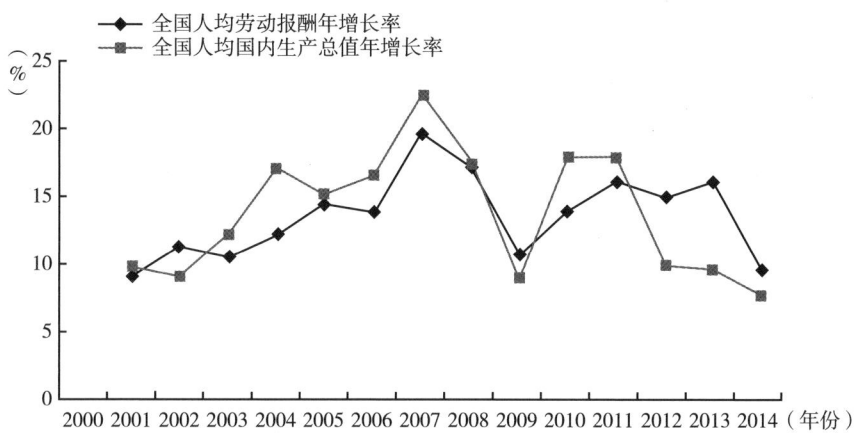

**图 3　2000～2015 年全国人均劳动报酬提高与劳动生产率提高的同步关系**

（2）劳动报酬提高对劳动生产率提高的弹性

通过计算 2000～2014 年全国劳动报酬提高对劳动生产率提高的弹性，我们发现，2011 年以前，全国劳动报酬提高对劳动生产率提高的弹性为 0.71～1.26，劳动报酬提高和劳动生产率提高之间的同步性相对较好；2012 年以后，劳动报酬提高和劳动生产率提高之间的同步性下降，弹性范围明显扩大，区间为 [1.24，1.68]，说明这个时期劳动者报酬和劳动生产率提高之间协调性较差，二者的同步性较前一时期降低（见表 4）。

从表 4 可以看出，2000～2014 年，根据全国人均劳动报酬提高对劳动生产率提高的弹性，可认定为高同步的有 4 个年份，可认定为同步的有 8 个年份，可认定为低同步的有 0 个年份，可认定为不同步的有 2 个年份。其间全国人均劳动报酬年提高与劳动生产率年提高的同步关系总体评分为 18 分，

得分率为64.29%，同步程度可认定为较好。可将全国人均劳动报酬年提高与劳动生产率年提高的弹性曲线如图4所示。

表4 2000~2014年全国劳动报酬年提高对劳动生产率年提高的弹性及同步关系

| 年份 | 全国人均劳动报酬年增长率（%） | 全国劳动生产率年增长率（%） | 全国劳动报酬年增长对劳动生产率年提高的弹性（$E_l$） | $0.9 \leq E_l \leq 1.1$ | $1.1 < E_l \leq 1.3$ | $0.7 \leq E_l < 0.9$ | $1.3 < E_l \leq 1.5$ | $0.5 \leq E_l < 0.7$ | $E_l > 1.5$ | $E_l < 0.5$ | 同步关系 |
|---|---|---|---|---|---|---|---|---|---|---|---|
| 2000 | | | | | | | | | | | |
| 2001 | 9.1 | 9.8 | 0.93 | 1 | | | | | | | 高同步 |
| 2002 | 11.4 | 9.1 | 1.26 | | 1 | | | | | | 同步 |
| 2003 | 10.5 | 12.2 | 0.86 | | | 1 | | | | | 同步 |
| 2004 | 12.1 | 17.1 | 0.71 | | | 1 | | | | | 同步 |
| 2005 | 14.5 | 15.1 | 0.96 | 1 | | | | | | | 高同步 |
| 2006 | 13.7 | 16.5 | 0.83 | | | 1 | | | | | 同步 |
| 2007 | 19.7 | 22.5 | 0.87 | | | 1 | | | | | 同步 |
| 2008 | 17.3 | 17.6 | 0.98 | 1 | | | | | | | 高同步 |
| 2009 | 10.5 | 8.7 | 1.20 | | 1 | | | | | | 同步 |
| 2010 | 13.9 | 17.7 | 0.78 | | | 1 | | | | | 同步 |
| 2011 | 16.0 | 17.9 | 0.90 | 1 | | | | | | | 高同步 |
| 2012 | 14.9 | 9.9 | 1.51 | | | | | | 1 | | 不同步 |
| 2013 | 16.1 | 9.6 | 1.68 | | | | | | 1 | | 不同步 |
| 2014 | 9.5 | 7.6 | 1.24 | | 1 | | | | | | 同步 |
| 合计 | | | | 4 | 3 | 5 | | | 2 | | |

3. 基本结论

当前我国"两个同步"居民收入一侧不协调的表现：一是劳动者报酬比例下降；二是城乡居民收入比呈缩小—扩大—再缩小趋势，但当前城乡收入差距仍然较大，高于改革开放初期；三是行业工资差距缩小但仍然较大；四是地区工资差距呈扩大趋势，这也是我国近些年居民收入增长与经济增长不协调的重要原因。

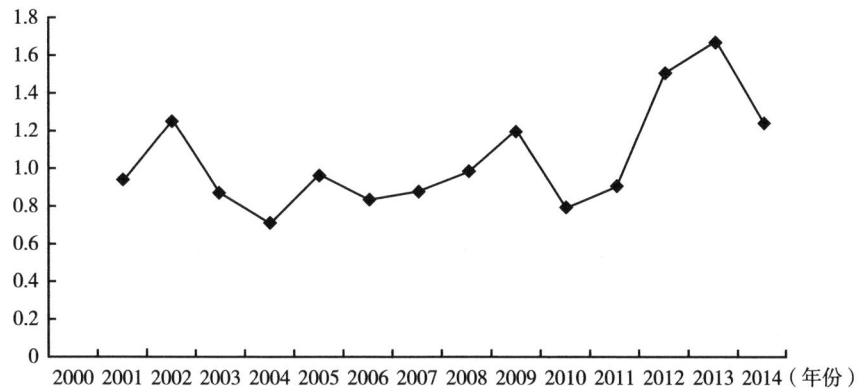

图 4　2000～2014 年全国人均劳动报酬提高对劳动生产率增长的弹性

由此可见，我国要构建"两个同步"长效机制，提高居民收入尤其是农村居民家庭收入增长速度，缩小城乡之间、行业之间、地区之间居民年收入差距是需要面对的紧迫任务。解决这些问题，首要任务是发展经济，没有经济的增长谈居民收入的增长是无源之水、无本之木。同时，深化薪酬制度改革，有利于调动广大劳动者的积极性、主动性，拉动内需，反过来促进经济增长。因此应从深化薪酬制度改革入手，制定科学合理的宏微观收入分配政策，健全完善薪酬制度相关配套体制机制，加大转移支付和宏观调控力度，是我们寻求促进实现"两个同步"长效机制、促进经济社会持续健康协调发展的方向和突破口。

## 三　促进"两个同步"的国际经验

"两个同步"严格来讲并非我国首创，尽管以往实践中其他国家和地区没有强调"两个同步"的概念，但世界各国和地区都普遍尊重这一事实和规律，而且这一事实和规律在各国和各地区的实践中一再得到验证：凡是遵循这一规律的国家和地区，不仅经济发展健康持续，而且国民也顺利跨越中等收入陷阱，进入高收入或者富裕国家行列，这些国家和地区包括美欧各

国、加拿大、澳大利亚、日本、韩国、新加坡等；凡是不遵循这一规律、不注重居民收入和经济协调增长的国家和地区，不仅经济发展较慢，而且国民收入差距大，贫富悬殊，国民始终不能跨越中等收入陷阱。那么那些跨越中等收入陷阱的国家和地区，是如何跨越的，是如何做到"两个同步"的，采取了哪些对策措施；而那些不能跨越中等收入陷阱的国家和地区，又为什么不能跨越，给我们带来哪些启示和教训。通过本课题组的研究，以下几个方面的经验值得我们思考和借鉴：一是对工资增长进行直接干预的工资调节措施，包括新加坡的工资指导线制度、美欧国家的工资指数化制度及应对恶性通胀的工资冻结等；二是调节居民收入分配差距的财税措施，包括德国的横向转移支付制度、韩国的劳动所得保全税制等；三是促进居民收入和经济同步发展的综合改革措施，包括日本于20世纪60~70年代推行的"国民收入倍增计划"；四是促进劳动者劳动报酬提高的微观收入分配措施，包括工资集体谈判、最低工资法、分享制与职工持股计划、股票期权计划、社会保障制度等。上述对策措施，有些令人印象深刻，比如德国的横向转移支付制度和韩国的劳动所得保全税制，为我国深化薪酬制度改革、探索实现"两个同步"长效机制提供了一个实用而可供参考借鉴的"政策工具筐"。

## 四 对策建议

鉴于工资性收入在居民收入结构中的主体地位，本报告认为深化以工资性收入为主要改革对象的薪酬制度改革对于探索构建"两个同步"长效机制具有重要现实价值和深远影响，因此针对当前我国"两个同步"机制现状及存在问题，本报告在全面考察美国、英国、法国、德国、意大利、日本、韩国、新加坡等国家或者地区促进居民收入增长与经济增长同步的收入分配制度改革政策和经验的基础上，紧紧围绕构建"两个同步"长效机制，提出了深化我国薪酬制度改革的六个方面的对策建议。一是健全完善工资分配宏观调控机制，重点是健全完善企业工资指导线制度、行业人工成本信息指导制度、企业薪酬调查和信息发布制度，同时根据经济社会发展状况稳慎把握最低工资标准的调整频率和幅度。二是完善以工资集体协商机制为主要手段的工资决定机制。三是健全劳动、管理要素参与分配的体制机制，在健全完善劳动要素参与分配的体制机制建议中，课题组提出借鉴韩国经验，建立劳动补贴制度的政策建议。劳动补贴就是针对认真劳动但收入仍然偏低的劳动者或者家庭劳动年龄人口全部参与劳动但家庭收入仍然偏低的家庭，实行精准补贴，这样既鼓励劳动又充分发挥政府调节收入分配的职能。四是健全技术要素参与分配的体制机制，一方面，要建立健全以实际贡献为评价标准的科技创新人才薪酬制度，扩大科研单位人财物支配权，鼓励科研事业单位聘用高端科研人员实行协议工资、项目工资等，鼓励用人单位采取股权、期权、扩大技术入股比例等多种形式对人才进行奖励；另一方面，要完善技能人才收入分配政策，加大对技能要素参与分配的激励力度，鼓励企业按照工人技能水平确定工资待遇，探索建立技能人才年薪制、股份制、期权制等分配制度，有效提升技能人才收入水平。五是深化公共部门薪酬制度改革。六是规范收入分配秩序、理顺收入分配关系。

同时，本报告还提出了深化薪酬制度相关配套体制机制建设的六个方面的对策建议，一是转变经济增长方式，促进经济发展的过程成为增加居民收入的过程；二是强化培训，提高劳动者人力资本水平；三是多措并举扩大就业；四是健全完善社会保障体系；五是加大财税调节收入的力度，其中，课题组提出可以借鉴德国经验，建立省份之间财政横向转移支付制度，规定财政收入能力大于财政支出能力的省份为财政输出省，财政收入能力小于财政支出能力的省份为财政输入省，通过法律规定财政输出省每年向财政输入省输入一定的财政能力，以促进地区之间经济发展的平衡性；六是大力发展慈善和公益事业，探索完善三次分配机制。

上述建议政策既相互依赖又相互促进，共同构成一个完整的促进"两个同步"长效机制构建的有机的改革系统，也是今后很长一段时间内指导我国搞好薪酬制度及相关配套体制机制改革、探索实现"两个同步"长效机制、促进全面建成小康和实现社会主义现代化奋斗目标的顶层设计。

## 参考文献

[1] 孙立平:《中等收入陷阱还是转型陷阱》,《开放时代》2012年第3期。
[2] 朱高林、邢立维:《新常态下我国居民收入分配格局的新变化》,《上海经济研究》2016年第11期。
[3] 文秀勤:《河南调节居民收入分配的财政政策研究》,《经济研究参考》2016年第37期。
[4] 刘海涛、汪晓琪:《国际视野下调节城乡居民收入分配差距的财税政策研究》,《大连干部学刊》2016年第5期。
[5] 胡鞍钢:《中国如何跨越中等收入陷阱》,《当代经济》2010年第8期。
[6] 董岫岩:《居民消费结构变化存在的问题与对策》,《经济纵横》2008年第6期。
[7] 郑秉文:《中等收入陷阱与中国发展道路》,《中国人口科学》2011年第1期。
[8] 顾建平、朱岩:《日本国民收入倍增计划对我国分配改革的启示》,《经济研究导刊》2012年第8期。
[9] 张占斌:《以改革破解中等收入陷阱》,《国家行政学院学报》2012年第1期。
[10] 欧阳煌:《居民收入与国民经济协调增长的国际经验及我国现状》,《经济研究参考》2012年第25期。
[11] 崔景华、李浩研:《促进居民收入倍增的税收政策———中韩日比较及效应分析》,《东北亚论坛》2014年第4期。
[12] 杨红燕、孙红娟:《美国财政社会保障支出公平性分析及启示》,《社会保障研究》2014年第1期。
[13] 刘娅:《英国公共科研体系科研人员聘用、薪酬及收入激励机制研究》,《科技管理研究》2017年第2期。
[14] 刘丽、任保平:《经济增长过程中我国工资水平对产业结构升级的效应分析》,《经济经纬》2012年第2期。
[15] 范从来、张中锦:《分项收入不平等效应与收入结构的优化》,《金融研究》2011年第1期。
[16] 尹世杰:《消费与产业结构研究》,经济科学出版社,2010。
[17] 王家庭、杨庭:《当代美国收入分化的演进历程及其政策启示》,《学习与实践》2012年第8期。
[18] 王霞辉、李菲、陈惠芳:《优化居民消费结构、推动产业结构升级》,《经济研究导刊》2008年第2期。

[19] 张璐：《第三次分配中政府职能的转变和定位》，《人民论坛》2016 年第 1 期。
[20] 葛乃旭、宋静：《德国转移支付制度改革及对我国的启示与借鉴》，《地方财政研究》2013 年第 1 期。
[21] 张晖：《韩国收入分配制度对我国的启示》，《中共石家庄市委党校学报》2007 年第 4 期。
[22] 王洁：《用财政政策拉动消费增长的几点建议》，《商业文化》2011 年第 7 期。
[23] 王鹏：《调整收入分配的财政政策研究》，《当代经济》2016 年第 1 期。
[24] 刘军胜：《农民工工作考核机制亟须健全》，《光明日报》2017 年 5 月 4 日。
[25] 黄思宁、纪宏：《居民收入与经济发展的适度性协调增长测算——以北京市城镇居民收入为例》，《经济研究参考》2012 年第 5 期。
[26] 孙敬水、张岚：《德国缩小收入分配差距的基本经验及借鉴》，《现代经济探讨》2012 年第 11 期。
[27] 姜泽华、白艳：《产业结构升级的内涵与影响因素分析》，《当代经济研究》2006 年第 10 期。
[28] 方浩：《利益集团与中等收入陷阱：拉美模式之反思》，《经济体制改革》2011 年第 5 期。
[29] 张小瑛：《我国社会保障收入再分配调节中存在的问题及对策研究》，《现代管理科学》2016 年第 3 期。
[30] 刘绮霞、赵晋平：《日本"国民收入倍增计划"出台的历史背景及其决策要素》，《日本学刊》2016 年第 2 期。
[31] 蔡昉：《中国即将面临中等收入陷阱考验》，《财经界》2012 年第 1 期。
[32] 林华：《阿根廷的功能性收入分配及相关影响因素》，《拉丁美洲研究》2013 年第 8 期。
[33] 葛乃旭、宋静：《德国转移支付制度改革及对我国的启示与借鉴》，《地方财政研究》2013 年第 1 期。
[34] TuomasMalinen, *Estimating the Long – run Relationship between Income Inequality and Economic Development* (Springer – Verlag, 2010).
[35] Kuznets, Simon, "Economic Growth and Income Inequality," *American Economic Review* 1955 (45).
[36] http：//data.worldbank.org/.
[37] http：//www.Commerce.gov/.

# B.4 扩大中等收入群体相关政策分析报告

王 宏*

**摘 要：** 本报告经反复比较测算，提出我国中等收入群体的全国绝对标准为人均年可支配收入3.1万~7.8万元，每个工薪劳动者的年工资收入应达到5万~12.5万元（2015年为绝对价）。北京市和上海市等特大城市中等收入标准按全国标准的2倍确定。我国中等收入群体规模持续扩大，目前占全部人口的25%左右，主要集中在城镇。与发达国家相比，我国中等收入群体规模比重偏小，收入水平不高，支出压力大，收入来源单一，稳定性差等缺陷和不足；且在城乡、行业、群体之间分布不均衡。制约中等收入群体成长发育的原因复杂，需要通过提高劳动报酬和居民收入占比，推动要素市场和财产收益分配制度建设，健全职工工资增长机制，促进机关事业企业分配制度改革，鼓励探索技术、技能要素参与分配办法，提升劳动者素质和人力资本，更好地发挥在初次分配和再分配领域的托底、指导和调控功能等多方面共同努力，引导和推动中等收入群体发展壮大。

**关键词：** 中等收入群体　国民收入　初次分配　再分配

---

* 王宏，人力资源和社会保障部劳动工资研究所副研究员，主要研究领域为收入分配、劳动关系和企业人力资源管理。

习近平总书记在党的十九大报告中指出，到2035年"中等收入群体比例明显提高"，这是在我国发展进入新时代党中央提出的收入分配制度改革的重要任务。以下就我国中等收入群体发展的总体规模、现状特征、缺陷不足和制约因素进行分析，并就如何促进和推动中等收入群体发展壮大提出建议。

## 一 中国中等收入群体标准

关于中等收入群体的标准，目前国家并没有制定统一标准。国内外学者多数选择以"家庭人均可支配收入"（即"到手"收入）来反映城乡居民收入水平，将人均可支配收入"平均值"的1倍和2.5倍或3倍作为界定中等收入群体标准的下限和上限。课题组组织的问卷调查结果显示①，68.32%的被调查对象认为中等收入群体的收入"最低应达到本地平均水平，最高不超过平均收入的2倍"或"不超过平均收入的3倍"。基于我国城乡收入差距较大、收入平均值高于中位数的收入分布状况，考虑人民群众对美好生活的向往和共享经济发展成果的诉求，本报告将中等收入群体的收入下限比照城镇居民人均可支配收入的平均值确定，上限按照平均值的2.5倍确定。按照以上思路，根据国家统计公布的2015年数据，我国2015年中等收入群体的收入标准为人均年可支配收入3.1万②~7.8万元、家庭总可支配收入（按照2015年城镇家庭平均2.9人计算）9万~22.6万元（2015

---

① 为完成课题研究工作，劳动工资研究所课题组组织开展了"发展和扩大中等收入群体"调查问卷，了解被调查对象的收入、支出情况以及对中等收入群体标准、构成等问题的看法。此次调查向江苏、河南、黑龙江三省共发放问卷1600份，回收有效问卷1595份。
② 我国城乡居民人均可支配收入差距较大，如果采用城乡合并计算的收入均值作为中等收入下限标准，将会造成大量的城镇居民"被中产"。考虑到中等收入群体的标准要具有一定的激励性且我国城镇化进程加快等因素，本报告与多数机构和专家都选择了更多参考城镇家庭居民可支配收入来制定中等收入群体标准的下限。根据《中国住户调查年鉴2016》，2015年我国城镇家庭人均可支配收入中位值为29128.7元，与平均值31194.8元比较接近。

年值)。按我国目前的城镇家庭收入结构和就业状况①以及就业人员缴纳五险一金和个人所得税比例推算,家庭中每个工薪劳动者的工资收入应当达到5万②~12.5万元,才能确保家庭中每个成员达到中等收入的标准。

这一标准与近年来国内政府部门(国家发改委、国家统计局)和多数专家的看法接近,与2015年世界银行公布的中等偏上收入国家的最新标准(人均国民总收入4126~12375美元)基本吻合。

2015年我国城乡居民人均可支配收入分布状况见图1。

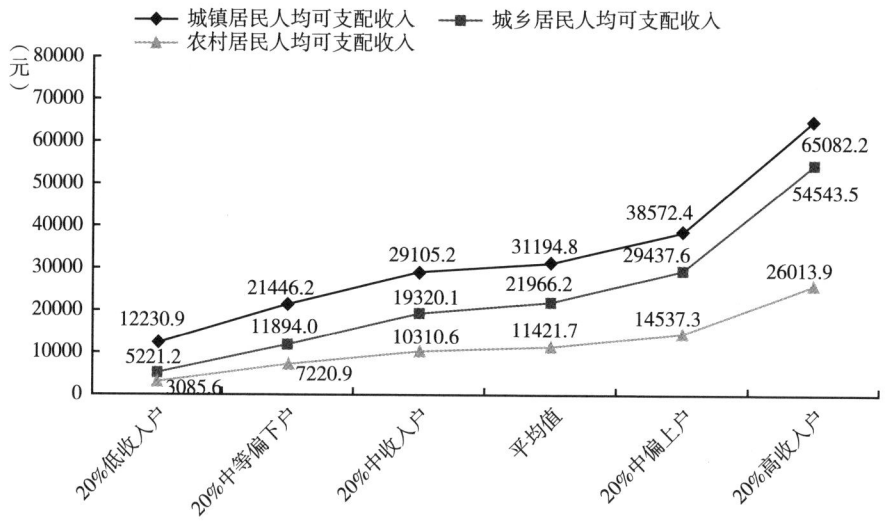

**图1　2015年我国城乡居民人均可支配收入分布状况**

资料来源:《中国统计年鉴2016》。

此外,还应当在全国标准基础上,用地区差异系数反映地区差别,即:

地区中等收入群体标准 = 全国"中等收入群体"统一标准(绝对数、区间) × 地区差异系数

---

① 根据《中国住户调查年鉴2016》,2015年工资性收入相当于城镇居民人均年可支配收入的62%,城镇家庭户均就业人数为1.5人。
② 每个工薪就业者应当获得的到手工资性收入 = 9万元 × 62% ÷ 1.5 = 3.72万元。考虑我国城镇职工五险一金个人缴纳21% + 个人所得税第一档税率3%,则每个工薪就业者的应发工资大概为5万元。

地区差异系数可选择"收入水平"、"经济发展程度"、"生活成本压力""就业结构"和"人力资本结构"五个维度十个指标,利用公因子综合评价和聚类分析方法计算。结果是北京、上海两地差异系数略高于2.5,其余29个省份集中在0.8~1.5。为避免收入差距过大,建议将北京、上海地区差异系数确定为2[①]。即北京、上海等特大城市的中等收入标准为人均年可支配收入6万~15万元、家庭可支配收入18万~50万元/年、工薪劳动者工资性收入要达到10万~25万元/年(2015年值)的水平。

## 二 我国中等收入群体现状和不足

改革开放以来,我国中等收入群体持续扩大。根据本报告的标准,基于国家统计局公布的2015年城镇和农村家庭居民收入分组数据可以推算,近30%的城镇家庭居民达到中等收入群体标准,有8%~10%的农村居民步入了中等收入群体行列。城乡合计,我国目前中等收入群体大致有2.8亿~3.2亿人口,占全部人口的20%~25%。

目前中等收入群体主要集中在城镇,在大中城市已经达到40%。其中,专业技术人员、经营管理人员以及高技能人才是目前中等收入群体的主体,占中等收入群体的75%以上;私营业主、个体工商户是重要组成部分,新型农民将成为今后中等收入群体的重要后备军。工资性收入和转移净收入还是中等收入群体最主要收入来源,财产性收入比例迅速上升。

我国中等收入群体发展至今不到40年,与发达国家成熟的中产阶层相比还有很大差距,在群体规模、收入和生活水平、群体稳定性、分布结构、社会影响力等方面还存在明显的不足和缺陷。一是群体规模比例偏小。我国中等收入群体比例大致为20%,与金砖国家和拉美国家情况比较接近(15%~25%),远低于发达国家水平(40%~70%),距离形成橄榄形收入分配格局的目标还有较大差距。二是收入水平不高,支出压力大。与以美、

---

① 苏海南、王宏:《当代中国中产阶级的兴起》,浙江大学出版社,2015,第76~77页。

日为代表的发达国家相比,我国现阶段中等收入群体的相对收入水平还比较低,住房、教育、交通、养老医疗等负担较重,支出刚性需求大。部分中等收入群体收入水平面临下滑的风险,并表现出对未来收入不确定性的焦虑。三是收入来源单一,稳定性差。2015年,我国城镇家庭人均可支配收入中,工资性收入比例为62%,而财产性收入主要来自"自有住房折算净租金"和"房屋出租净收入",容易受房地产市场价格影响,波动性大;利息、红利、专利版权出租收入等其他财产性收入数额增长缓慢;转移性收入均等化程度低,企业年金和商业保险等多层次社会保障发展滞后。四是城乡间、行业间、群体间分布不均衡,农村居民、传统劳动密集型行业、私营单位从业人员以及一线职工、基层公务员、农民工等群体工资低。

## 三 扩大中等收入群体面临的主要矛盾和困难

造成上述不足和缺陷的深层次矛盾和问题,包括粗放型经济增长方式对劳动力要素价格的压制,落后的产业结构的制约,城乡二元结构的束缚以及"轻劳动重资本"分配观念等。同时,按劳分配、要素分配和再分配领域存在的问题也不能回避。

一是宏观分配格局不合理,挤压居民增收空间。20世纪90年代以来,劳动报酬占增加值比例(劳动报酬份额)总体呈现下降趋势,从1992年的54.6%下降到2011年的47%,虽然自2012年起有所回升(2014年为51%),但仍然没有恢复到20世纪90年代的水平,限制工资增长空间。

二是要素市场和财产收益分配制度不健全,制约财产性收入增长。资本市场结构不合理、制度不健全:传统金融产品结构单一,金融衍生工具发展滞后;上市主体结构不合理,上市公司以国有企业、大中企业、传统产业公司为主,广大中小企业、高新技术产业企业上市困难,融资渠道不畅;国家对上市公司的股权分红没有刚性规定,股票上市成了大公司"圈钱"的手段,普通个人投资者主要靠"低买高卖"赚取投机收入而不是长期投资收益,财产性收入容易受到股票市场的价格波动冲击;加上城镇居民房产出租、出售收益制度不规范,收藏品市场鱼龙混杂,资本市场的种种缺陷导致城镇居民财产投资渠道有限,财产收入增长缓慢且随时面临财富缩水的风险。

三是工资增长和激励机制不健全,政府托底、指导和调控不充分。受干部管理、编制管理、职称评定、绩效工资分配等管理体制的制约,事业单位绩效工资调控办法不明确,科研人员收入来源比较单一,创业创新热情并未完全激发出来。企业工资协商机制流于形式,多数非公企业仍然主要参考同行业劳动力市场价位招用工人、单方确定工资水平,职工正常增长机制不健全;分配形式单一,技术要素参与分配和中长期激励手段匮乏。《最低工资规定》《工资支付暂行规定》属部颁规章,法律层次较低,处罚较轻,在实践中仍然存在变相打折扣执行的情况,拖欠、克扣职工工资的问题仍时有发生,制度的托底作用发挥不足。加上规章多年未做调整,其中有关加班工资基数等规定过于原则化,操作性不强,由此产生了许多有关工资报酬的劳动争议。此外,政府对垄断企业的不合理高收入调控不到位,工资差距没有得到有效遏制。

四是劳动者素质有待提高,人口红利释放不充分,束缚劳动者创新致富。我国劳动力正从无限供给转为有效供给减少,原来在局部地区、局部行业出现的"用工荒"、招工难现象正逐渐向全国范围蔓延。人口结构和劳动力供求关系变化是造成2008年之后我国工资快速上涨的根本原因,并使工资上涨成为一种长期趋势。但从另外一个角度看,农村依然存在着数量庞大的妇女、老人和受教育程度较低难以适应城市生活的潜在劳动力,城市中也存在大量国有企业下岗职工、自由职业者、有劳动意愿和能力的退休人员、全职妇女等人群,这些潜在的劳动力供给目前没有受到充分重视,其劳动意愿和创富热情有待进一步开发。我国劳动力整体素质不高,领军人才匮乏,是技术创新和全要素生产率增长缓慢的重要因素,2015年,我国劳动年龄人口中受过高等教育的比例仅为13.3%,明显低于其他国家(俄罗斯53.5%、加拿大52.6%、日本46.6%、以色列46.4%、美国43.1%)。[①] 截

---

① 《美报:全球教育程度排名出炉 俄罗斯居首》,新浪新闻,2014年9月16日。

至2015年底,我国高技能人才总量达到4501万人,仅占全国就业人员的6%,且主要集中于传统行业。在新能源新材料、生物工程、信息工程、船舶和装备制造等新型行业领域,创新性科研领军人才、高技能人才和复合型人才短缺现象严重。我国劳动者整体素质偏低不仅会制约劳动生产率提高和创新步伐,从而最终影响经济增长方式的转变,也直接影响了劳动者个人的议价能力和工资水平。此外,我国人才配置、评价和使用机制还不健全,户籍、住房、教育、社保等体制机制因素,阻碍劳动力要素合理配置和自由流动;就业服务水平不高;专业技术和技能人才评价标准滞后、内容针对性不强,与用人单位需要和人才实际业绩贡献脱钩,与人才配置使用、激励奖惩挂钩不紧密;人才职业发展空间受到限制,特别是技能人才向工程技术、经营管理岗位转化的通道没有打通。

五是社会保障制度不完善,基本公共服务均等化程度较低,社会保障的再分配功能相对不足。我国社会保障支出总体偏低,特别是具有较为显著的减贫和托底保障作用的城乡低保、医疗救助、临时救助,财政支持力度不足。社会保险尚未实现人群全覆盖,仍有部分人群出于经济能力、个人意愿等多方面原因而游离于社会保险体系之外。我国优质教育、医疗卫生、科技文化、养老服务等公共资源过度集中在大中城市,农村和欠发达地区资源匮乏,公共服务水平差,客观上扩大了城乡间、不同地区间居民收入和支出负担的差距。

## 四 扩大中等收入群体相关政策建议

从国外经验看,中产阶层的产生发展与城镇化、工业化相互融合、相互促进,必须以国家发展战略转型、产业结构升级、劳动力素质水平提高以及社会保障体系不断发展作为支撑。同时,政府初次分配和再分配政策也会直接影响中产阶层的发展进程,必须适应不同发展阶段社会主要矛盾的转变以及国家经济、财力状况而适时调整,避免居民收入和福利待遇水平长期滞后于经济发展,也要避免"福利赶超"。当前,我国经济社会发展不均衡、不充分，民生工作存在短板，面临人口老龄化、要素成本上涨、转方式调结构、灵活就业比例上升等一系列挑战，要持续扩大中等收入群体，弥补群体缺陷和不足，必须立足现实国情，吸取国外正反面经验，采取问题导向，分步骤解决收入分配领域的问题，补上民生工作短板。基本工作思路应当是，以经济长期稳定发展、产业结构持续转型升级为前提，以就业稳定充分和国民素质普遍提高为基础，以完善社会保障体系和公共服务体系为支撑；坚持鼓励创收致富与缩小收入差距相结合，坚持积极而为与量力而行相结合，进一步拓宽居民增收渠道，强化收入分配政策导向，"提低""扩中""调高"，持续提高中等收入群体比例，提升生活质量，逐步形成橄榄形收入分配格局，为全面实现小康社会和富裕、美丽、文明、现代化的中国梦奠定坚实基础。其中，"提低"，是促进有较大增收潜力的中低收入者收入较快增长，持续增加中等收入群体成员数量；"调高"，是通过初次分配和再分配手段，调节过高收入，打击和取缔非法收入，形成良好的分配秩序；"扩中"，是持续合理增加现有中等收入人群收入，健全社会保障体系和公共服务体系，在保持中等收入群体成员的相对收入水平和生活质量不下滑的同时，持续扩大中等收入人群。

聚焦劳动报酬分配领域，具体的政策建议如下。

## （一）优化就业结构，增加中等收入群体后备军

一是顺应产业结构升级优化调整产业结构。二是解决好农民工、应届毕业生等重点人群的就业工作。三是充分发挥创业创新和新动能对就业的带动作用。四是健全公共就业创业服务体系。

## （二）推行终身职业技能培训，持续提升劳动者素质水平

一是建立终身技能培训制度。二是整合优化职业培训资源、完善培训体系。放宽准入限制，构建以企业为主体、以公办机构为主导，民办机构共同参与的技能培训体系。三是改进资金投入机制，服务产业升级需要。建立政府、企业、社会多渠道筹措资金的职业技能培训投入机制，加大失业保险基金对职业培训的支持力度，补贴政策向转型升级、产业发展需要的新兴行业、

紧缺工种倾斜，加快紧缺工种高技能人才培养，为培育支柱产业和战略性新兴产业提供人才支撑。四是探索技能培训与学历教育相互融合机制。鼓励有条件的地区探索学历教育与各行业岗位培训的"双证融通"，将技能培训课程、技能等级证书、创新实践业绩等转换为学历教育学分的认定和激励机制。

### （三）破除人才体制机制障碍，进一步释放人力资本红利

一是统筹制定三支队伍人才发展规划和人才政策。在吸引高端人才、居住证或落户积分、养老保险待遇、延迟退休、特殊医疗保障优惠待遇、特殊公共服务等人才政策方面，实现海外人才、经营管理人才、专业技术人才与高技能人才统筹考虑、同等待遇，引导全社会树立"术业有专攻、地位无差别、待遇平等化"的人才观念。二是深化人才评价制度改革，发挥指挥棒作用。完善职称和技能等级鉴定的评价标准，突出人才工作业绩和实际贡献。推进社会化评价人才机制，更好发挥用人单位、行业组织、社会的作用，进一步落实用人单位评价、使用人才的主体责任与权力。三是纵向搭"台阶"、横向架"桥梁"，鼓励人才跨领域、跨通道发展，造就更多复合型人才。纵向上，对现有专业技术系列全面设置正高级职称，鼓励人才在本职岗位、本专业领域纵深发展。横向上，贯通技能领域与工程技术领域相互转换通道，引导和鼓励造就更多的复合型人才。在人才使用机制方面，落实鼓励和支持事业单位专业技术人员创新创业政策，在人事管理、考核奖励、岗位竞聘、职称评审等方面给予优惠政策，鼓励专业技术人员采取挂职、参与项目合作、兼职、离岗创业等方式创新创业，促进科研、创新成果与现实生产力对接，提高专业技术人员的流动性，激发和释放人才创造力。

### （四）健全工资增长和激励约束机制，鼓励劳动者创收致富

在全面建成小康社会决胜期内，工资分配领域的工作重点，是抓住垄断企业和国有企业负责人这两个调控"重点"、补上工资增长机制和激励机制不健全的短板、强化政府保障托底、信息引导、宏观调节功能不充分的弱项，解决制约各类劳动者通过劳动创收入致富的突出问题，具体包括以下几

个方面。

1. 建立健全各类劳动者工资决定和正常增长机制

一是近期按照"与企业同比例甚至略低"幅度定期安排机关事业单位调资，同时建立健全公务员工资调查比较制度（即与企业相当人员工资调查比较制度）为国家明确公务员工资水平整体定位提供依据。2015年，我国机关、事业单位和企业在岗职工平均工资分别为65829元、67828元和61904元，倍比关系大致为1.06∶1.1∶1，机关略高于企业，略低于事业单位。综合考虑目前经济增速换挡、部分地区部分群体增收潜力不足以及国家财力偏紧等情况，这个分配关系是比较合理的。2020年以前可以按照与企业同比例①安排机关、事业单位增资，但要保持定期调整频率，避免重新"欠账"。其中，考虑到事业单位分类改革任务复杂、难度大，短期内难以建立自己的工资增长机制，当前一段时期还是要按照"略高于机关"的原则由国家统一调整工资标准。从中长期发展看，综合考虑公务员的职能责任、工作强度、人力资本素质等要素，应当按照社会中等略偏上的位置确定机关总体工资水平（如企业工资的1.1～1.2倍），2020年前要抓紧研究解决调查对象范围、工资口径和比较方法等技术层面问题，建立健全公务员与企业相当人员工资调查比较制度，为国家明确机关公务员工资水平整体定位提供技术支持。

二是完善有企业工资总额管理办法，通过强化信息引导、推动工资集体协商促进企业工资正常增长。国有企业区分公益保障类、商业一类、商业二类制定不同的调控挂钩考核指标，体现企业功能性质差别；在现有主要与企业效益纵向挂钩联动做法的基础上，增加按照企业在行业内"双对标"结果（即经济效益及劳动生产率在同行业企业中的相对位置）综合确定国有企业工资总额和水平，继续实行双重管控。在小微企业、非公企业大力推行行业性、区域性工资集体协商，促进低端劳动力工资正常增长。加强工资指

---

① 考虑到压缩"三公"经费支出、提高民生支出比重等要求，机关、事业单位增资幅度还可以略低于企业。

导价位和行业人工成本信息发布制度的信息引导作用，提高数据科学性、时效性；建议结合制造业发展规划和产业升级需求，尽快发布重点行业或紧缺岗位（工种）目录以及指导价位，对此类人员未来市场供求关系和工资变动趋势进行预判分析，强化政府信息引导功能，引导企业有针对性地提高重要岗位关键人才薪酬待遇。

2. 完善机关企事业单位工资分配制度，强化激励机制

一是完善职务职级并行制度，提高基本工资比重，建立地区津贴，进一步提高基层公务员工资水平。增加职级的等级数量，缩短晋升时间，完善职级晋升的考核办法，研究职级与职务脱钩、独立运行的办法，并逐步取消非领导职务序列，拓宽基层公务员职务晋升、工资增长途径。在继续规范津贴补贴的基础上，将部分改革性补贴纳入基本工资，同时保持基本工资定期调整，逐步提高基本工资比例。研究制定与地区发展水平和物价水平相吻合的地区附加津贴制度。完善艰苦边远地区津贴，保持艰苦边远地区津贴与地区附加津贴的合理关系。

二是实行以增加知识价值为导向的激励机制，鼓励事业单位科研人员通过创造性劳动和智力付出创收致富。配合事业单位分类改革进度，探索建立体现行业特点的高校、科研机构薪酬调查比较制度，为合理确定事业单位科研人员工资水平提供依据。鼓励事业单位探索协议制、项目工资、年薪制等绩效工资具体分配形式。科研型事业单位对聘用的高端科研人员实行协议薪酬的，要比照市场同类人才价位合理确定薪酬标准并报主管部门批准后方可执行，在工资总额外单列；在明确界定岗位职责、聘任期限、年度和聘期业绩指标、违约责任等前提下按实际业绩考核结果支付薪酬。督促各级各类事业单位加快落实国家关于改进科研项目资金管理的规定，取消劳务费比例限制，合理安排绩效支出，允许项目执行单位在授权范围内对项目经费预算进行合理调整，允许项目结余资金结转使用。在与市场和现实生产力衔接紧密、成果转化收益"看得见、摸得着"的科研领域，加快落实科技成果转化奖励办法，多渠道增加科研人员收入。落实科研人员创新创业有关规定，最大限度发挥科研人员创新创业热情。

三是引导企业完善薪酬制度，引入中长期激励机制，提高优秀技能人才和一线职工待遇。鼓励和引导企业建立完善技能等级与业绩贡献相结合的激励机制，使技能人才价值、业绩与报酬挂钩。鼓励企业对聘用的高技能人才实行协议工资、项目工资、年薪制等收入分配形式。鼓励有条件的地区和企业根据实际情况制定股权、期权、分红权等激励措施，对经营管理、操作技能、科技研发岗位的关键重要人员进行中长期激励，将劳动者增收创富与企业长远发展紧密结合。建立企业负责人工资收入与普通职工工资直接挂钩机制。推动混合制改革试点国有企业稳妥有序推进员工持股试点。国家应在国有资产管理、工资总额管理、税收征缴等方面给予支持。

四是加强国有企业负责人薪酬管理的差异化、精细化和激励性。根据国企功能分类对组织任命的负责人实施差异化薪酬制度，公益保障类国企负责人薪酬水平从严从紧控制，商业一类、商业二类负责人薪酬适当放开，对于国有参股金融企业和上市公司中国有股东派出的高管人员，也应参照国有企业负责人薪酬办法执行。研究制定在国有企业建立职业经理人制度的指导意见，解决班子成员内部的公平性问题。理顺国有企业负责人薪酬管理体制与企业董事会的关系，董事会拥有对公司高管人员的薪酬分配自主权，但必须遵循国家关于国有企业负责人薪酬、国有企业职业经理人薪酬管理以及高管薪酬信息定期披露等政策规定。

3. 强化政府保障托底、宏观指导和调控功能

一是完善最低工资制度，加快工资支付立法，加强对低工资群体的保障托底。

二是改进工资指导线制度，更好地发挥其宏观指导职能。借鉴新加坡的做法，将对工资增长幅度的定量预测指导扩展为对各类企业工资决策提供全方位的宏观指导意见。指导意见应当详细分析和预测就业、企业成本效益以及居民消费价格等宏观经济指标的变动趋势，提示市场风险；除工资增长幅度外，指导意见应进一步就工资结构、分配形式、分配关系等提出专业性建议，为企业工资分配提供信息支持和宏观指导。工资指导意见可以从地区或行业试点起步。

三是尽快发布企业薪酬调查分析报告或结果,为集体协商、企业工资分配提供更有参考价值的信息支持和引导。

四是理顺管理体制,将国有金融企业、文化企业等纳入统一的工资总额管理和负责人薪酬管理体系中,抑制非市场因素造成的过高收入。

### (五)加强社会保障体系建设,解决中等收入群体后顾之忧

一是进一步增加社会保障的财政投入,提高社会保障支出占财政支出的比例。二是积极扩大社会保障覆盖面,调整完善社会保障制度,重点支持农民工、灵活就业人员、老少边穷地区居民等弱势群体,通过缴费补助或代缴费用等形式促进低收入者参加社会保险。三是逐步提高社会保障统筹层次。四是加强制度整合,提升制度公平度。五是完善制度设计,扭转社会保障支出的逆向调节问题,建立更加充分公平的、多层次的社会保障制度体系。

## 参考文献

[1] 魏杰:《"十三五"与中国经济新常态》,企业管理出版社,2016。

[2] 何宪:《"公平与激励——中国公务员工资制度探析"》,中国人事出版社,2017。

[3] 苏海南、王宏:《当代中国中产阶级的兴起》,浙江大学出版社,2015。

[4] 贾康、苏京春:《中国的坎:如何跨越"中等收入陷阱"》,中信出版社,2016。

[5] 沈瑞英:《矛盾与变量:西方中产阶级与社会稳定研究》,经济管理出版社,2009。

[6] 王霞译:《2012/2013全球工资报告——工资和公平增长》,国际劳工局,2012。

[7] 李春玲:《比较视野下的中产阶级形成:过程影响及社会经济后果》,社会科学文献出版社,2009。

[8] 〔巴西〕费尔南多·奥古斯都·阿德奥达托·韦洛索、〔巴西〕莉亚·瓦尔斯·佩雷拉、〔中国〕郑秉文:《跨越中等收入陷阱:巴西的经验教训》,经济管理出版社,2013。

[9] 国家发改委社会发展研究所课题组、常兴华、李伟:《扩大中等收入者比重的

实证分析和政策建议》，《经济学动态》2012 年第 5 期，第 12~17 页。

［10］常兴华：《界定中等收入者》，《国际金融报》2003 年 12 月 30 日。

［11］杨宜勇、顾严、万海远：《扩大中等收入群体　全面建成小康社会》，《宏观经济管理》2016 年第 9 期，第 11~14 页。

［12］李强、赵罗英：《中国中等收入群体和中等生活水平研究》，《河北学刊》2017 年第 3 期，第 151~157 页。

［13］王宏：《国际视野的中等收入阶层：内涵界定、指标体系与地区差异》，《改革》2013 年第 5 期，第 15~24 页。

［14］李春玲：《如何定义中国中产阶级：划分中国中产阶级的三个标准》，《学海》2013 年第 3 期，第 62~71 页。

［15］李培林：《中国中产阶级的规模、认同和社会态度》，《社会》2008 年第 2 期，第 1~20 页。

［16］陆学艺：《中国社会阶级阶层结构变迁 60 年》，《中国人口·资源与环境》2010 年第 7 期，第 1~7 页。

# B.5
# 协调推进工资收入分配、就业和社会保障配套改革

谭中和*

**摘　要：** 工资收入分配改革实际上是收入分配、就业和社会保障改革的交叉点，三项改革的复杂性和重要性都最终反映在整体的收入分配改革之中。就业和社会保障具体的单项改革，如就业政策、基本养老保险、失业保险等都可以在这里合流。就业和社会保障作为重要的民生工作，收入分配的改革是这两项改革的深层掣肘。本报告梳理了新中国成立后，特别是改革开放以来我国工资收入分配、就业和社会保障改革的历程和演变，分析了三项改革的内在作用机理和联系，提出了三项改革存在不平衡、不协调等问题。针对三项改革存在的矛盾和问题，提出了以工资收入分配改革为抓手，深化就业和社会保障改革的政策建议。主要包括提高劳动报酬占比，实现充分稳定的就业；深化对就业状态和工资收入的再认识，将收入作为衡量就业的重要标准；同时，改革社保缴费基数紧盯工资性收入，用全口径的居民收入作为基数，将居民养老保险和医疗保险的"自愿参保"改为依法强制参保等政策措施。

**关键词：** 工资收入分配　就业　社会保障　配套改革

---

\* 谭中和，中国劳动和社会保障科学研究院副院长，研究员。

协调推进工资收入分配、就业和社会保障配套改革

党的十九大报告和中央经济工作会议都提出,今后一段时间,要坚持稳中求进的总基调,加强改革政策的协调性和协同性,打造政策的组合拳。人民群众对美好生活的向往,需要有坚实的工资收入作保障。工资收入分配、就业和社会保障政策改革,都涉及民生的基本保障,事关人民群众的幸福和对美好生活的向往目标的实现。如何按照十九大的要求,切实注重解决群众最关心最直接的利益问题,就需要在调整收入分配格局,深化工资收入分配改革,健全完善社会保障体系,使人民群众在经济社会发展中有更多的获得感。就业创业是群众直接获得收入的主要途径和方式,社会保障则是实现"兜底线",及时化解群众年老、疾病、失业、意外伤害等风险和社会矛盾的托底性保障。充分运用系统全面协同推进,又分阶段突出重点、系统协调又统筹有序的工作思路,最大限度地发挥好工资收入分配、就业和社会保障政策合力,最大限度避免这些政策的矛盾和对冲,是新时代人力资源和社会保障改革的重要工作内容。

本报告对我国工资收入分配、就业和社会保障政策进行梳理,深入分析了三者之间的作用机理,在通过1120名劳动者问卷调查和部分人员的专题访谈,以及对山东、安徽、青海等省份调研的基础上形成的。

## 一 我国劳动工资收入分配、就业和社保制度及其政策演变

我国政府十分重视工资收入分配、就业和社会保障政策的建立和完善。特别是改革开放以来,随着社会主义市场经济体制的建立,三项改革作为重要的民生政策得到不断发展和完善。

收入分配、就业和社会保障制度是一个国家或经济体的核心制度,也是判断一个经济体或社会性质的主要标准。在以按劳分配为主体的分配制度下,工资是职工和家庭赖以生存的主要经济来源,也是发展生产和提高劳动生产率的重要杠杆和工具。诸多社会经济政策如就业创业政策、社会保障政策等都与工资制度密切关联。按照马克思的观点,生产关系决定分配关系,

分配关系决定工资制度。自中华人民共和国成立后工资收入分配、就业和社会保障制度大致可以划分为以下几个阶段。

### （一）分配上的平均主义大锅饭、统包就业和劳动保险阶段

为适应计划经济的要求，从1951年开始，我国实行按劳分配制度，在企业逐步建立了企业工人工资等级制度，工人实行八级工资制。八级工资制以技术等级标准为基础，按照技术等级标准采取考工定级或者考评结合的办法确定工人的工资等级。在机关则实行职务等级工资制，一职数级，上下交叉的制度，即按照职务规定若干个工资标准，不同职务的工资标准之间，不像等级工资制那样有固定的比例关系。1956年全国进行了工资改革，取消了"工资分"和物价补贴，全部实行直接用货币规定工资，改进了企业工人的工资等级制度，在工资上体现出熟练劳动和不熟练劳动、繁重劳动和相对轻便劳动、特殊（高温、高空、井下、远洋船舶等）劳动和工作条件较好的劳动的差异，克服工资上的平均主义，同时在企业实行了企业职员和技术人员不同的工资制度，企业职员实行职务等级工资制。技术人员除了职务工资外，对技术水平较高的加发技术津贴。机关和事业单位人员仍然实行职务等级工资制度。"文化大革命"期间，按劳分配的基本原则被破坏，企业取消计件奖励，曾一度在分配上实行平均主义、"大锅饭"，甚至一段时间工资处于"冻结"状态。总体来看，这一阶段我国是低工资高福利阶段。这段时期，就业人员的工资收入水平很低、不同地区、不同行业之间的工资水平差别很小。

在就业方面，中华人民共和国成立后，在城市，政府把"劳有所得"作为重要内容。"劳有所得"首先需要就业。由于百废待兴、国民经济基础薄弱，为巩固政权，改善人民生活，体现社会主义制度的优越性，政府采取设立劳动介绍所，办理失业登记和就业介绍、以工代赈（政府部门提供工作机会获取赈济）、生产自救（对具有专门技能、歇业的个人或个体以资金或其他帮助）、转业训练（开办失业工人技术训练班）、还乡生产（对离乡进城不久或农村有亲戚的失业工人，政府组织还乡，给予一定路费和安家

费）和移民垦荒（动员和组织失业工人到人口稀少的地区发展生产）等政策，安置分流1949年前遗留下来的工人、国民党政府职员和进城务工人员。实行全国统一的就业招收和调剂制度。企业招工统一由当地政府的劳动部门进行，机关事业单位招人，需报劳动部门备案。企业之间的余缺调剂由企业主管部门在本系统内进行，劳动部门进行地区间的平衡。"文化大革命"期间，招工升学基本停止了，各级各类学校毕业的学生响应党的号召上山下乡，也成为最重要的就业渠道。这一阶段就业的主要特点是：劳动力基本不能随意流动，城乡劳动力就业分割严重，各级政府劳动部门主要负责城镇户籍的劳动力就业问题，并且对城镇户籍劳动力人口实行"全面就业"政策。企业完全按照政府计划生产，没有竞争压力，企业用工基本上采取"多多益善"的态度，招用了大量的劳动力，造成企业冗员很多。由此也形成了就业上的城乡二元体制。在城镇的就业人员拥有较好的就业保障和较为丰厚的各种福利待遇，在农村有大量剩余劳动力不能自主向城镇和工业部门转移就业。

在社会保障方面，这一阶段在城镇对正规就业部门的员工采取了"国家包揽一切"的社会保障政策。在城镇的国有单位为职工提供生、老、病、残、死等全面的社会保障福利政策。达到退休年龄符合条件的人员可以按月领取退休费，机关和企业分别实行公费医疗和劳保医疗政策，绝大多数医疗费可以报销。大多数企业和机关都自办有托儿所、幼儿园、职工子弟学校、职工医院等，几乎免费为职工提供服务，家属享受半费公费或劳保医疗待遇。大多数机关和企业还提供住房、冬季取暖补贴、夏天高温补贴、不在同城的探亲休假和补贴、交通补贴，以及各种文化娱乐设施等。政府还以"低物价、暗补贴、配给制"的方式，保证每个城市家庭获得一定的生活必需品。但这些福利政策主要是为城镇正规就业的群体提供，未就业人员或者非正规就业人群不能享受这些福利待遇。农村地区和农民的养老主要是靠土地保障和家庭养老，农村"五保户"的基本生活保障由农村集体负责。总之，在我国当时生产力水平相对不高、城乡分离的社会经济背景下，这种社会保障制度对社会经济的稳定和发展发挥了重要作用。

总结这段时期我国的工资收入分配、就业和社会保障政策可以看出，在中华人民共和国成立不久，由于私营经济的存在，我国劳动保障政策的基本出发点是保护劳动者，改变劳动者在生产中所处的不利地位。主要特点包括：一是从法律上保障职工的政治权利和经济权利，废除一切不合理的压迫工人的制度，建立新的民主管理制度，吸收职工参加企业管理；二是提高工资标准，逐步改善职工的生活水平，改进劳动条件，对职工在年老、疾病或丧失劳动能力的情况下给予物质帮助；三是对失业职工进行救济；四是调整劳资关系，目的是对私营企业进行利用、限制和改造。这一时期颁布了一系列重要的劳动法令、法规、制度和办法，包括处理劳资关系，救济失业工人，开展职工业余教育，逐步建立起具有社会主义计划经济特征的工资、劳动就业和劳动保险制度。在就业调配方面，主要是有计划地使用农村劳动力，禁止私招乱雇和制止农村劳动力盲目外流；在工资制度改革方面，对不合理的工资制度和工资关系进行了适当的调整和改进，形成了全国统一的八级工资制度；在完善劳动保护和建立劳动保险方面，加强企业中的劳动保护使之走向制度化。

### （二）重新确立按劳分配原则、实行三结合就业及社会保险制度探索阶段

第二阶段为重新确立按劳分配原则、实行三结合就业及社会保险制度探索阶段。改革开放以后，国家进入新的发展时期。劳动工资工作开始探索建立具有中国特色的工资制度。一是在思想理论上重新确立了按劳分配原则，明确按劳分配是客观经济规律，是社会主义的分配原则，计件工资和奖金制度都是按劳分配原则劳动报酬的体现形式。在企业中，随着社会主义市场经济体制改革的深入，扩大企业生产经营自主权，推行企业工资总额同经济效益挂钩，解决企业吃国家大锅饭、职工吃企业大锅饭的问题，逐步实行企业自主分配、政府宏观指导的工资收入分配办法。逐步改革机关事业单位工资分配制度，将职务等级工资制改为以职务工资为主的结构工资制。实行了一次性的年终奖制度，还对专业技术人员实行了专业技术职务聘任制，并相应兑现了工资。同时，统一了企业和机关事业单位的工资区别制度。二是提出

## 协调推进工资收入分配、就业和社会保障配套改革

工资收入分配应"使企业职工的工资和奖金同企业经济效益的提高更好地挂起钩来。在企业内部,逐步实行了扩大工资差距,拉开档次,体现奖勤罚懒、奖优罚劣,充分体现多劳多得、少劳少得,脑力劳动和体力劳动、复杂劳动和简单劳动、熟练劳动和非熟练劳动、繁重劳动和非繁重劳动之间的差别"。按照党的十三大的要求,实行"以按劳分配为主体,其他分配方式为补充"①。"除了按劳分配这种主要方式和个体劳动所得以外,企业发行债券筹集资金,就会出现凭债权取得利息;随着股份经济的产生,就会出现股份分红;企业经营者的收入中,包含部分风险补偿;私营企业雇佣一定数量劳动力,会给企业主带来部分非劳动收入。以上这些收入,只要是合法的,就应当允许。"②

在就业方面,计划经济的劳动就业政策改革始于改革开放后需要安置大批返城知青就业。"文化大革命"期间上山下乡的知青开始返回城市。由于城镇就业机会不多,政府实行了"劳动部门介绍就业、自愿组织起来就业和自谋职业相结合"③的"三结合"的就业方针,打破了"统包统配"的计划就业体制,为通过多种途径安置就业、发展非公有制经济打开了通路,基本解决了大量待业青年的就业问题④。在提出"三结合"就业方针的同时,为了缓解城镇就业压力,国务院1981年发布的《关于城镇非农业个体经济若干政策性规定》再次强调"严格控制农村劳动力流入城镇"。这种限制政策自1958年实行户籍制度以来,一直持续到21世纪初。

在社会保障方面,适应计划经济体制向市场经济体制转轨的要求,开始在城镇企业职工中进行社会保险制度改革。从1984年开始,在部分地区探索实行企业职工基本养老保险社会统筹,初步建立了适应社会主义市场经济体制要求的基本养老保险、失业保险、基本医疗保险、工伤保险和生育保险

---

① 见中国共产党第十三次代表大会报告《沿着有中国特色的社会主义道路前进》。
② 见中国共产党第十三次代表大会报告《沿着有中国特色的社会主义道路前进》。
③ 《中共中央召开全国劳动就业工作会议新闻》,人民网,1980。
④ 萧冬连:《中国七十年代末的就业危机与城镇非国有经济的发展契机》,《中共党史研究》2006年第1期。

制度和政策体系框架。主要进展体现在四个方面。一是实现了"企业保险"向社会保险的转变。逐步建立起退休费用社会统筹制度,通过社会互济分散养老风险,解决了企业之间养老负担畸轻畸重问题。二是实现了企业单一责任向国家、企业、个人三方共担责任的转变。企业按工资总额的20%缴纳基本养老保险费、按工资总额的6%左右缴纳基本医疗保险费。职工个人按本人工资的8%缴纳基本养老保险费,按本人工资的2%左右缴纳基本医疗保险费。三是确保企业离退休人员基本养老金按时足额发放。1998年以来,通过将"差额缴拨"改为全额支付,并将基本养老金由企业自行发放改由银行等社会服务机构发放,确保了数千万企业离退休人员基本养老金按时足额发放。四是改革基本养老金计发办法。《劳动保险条例》规定的退休金是按退休前工资的60%~90%计算,经过反复试点完善,2005年国务院颁布的《关于完善企业职工基本养老保险制度的决定》统一改为基础养老金和个人账户养老金两部分,既体现了社会公平,又强化了养老金待遇与缴费年限、缴费基数挂钩的激励约束机制,体现了权利与义务对等的原则,并每年调整提高养老金水平。

**(三)多种要素参与分配、市场化就业和社会保险制度完善阶段**

第三阶段是20世纪90年代后的工资收入分配制度的全面改革时期,1993年党的十四届三中全会通过了《关于建立社会主义市场经济体制若干问题的决定》,提出个人收入分配要坚持以按劳分配为主体、多种分配方式并存的制度,体现效率优先、兼顾公平的原则。劳动者的个人劳动报酬要引入竞争机制,打破平均主义,实行多劳多得,合理拉开差距。1997年党的十五大报告进一步提出"把按劳分配和按生产要素分配结合起来,坚持效率优先、兼顾公平,有利于优化资源配置,促进经济发展,保持社会稳定",明确提出了按要素分配的原则,这是我国收入分配制度的又一重大改革。2002年党的十六大报告又进一步提出,"要确立劳动、资本、技术和管理等生产要素按贡献参与分配的原则,完善按劳分配为主体、多种分配方式并存的分配制度",并且提出要"以共同富裕为目标,扩大中等收入者比重,提高低收入者收入水平"。2003年,党的十六届三中全会也提出了要"完善按劳分配为主体、多种分配方式并存的分配制度,坚持效率优先、兼顾公平,各种生产要素按贡献参与分配"。党的十七大报告提出了深化收入分配制度改革的目标,认为合理的收入分配制度是社会公平的重要体现,提出要"健全劳动、资本、技术、管理等生产要素按贡献参与分配的制度,初次分配和再分配都要处理好效率和公平的关系,再分配更加注重公平",并且提出了一系列调节收入分配的措施。这一时期的收入分配制度改革,进一步突出了公平原则,从"效率优先,兼顾公平"发展到"更加注重公平"。党的十八大报告进一步提出"完善劳动、资本、技术、管理等要素按贡献参与分配的初次分配机制,加快建立以税收、社会保障、转移支付为主要手段的再分配调节机制"。

在就业方面,国家实施积极的就业政策,把是否有利于就业增长作为经济政策选择的重要条件:在产业结构上,鼓励发展吸纳就业容量大的第三产业和服务业;在经济形式上,鼓励发展对就业增长贡献大的民营经济;在就业形态上,鼓励支持劳动者通过多种形式灵活就业通过税费减免和提供小额担保贷款,鼓励劳动者自谋职业、自主创业。运用税收优惠、社会保险费补贴、担保贷款和贴息等政策杠杆鼓励企业雇佣下岗失业人员。对就业困难群体实行就业援助:政府开发公益性岗位,优先录用就业困难人员,对灵活就业的困难人员给予社会保险费补贴。

在社会保障方面,在稳定扩大城镇职工基本养老保险覆盖面基础上,逐步将个体私营经济就业人员、灵活就业人员、在华就业的外国人等纳入职工社会保险体系。同时,经过试点探索,建立城镇居民基本养老保险和城镇居民基本医疗保险,以及新农合、新农保,到2012年底,基本实现了社会保障制度的城乡居民全覆盖,并逐步将城镇居民基本养老保险和新农保同一为城乡居民基本养老保险、城镇居民基本医疗保险和新农合统一为城乡居民基本医疗保险。

总结回顾我国在工资收入分配、就业和社会保障方面的政策改革发展历程,可以看出,这三方面的问题,都是中华人民共和国成立后每个历史阶段政府所必须解决的社会经济发展的最基本、最主要问题之一,也是推动社会经济改革发展的推动力。深入分析我国工资收入分配、就业和社会保障改革，必须从我国社会经济发展规律，生产关系与生产力相互关系上去理解。我国的实践也证明，这三项改革为我国经济体制的改革奠定了基础。

首先，工资性的收入，是我国劳动者保障其个人及其赡养家庭的主要经济来源，在计划经济时期可以说是城镇就业家庭的唯一生活来源。就业是民生之本，从我国社会经济历史发展的全过程来看，就业问题在我国各个阶段对社会经济的发展影响都十分显著。在各个社会经济历史发展的关键时刻，解决工资收入分配和城镇的就业问题成为改革的直接诱因和导火索。而社会保障在解决劳动者年老、疾病等风险，以及帮助城镇和农民的弱势家庭和人群中发挥了重要作用，是社会秩序安定的稳定器。解决工资收入分配、劳动就业和社会保障问题，一直是中华人民共和国成立后影响党和政府社会经济改革发展决策的重要因素，也是自始至终贯穿于我国整个改革大潮的重要组成部分，可以说，党和政府解决城镇劳动者的工资收入、就业和社会保障的政策，直接反映了我国社会经济发展的目标和方向。

改革开放之初，六大社会问题影响着中国的经济体制改革，当时六大社会问题是指知青、劳动、工资、物资、物价和保险。六大问题中，四大问题与工资、就业和社保有关。首要问题是，回城的知青要有饭吃，有饭吃的前提是要有收入，要有收入必须能够就业。从企业退休的人员要能按时领取退休费，这也是大多数城镇家庭的重要生活来源。因此，工资收入、就业和社保问题牵涉当时改革的前沿和深层，许多社会经济问题都与其有或多或少的联系。为了解决城镇未就业人员的吃饭问题，党中央于1980年8月初召开全国劳动就业工作会议，[①] 提出要大力发展自负盈亏的集体所有制经济，适当发展不剥削他人的个体经济，发展服务业、建筑业和劳动密集型产业，主要的就业门路有：大力扶持兴办各种类型的自筹资金、自负盈亏的合作社和合作小组；有条件的全民所有制单位应支持待业青年办独立核算的合作社；

---

① 《1980年8月2日至7日中共中央在北京召开全国劳动就业工作会议》，中华人民共和国国务院新闻办公室网站，https://www.scio.gov.cn/wszt/wz/Document/971156/971156.htm，2011年8月2日。

在城镇郊区发展以知青为主的集体所有制场（厂）队或农工商联合企业；鼓励和扶持个体经济适当发展；某些行业或工种可以根据实际情况，改革用工制度和工时制度；改革中等教育制度，发展职业技术教育，广开学路，吸收待业青年参加各种职业技术学习；建立劳动服务公司，担负组织、教育、介绍就业等工作，并使其逐步成为调节劳动力的一种组织形式，起吞吐劳动力的作用。会议肯定了各地支持城镇集体所有制经济发展的做法，也指出各地工作中的缺点，强调集体经济的发展必须要独立核算、自负盈亏。这次会议，为后来的"公有制为主体、多种经济成分并存"奠定了理论和实践基础。一定的分配关系是由生产关系决定的，正是这种多种所有制并存，才在收入分配上由原来单一的按劳分配原则，发展为以按劳分配为主体、多种所有制形式并存。另外，这一分配原则也开始影响到国民经济的协调发展，使生产关系与生产力相适应。主要思路是调整国民经济的产业结构和所有制结构，大力发展第三产业，纠正限制集体、打击和取缔个体的"左"的错误，实行社会主义公有制主导下的多种经济形式和多种经营方式长期并存的发展战略。改革"大锅饭"和"铁饭碗"，搞活劳动用工方式，使企业有可能根据生产的需要增加或减少劳动力，劳动者也可以把国家需要和个人专长、志向结合起来，选择工作岗位。"铁饭碗"式的用工制度不仅不利于调动企业和职工的积极性和主动性，而且"吸引"着许多人千方百计进入国有企业。这既增加了国有经济的负担和压力，又使集体经济和个体经济的发展遭遇困难。改革企业用工制度从20世纪80年代初就引起中央重视。1980年中央转发劳动就业会议文件，1981年中共中央、国务院关于劳动就业的决定都提出[①]，要改革企业用工制度，"实行合同工、临时工、固定工等多种形式的用工制度，逐步做到人员能进能出"。

因此、工资收入分配、就业和社会保障的改革是一个系统复杂的过程，是伴随我国社会主义建设和改革开放需要解决的影响国计民生的重大理论和现实问题。

---

[①]《中华人民共和国行政法规选编》，法律出版社，1991，第1992页。

## 二 工资收入分配、就业和社会保障三者关系的实证研究

为了深入了解工资、就业和社会保障三项政策的相互影响和关系，课题组设计了调查问卷，选择广东、山东和甘肃三省进行问卷调查，共发放问卷1210份，收回1120份，有效率为92.6%，在此基础上对部分调查者进行专题访谈。综合调查和访谈情况如下。

### （一）问卷调查的基本情况

在1120份有效调查问卷中，有72%（806份）来自灵活就业人员、农民工和个体工商从业者。这806位被调查者中，58.6%的人认为由于学历低、缺乏技能，只能从事城市里的人不愿干、看不起、不稳定、工资收入低的工作；47%的被调查者认为工作稳定性差、缺乏职业安全感。

被调查者中，72%的人认为工资收入偏低，从调查统计的数据看，尽管92%的被调查者的工资水平超过了当地的最低工资标准，但87%的被调查者认为工作时间长，尤其是从事服务行业的被调查者，平均每天工作12.7小时，远远超过国家劳动法规定的每天工作8小时。如按每天8小时计算，工资水平较低。

被调查人员参加职工基本养老保险和职工基本医疗保险的仅占26%，参加居民基本养老保险和居民基本医疗保险的占45.7%；被调查者本人认为应该参加而未参加职工养老保险和职工基本医疗保险的占48.5%，还有12%的人不清楚是否参加了社会保险。这一情况与课题组在山东、青海、安徽等地的调研情况相吻合。关于为什么在城镇工作但不参加职工社会保险问题时，11.6%的被调查者认为养老保险是很遥远的事，当务之急是挣钱租房子、供给孩子上学等基本生活所需，没想未来的养老问题；9.7%的被调查者认为自己身体好，很少生病，有病时的第一选择是按照网上搜索的结果到药店买药解决，没有必要到医院；

15.5%的人认为不了解社会保险,也不知道如何参保;大多数人(超过70%)认为,城镇的社会保险虽然好,但参保缴费水平高,工资低难以承担等。

## (二)访谈案例

调研组选择了7名不同类型从业者进行专题访谈,以下是2名典型被访谈者情况的整理。

**案例1** 孙某,男,2012年6月从北京某大学本科毕业,现在北京中关村商贸中心的某科技公司从事营销工作。刚毕业时在某股份制计算机软件公司做程序员,写程序源代码非常辛苦,收入开始每月6000元,涨到后来7500元,尽管收入当时还算可以,但每天工作几乎到深夜,尽管收入还可以,但工作压力大。

**案例2** 叶某,女,2014年毕业于山东师范大学人力资源管理专业,现在做人力资源工作。

问:请具体描述你现在所从事的工作?

答:在某网购平台做人力资源工作,具体负责120多名员工的能力培训、业绩考核等,每天统计收集120多人的业务活动情况,并对绩效提出评估,还要写出改进意见。

问:请问你一天的工作时间?

答:一般早上9点开始工作,晚上10点半左右下班,但经常下班后还要在家里再处理一些没有完成的业务。

问:请问你每月的工资是多少?

答:合同上定的是每月3600元,但每月实际拿到手的不到3000元。700多元交社保、500元租房子、上下班坐公交200多元。扣去吃饭,基本剩不下钱。

问:你都参加了哪些社会保险?

答：我不负责社保那块业务，但我同事讲每个人的参保情况是不一样的。我有养老保险和医疗保险，其他的没有。

问：你是否满意你现在的工作和收入？未来有什么打算？

答：同学还有家里人都劝我继续读研，然后去考公务员或者做名教师等。现在工资多少也无所谓，基本够自己吃用。但是如果不改变现在的情况，这个工作和收入都不敢成家（结婚）。

## 三 工资收入分配、就业和社会保障的相互影响机制分析

作为社会政策主要内容的工资收入分配、就业和社会保障，其内部存在一些相互关联和相互作用机制，由于不同的国家其社会政策和价值取向，以及一定社会经济发展阶段的差异，不同的国家在不同的发展阶段，其三个方面的内部作用机理也存在很大差异。因此，下面的分析是基于我国目前的社会经济情况做出的基本判断。

我国劳动工资收入分配、就业和社会保障的相互作用机制如图1所示。

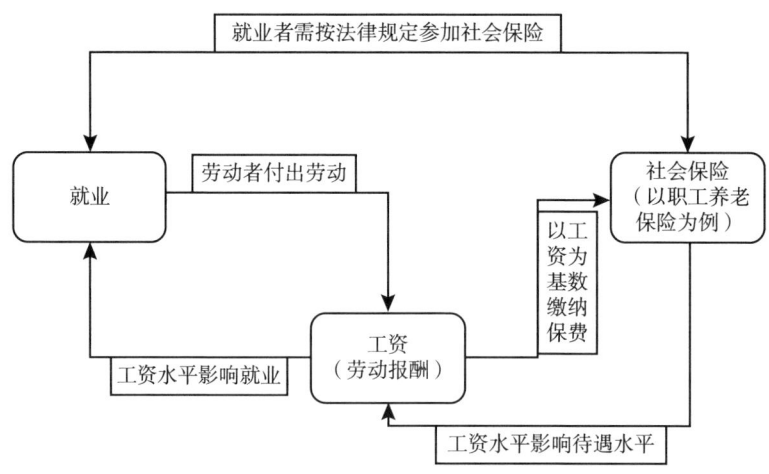

图1 我国工资收入分配、就业和社会保障相互作用机制

## 协调推进工资收入分配、就业和社会保障配套改革

根据我国的劳动工资分配、就业和社会保障政策，可以得出以下几点结论。

第一，在三项政策中，工资收入分配处于核心的地位。工资分配政策和效果直接影响就业和社会保障政策及其运行情况，这在发展中国家表现得尤其明显。一方面，在工业化过程中，劳动者和居民的主要经济收入来源于工资性收入，其他收入来源相对较少，因此工资政策对就业和社会保障影响很大。在经济发展的过程中，对于大多数劳动者来说，就业的直接目的是获得收入，维持家庭的基本生活或者改善生活。对于预防风险或者储备性的保险，则是在当期的个人或家庭生活得到基本保障之后的考虑。可以看出，在我国改革初期，甚至在如今一些收入较低的地区和人群，这种现象非常明显。

第二，工资收入的稳定和满意情况，是就业质量的最重要指标。何为就业，这是一个多义词。按照国家的相关规定，所谓就业人员就是指，男16至60周岁或女16至55周岁的法定劳动年龄内，从事一定的社会经济活动，并取得合法劳动报酬或经营收入的人员；其中劳动报酬达到和超过当地最低工资标准的，为充分就业。由此看出，就业就是通过付出劳动（体力的或智力的）而获得收入。因此，衡量就业的最主要指标是工资性收入，这一收入能够维持劳动者及其赡养者的基本生活。在诸多关于就业的研究中，都把有稳定的收入、工作有发展潜力和能发挥自己的能力，作为充分就业和有质量就业的体现。

第三，从我国职工社会保险制度（职工基本养老保险、失业保险、职工医疗保险、工伤保险和生育保险）的设计看，就业是参保的基本前提，是否认定参保，并不在于是否做了参保登记，关键在于是否按时足额缴纳社会保险费，而缴纳社会保险费的基本依据是工资，因此，工资收入分配问题，又把社会保险关联起来。事实上，在职工基本社会保险的设计中，工资问题不仅与缴费问题相关联，也与待遇水平相关联。从基本养老保险待遇计发办法、失业金水平、医疗保险待遇等，都与工资水平相挂钩。

总之，在改革工资收入分配、就业和社会保障政策时，应当相互照应，

瞻前顾后，注重政策改革的系统性、整体性和协调性，只有这样才能使得这三项改革达到预期的目的，取得预期的效果。

## 四 当前我国三项改革面临的矛盾和问题

近四十年来，我国社会经济改革取得了举世瞩目的成就。人均GDP达到8800美元，2017年新增就业1300万人，社会保险实现法定人群全覆盖。但是，总结回顾我国的三项社会制度改革，存在不平衡、不充分、不协调、不统筹的问题，制约和影响了改革的效果。

### （一）工资收入分配、就业和社保改革存在不平衡、不协调

纵观我国的三项事关民生的改革，遵循的是从解决当时社会经济最突出的矛盾和问题着手的改革思路，这符合我国在当时的国情和现实，为解决和保障人民群众基本生活，为今天的社会经济事业发展奠定了基础和条件。但由于改革是单向推进，问题导向，不可避免地带来三者之间改革的不同步、不协调、不平衡的问题。例如，目前基本养老保险和基本医疗保险分为职工和居民两大制度体系，这种划分以是否有稳定的就业和工资性收入来划分。这一制度框架存在的问题是，有相当多灵活就业人员、个体工商户，以及各种各样共享经济、信息经济下出现的新业态就业人员，无法按照这一逻辑去套用这一大的制度体系。也就是说，我国按照职工和居民设计的基本养老和医疗两种保险制度所覆盖的人群是清晰的，但现实中这两种人群的分类是不确定的。数据显示，2016年我国总人口为138271万人，各类就业人口77603万人，其中城镇就业41428万人①。非劳动力资源和非经济活动人员（主要是离退休人员、在校学生等）累计57577万人。但参加城镇职工基本养老保险的企业单位人数为25492万，加上3666万机关事业单位人员，也只有29158万，城镇个体工商户、灵活就业人员等

---

① 资料来源：人力资源和社会保障部内部统计资料。以下数据如无特别说明，均来自该资料。

以个人身份参加职工养老保险的人员为8772万,三类参保人员合计仅占各类就业人员总数的48.88%。也就是说,有一半以上的人员,要么因参加职工养老保险而参加了居民保险,要么没有参保。医保的情况也是如此。2016年参加职工医保的只有29532万人(含退休人员7812万人),据此推算实际参加职工医保人数仅占就业人数的38%、占城镇就业人口的71.28%,按照基本医保全覆盖推算,近30%的城镇就业人员参加了居民医保。综合各地调研,养老保险和医疗保险扩面和应保尽保的难点和矛盾,就是这30%的城镇就业人口,以及3亿多农村就业人口如何参保、参加哪个制度的问题。课题组认为,主要问题是这种制度模式不适应目前大量的灵活就业、个体工商经济和新业态的需要。两大制度板块无法适应当前就业和工资收入分配的实际情况。

### (二)劳动报酬偏低,影响就业质量和社会保险基金的储备

劳动报酬是各类就业人员和居民收入的最主要来源。在国际上,常用劳动报酬占GDP的比重来衡量就业人员和居民分享经济增长程度,这也是劳动工资收入分配的核心问题之一。这一指标的变化不仅是经济社会增长能力的体现,也是人力资源市场成熟度和国民收入大格局的重要反映。根据研究,越是落后的国家或地区,其劳动报酬占GDP的比重越低,越是发达国家,其劳动报酬占GDP的比重越高,因此,一国就业者的劳动报酬比重与一国GDP之间具有非常明显的正相关关系[1]。但是,我国改革开放以来,经济高速增长,即使在2008年的金融危机和近几年的经济新常态下,经济也是稳中向好,GDP增长率保持在6.5%以上。但是,不论是课题组按地区收入法,还是按投入产出表数据或者资金流量表数据,按照国家统计局公布的数据计算的我国劳动报酬表明,我国的劳动报酬占GDP的比重长期在较低水平上徘徊(见表1)。

---

[1] 蔡昉、张车伟等:《中国收入分配问题研究》,中国社会科学出版社,2016。

表1 1992～2014年我国劳动报酬占GDP的比重统计

单位：%

| 年份 | 劳动报酬占GDP的比重 | 年份 | 劳动报酬占GDP的比重 |
| --- | --- | --- | --- |
| 1992 | 54.6 | 2004 | 50.7 |
| 1993 | 51.4 | 2005 | 50.4 |
| 1994 | 52.3 | 2006 | 49.2 |
| 1995 | 52.8 | 2007 | 48.1 |
| 1996 | 52.1 | 2008 | 47.9 |
| 1997 | 53.0 | 2009 | 49.0 |
| 1998 | 52.5 | 2010 | 47.5 |
| 1999 | 52.6 | 2011 | 47.0 |
| 2000 | 52.7 | 2012 | 49.4 |
| 2001 | 52.5 | 2013 | 50.8 |
| 2002 | 53.6 | 2014 | 51.0 |
| 2003 | 52.8 | | |

资料来源：①1999年及以前数据引自国家统计局出版的《中国资金流量表历史资料（1992～2004）》；②2000～2013年数据根据历年《中国统计年鉴》资金流量表计算；③居民收入占初次分配比重数据，1992～2013年直接引用历年《中国统计年鉴》"表25企业、政府与住户部门初次分配收入及比重"。由于国家统计局未公布2014年及以后的企业、政府、住户部分占初次分配比重，2014年数据是根据资金流量表（实物部分）自行计算得出。

我国劳动报酬比重偏低的现实至少带来两个方面的问题。

一是反映了就业格局中正规就业人员较少，并且就业劳动者的工资水平相对经济增长处于较低水平。在对就业的影响方面，劳动报酬所占比重较低，反映了我国的正规化就业程度较低，工作的稳定性比较差，劳动者的工资收入水平一般也较低。目前，发达国家一般正规化就业程度较高，雇员化程度较高，劳动者工作较为稳定，工资收入水平也较高，劳动报酬占GDP的比重也较高。根据国际劳工组织的数据，发达国家的劳动报酬占GDP的比重为86%左右①。而我国同期大致是不到55%。还有一个指标也能说明，劳动报酬占GDP的比重意味着我国劳动者的实际工资不高。从表2可以看

---

① 蔡昉、张车伟等：《中国收入分配问题研究》，中国社会科学出版社，2016。

出，我国劳动者工资水平在 1985 年是 1098 元，到 2010 年是 28397 元，2015 年增长到 48696 元。2010 年比 1985 年增长了近 25 倍，但同期的人均 GDP 则是增长了 34 倍（1985 年我国人均 GDP 为 857 元，2010 年底为 29991 元），2015 年比 2010 年工资水平增长了 71.5%，而同期人均 GDP 增长了 67.7%（2015 年我国人均 GDP 为 5.03 万元），大致与 GDP 同步，但是改革开放初期工资基数偏低的事实，还是进一步验证了劳动者工资增长相对于 GDP 增长缓慢的结论。

表 2　1985~2015 年我国工资水平的变动情况估算一览表

| 年份 | 劳动报酬总额（亿元） | | | 年平均货币工资（元） | | |
| --- | --- | --- | --- | --- | --- | --- |
| | 全部雇员 | 城镇单位职工 | 其他雇员 | 全部雇员 | 城镇单位职工 | 其他雇员 |
| 1985 | 2124 | 1419 | 705 | 1098 | 1148 | 1011 |
| 1986 | 2616 | 1702 | 913 | 1261 | 1329 | 1150 |
| 1987 | 3036 | 1928 | 1108 | 1379 | 1459 | 1259 |
| 1988 | 3664 | 2377 | 1287 | 1583 | 1747 | 1348 |
| 1989 | 4296 | 2658 | 1637 | 1859 | 1935 | 1748 |
| 1990 | 4639 | 3008 | 1631 | 1975 | 2140 | 1729 |
| 1991 | 5365 | 3394 | 1971 | 2208 | 2340 | 2013 |
| 1992 | 6630 | 4009 | 2621 | 2585 | 2711 | 2414 |
| 1993 | 8363 | 5000 | 3364 | 3036 | 3371 | 2645 |
| 1994 | 11664 | 6920 | 4744 | 4179 | 4538 | 3746 |
| 1995 | 14965 | 8410 | 6555 | 5141 | 5500 | 4744 |
| 1996 | 17772 | 9447 | 8325 | 5946 | 6210 | 5672 |
| 1997 | 19650 | 9717 | 9933 | 6679 | 6470 | 6898 |
| 1998 | 21315 | 9488 | 11827 | 7914 | 7479 | 8301 |
| 1999 | 23692 | 10106 | 13586 | 8829 | 8346 | 9226 |
| 2000 | 26245 | 10855 | 15390 | 9789 | 9371 | 10107 |
| 2001 | 29356 | 12091 | 17265 | 10903 | 10870 | 10927 |
| 2002 | 35395 | 13502 | 21893 | 12840 | 12422 | 13112 |
| 2003 | 40632 | 15175 | 25457 | 14167 | 14040 | 14244 |
| 2004 | 46386 | 17526 | 28860 | 15555 | 16024 | 15284 |
| 2005 | 52587 | 20614 | 31973 | 16790 | 18364 | 15910 |
| 2006 | 61159 | 24120 | 37039 | 18673 | 21001 | 17416 |
| 2007 | 73469 | 29422 | 44047 | 21517 | 24932 | 19714 |

续表

| 年份 | 劳动报酬总额（亿元） | | | 年平均货币工资（元） | | |
|---|---|---|---|---|---|---|
| | 全部雇员 | 城镇单位职工 | 其他雇员 | 全部雇员 | 城镇单位职工 | 其他雇员 |
| 2008 | 83559 | 34993 | 48566 | 23653 | 29229 | 20795 |
| 2009 | 94089 | 40343 | 53746 | 25765 | 32736 | 22214 |
| 2010 | 108127 | 47424 | 60702 | 28397 | 37147 | 23983 |
| 2011 | 128939 | 59955 | 68985 | 32688 | 42452 | 27594 |
| 2012 | 151346 | 70914 | 80432 | 36647 | 47593 | 30935 |
| 2013 | 185005 | 93064 | 91941 | 40339 | 52388 | 34052 |
| 2014 | 203486 | 102817 | 100669 | 44168 | 57361 | 37285 |
| 2015 | 227106 | 112008 | 115099 | 48696 | 63241 | 41107 |

注：1985~2010年数据是按照城乡居民收入调查数据估算的，2011年起城镇单位职工劳动报酬数据来源于历年《中国统计年鉴》，全部雇员平均工资数据根据估算系数77%的城镇单位职工平均工资估算所得，其他雇员平均工资估算系数为65%，工资总额数据来源于历年《中国统计年鉴》，其他雇员工资总额按照农民工数量计算所得。

二是劳动者工资水平的相对偏低，按照工资为基数确定的社会保险缴费水平自然也低，同样地，职工基本养老保险和基本医疗保险的待遇水平也是依据工资水平确定的，相应地职工基本社会保险的筹资能力和待遇水平也受到影响。因为我国城镇就业者的五项社会保险缴费依据单位的工资总额和个人的工资水平确定的，工资总额和个体工资水平的偏低，必然导致缴费基数偏低，总体的筹资水平和筹资总量受到影响。而待遇的计算也是按照统筹地区的工资水平和个人的缴费水平确定，因此待遇水平也必然偏低。表3列出了2011~2016年我国企业职工缴纳职工基本养老保险的工资基数情况。

表3 2011~2016年职工养老保险个人缴费与工资情况统计

单位：元/月，%

| 年份 | 企业 | 国有企业 | 集体企业 | 其他企业 | 养老保险个人平均缴费基数 | 职工养老保险缴费占人均平均工资比例 |
|---|---|---|---|---|---|---|
| 2011 | 3502 | 3857 | 2343 | 3463 | 2281 | 65.14 |
| 2012 | 3940 | 4308 | 2773 | 3898 | 2550 | 64.72 |
| 2013 | 4356 | 4747 | 3194 | 4336 | 2814 | 64.60 |

续表

| 年份 | 企业 | 国有企业 | 集体企业 | 其他企业 | 养老保险个人平均缴费基数 | 职工养老保险缴费占人均平均工资比例 |
|---|---|---|---|---|---|---|
| 2014 | 4780 | 5186 | 3503 | 4764 | 3037 | 63.54 |
| 2015 | 5159 | 5609 | 3821 | 5138 | 3319 | 64.34 |
| 2016 | 5548 | 5961 | 4092 | 5536 | 3605 | 64.97 |

资料来源：课题组根据2017年人力资源和社会保障部统计摘要及人力资源和社会保障部社保中心《2016年社会保险运行报告》计算得出。

从表3可以看出，本来职工的工资性收入偏低，实际上在缴纳社会保险费时，缴费基数仅占工资的约65%，这是我国社会保险制度充足性和可持续性面临的重大风险。

工资性收入的偏低，不仅使得社会保险缴费水平降低，也带来养老保险的退休人员的待遇水平偏低。这里选择养老金占GDP的比重这一相对指标，反映退休人员分享经济增长成果的程度。从表4可以看出，这一指标从2010年的3.10%，到2016年达到4.28%。

表4 2010~2013年我国基本养老金支出占GDP比重情况

单位：亿元，%

| 年份 | 基本养老保险基金支出 | GDP | 基本养老保险基金支出/GDP |
|---|---|---|---|
| 2010 | 10554.9 | 340902.8 | 3.10 |
| 2011 | 12764.9 | 401512.8 | 3.18 |
| 2012 | 15561.8 | 473104 | 3.29 |
| 2013 | 18470 | 568845 | 3.25 |
| 2014 | 21754.7 | 635910 | 3.42 |
| 2015 | 25812.7 | 676708 | 3.81 |
| 2016 | 31853.8 | 744127 | 4.28 |

资料来源：课题组根据2017年人力资源和社会保障部统计摘要及人力资源和社会保障部社保中心《2016年社会保险运行报告》计算得出。

这项指标的意义在于通过历年数据变动,可以直观判断出国家的经济增长投入退休人员养老金的情况。可以看出,自2005年以来连续十多年的基本养老金提高调整,基本养老金规模和水平每年都有较大幅度的提升,基本养老保险制度在保障退休人员基本生活方面发挥了举足轻重的作用。但考虑退休人员人均基本养老金每年实际购买力的变化,以及在岗职工工资增长、通货膨胀以及全体居民收入的提高等因素,国家用于退休人员的投入还处于相对较低水平,也可说退休人员参与分享社会经济发展成果的程度还相对较低。表4反映的是养老金支出总量的变化,事实上,由于我国历年的退休人员增长很快(2012年底我国参加职工养老保险的企业退休人员为6911万人,到2016年底达到9024万人,增长了30.6%,同期基本养老保险基金支出增长了1.05倍;同期退休人员基本养老金增长了55.6%,而同期的GDP增长了57.2%),人均的养老金水平增长速度较GDP来说较慢。

## (三)居民收入来源的多元化多样性冲击传统的工资分配、就业和社会保险制度

就业是劳动者获得收入的主要途径和渠道,在共享经济发展理念下,以信息技术、移动互联网为代表的科技发展对产业组织带来新改变,也对工资收入分配、就业方式和社会保障带来很大影响。

一是传统的就业模式在新型产业组织形式下,雇主+雇员的就业模式被改变。供给侧结构性改革要求产业转型升级,推动社会经济发展的新旧动能转换,这种升级转换产生了新的经济模式,也随之改变了传统的就业模式,灵活性的工作岗位和雇佣方式等新的就业形态出现。一方面,传统的灵活就业已不再是过去的小商小贩或零工等低端劳动力就业模式,一些涵盖高端、中端和低端的专业技能人才也越来越多地加入新业态灵活就业人员队伍;另一方面,网店就业、创业就业等新职业不断涌现。如2016年滴滴平台注册员工达1750万人。据统计,平台型组织雇用1个员工可以创造9个工作岗位,撬动100多人参与其中。特别是新就业形态出现的无

雇主化，使得用工单位与劳动者之间不构成劳动合同法规定的劳动关系、劳务关系或其他雇佣关系。这种就业的去雇主化、去组织化，"平台+个人"的就业创业模式，导致越来越多的就业者选择分时就业、随时就业、多重职业、体验就业等。就业模式的变化，改变了居民尤其是城镇居民的收入结构，导致工资性收入比重逐渐降低，财产性、经营性净收入逐年增加（见表5）。

表5 2000~2013年我国城镇居民人均可支配收入结构变动情况

单位：%

| 年份 | 工资性收入比重 | 转移性收入比重 | 经营净收入比重 | 财产性收入比重 |
| --- | --- | --- | --- | --- |
| 2000 | 71.2 | 22.9 | 3.9 | 2 |
| 2001 | 69.9 | 24.2 | 4 | 1.9 |
| 2002 | 70.2 | 24.5 | 4.1 | 1.2 |
| 2003 | 70.7 | 23.3 | 4.5 | 1.5 |
| 2004 | 70.6 | 22.9 | 4.9 | 1.6 |
| 2005 | 68.9 | 23.4 | 6 | 1.7 |
| 2006 | 68.9 | 22.8 | 6.4 | 1.9 |
| 2007 | 68.7 | 22.7 | 6.3 | 2.3 |
| 2008 | 66.2 | 23 | 8.5 | 2.3 |
| 2009 | 65.7 | 23.9 | 8.1 | 2.3 |
| 2010 | 65.2 | 24.2 | 8.1 | 2.5 |
| 2011 | 64.3 | 23.8 | 9.2 | 2.7 |
| 2012 | 64.3 | 23.6 | 9.5 | 2.6 |

资料来源：人力资源和社会保障部劳动工资研究所《"十三五"企业工资收入分配制度改革总体思路研究报告》，2015。

居民这种收入结构的变化，对社会保险缴费基数的确定带来困难。根据《中华人民共和国社会保险法》等有关社会保险政策文件的规定，我国的社会保险参保缴费中的工资基数，是以统计部门的工资口径为基准。但问题是，对个体私营经济的工资如何计算？这不是一个社会平均工资可以解释通的问题，因为在国家统计局的解释中，个体经济的劳动报酬和经营利润，也就是工资和资本所得难以区分，究竟哪些属于劳动所得（通常所说的工资），哪些属于资本回报。无法做出区分，就很难用工资性收入作为依据，要求个体私营经济参加职工社会保险。显然，仅仅按照工资性收入划分参保群体，已经难以适应生产方式的变化。

## 五 协调推进工资收入分配、就业和社保政策配套改革的政策建议

基于我国工资收入分配、就业和社会保障改革不平衡、不协调的问题和矛盾，为充分发挥社会政策保障和改善民生的作用，提出如下几点政策建议。

### （一）综合施策，努力提高劳动报酬比重，实现充分和高质量就业

我国劳动工资报酬占GDP的比重较低的问题，不仅反映了劳动者的劳动参与初次分配的比重处于较低的水平，同时也反映了我国就业格局中，正规化就业程度较低的问题。从党的十六大开始，扩大就业就已经成为党和政府的一项长期而艰巨的任务。十六大报告提出"就业是民生之本"，2003年初，中央政治局集体学习专题听取就业讲座，明确提出"将就业放在社会经济发展的突出位置"。就业成为关系国家长治久安的重大政治任务①。2010年底的中央经济工作会议再次强调，把促进充分就业作为经济社会发展的优先目标。"十二五"规划提出"就业优先"战略。党的十九大报告提出"就业是最大的民生。要坚持就业优先战略和积极就业政策，实现更高质量和更充分就业。"可以看出，为了扩大就业，实现充分就业的目标，党和政府采取了多种措施努力扩大就业，促进灵活就业、自雇就业、个体工商户，以及互联网经济下多种就业形态的发展，为就业提供了更多的途径和渠道。但是这些人群普遍面临工作不稳定、收入相对较低且不固定的问题。个体经营和新就业人群出现的6个月现象（即个体经营或者灵活就业等新就业人群中60%左右的人在6个月内发生公司倒闭，或者就业人员辞职等现

---

① 《关系国家长治久安的重大政治任务》，《人民日报》2003年8月16日。

象），说明这些人群的就业质量和稳定性较差。尽管各级政府对于灵活就业、创业等给予一定补贴，但效果有限。这些就业不稳定的人群实际上也就是未参加社会保险的人群。就业稳定性差的根本原因在于这些类型的就业人群工资收入较低。建议的政策措施包括以下几个方面。一是认真贯彻落实党的十九大提出的习近平新时代中国特色社会主义思想，转变发展理念，将以经济建设和经济增长为目标，真正转变到使人民群众过上美好生活上来。把提高就业质量、提高普通劳动者收入作为群众美好生活的基础性工程，使群众真正能够通过劳动获得能够保障其居住等基本生活的收入，通过稳定的就业增加收入，通过兜底性的社会保障，防范就业和生活中的各种风险等。为此，建议政府在宏观调控企业工资确定和增长时，不仅要考虑企业的承受能力，还要综合考虑就业地的住房价格、子女就学、就医等公共服务情况，调整工资（包括最低工资、工资指导线等）的标准。目的是使每一个就业的劳动者只要勤奋工作，就能够在就业地获得比较体面的生活。这样才能保持就业者的稳定，使每一个就业者只要找到一份工作就能够备感珍惜和勤奋努力。二是各级政府应在这一发展理念下，进一步对企业减负。政府真正不再把GDP增长和增加财政收入作为主要目标，而是把充分就业和提高就业质量作为主要目标。企业应当充分使劳动者获得维持体面生活的收入。为此，政府应把减负的重点落实到降低城市房价、降低能源物流等企业成本上，以降低流动人员在城镇就业的生活成本；通过税收、财政政策，补贴吸纳就业人员多的劳动密集型产业。三是建立居民家庭的收入资产和财产的等核查机制，摸清居民家庭的工资性收入，经营性净收入，转移性净收入，以及财产性净收入等情况，同时摸清隐性失业和有劳动能力而不就业情况。通过精准的税收措施，调节收入分配秩序，真正使广大群众共享经济社会发展成果。

## （二）深化对就业状态和工资收入的再认识，健全要素分配的体制机制

针对就业形态多样性灵活性的特点，应对就业状态进行重新的认识和界定。课题组认为，应当将"就业"界定为劳动年龄段人员能够在一定时期内获得不

低于当地最低工资标准的收入作为标准，不管是否签订劳动合同，是否按照计件工资或者计时工资衡量。这样就可以把各种各样新业态人员，如自雇就业、网络平台就业、分时就业、随时就业、多重职业、体验就业等人群纳入就业范围，按照资本、技术、管理等要素参与分配的思想，对于入股投资办企业获得收入，租赁房屋、厂房、土地、设备等获得收入，靠脑子灵活出"点子"获得收入等，只要这些收入达到或高于当地最低工资水平，即可认定为实现就业。

同时，应当进一步明确劳动工资的基本概念，工资不再是雇主对雇员支付的货币计算的报酬。应当对国际劳工组织对工资定义①及我国对工资性收入定义②进行重新界定，将工资口径界定为具有劳动、资本、技术活管理等要素参与分配获得的报酬即可，不必考虑支付方式和支付者与被支付者的隶属关系。这样，对个体私营经济的收入就没有必要去区分是劳动报酬还是经营的利润，是劳动所得还是资本的回报。同理，入股分红收入、兼职收入等，都可以按照劳动报酬来计算。

## （三）在工资和就业大格局下完善社保制度，实现社会保障的兜底保障和可持续发展

党的十九大提出，要按照"兜底线、织密网、建机制的要求，全面建成覆盖全民、城乡统筹、权责清晰、保障适度、可持续的多层次社会保障体系"。落实十九大精神，应当把社会保障制度体系改革放置于收入分配和就业的民生大格局下去设计和考虑。结合我国当前的劳动工资收入分配、就业和社会保障现状，提出如下改革意见和建议。

一是改革完善我国现有的"职工＋居民"的制度体系，建立适应工资收入分配和就业的社会保障制度体系。目前我国的社会保险按照是否就业，

---

① 国际劳工组织对工资的定义是："由一位雇主对一位受雇者，为其已完成和将要完成的工作或已提供和将要提供的服务，可以货币结算并由共同协议或国家法律或条例予以确定而凭书面或口头雇佣合同支付的报酬或收入。"见《国际劳动组织公约和建议书》（第一卷），国际劳动组织北京局，1994，第131页。
② 综合我国劳动法等对工资的阐述，课题组将工资定义为：用人单位依据劳动合同约定或者国家有关规定，以货币形式支付给与之建立劳动关系的劳动者的岗位劳动报酬及相关报偿。

是否有工资性收入来设计的制度，也即职工和居民两个制度板块。就业人员和有工资性收入的参加职工制度，没有就业和工资性收入的参加居民制度，两大制度分别制定了参保覆盖人群、缴费水平和待遇水平等。从运行实施的效果看，这一制度体系逻辑清晰，但各地实施中普遍面临职工基本养老保险和职工基本医疗保险参保扩面难、缴费基数难以确定、待遇水平参差不齐等问题，这些问题就是十九大提出的不充分和不平衡的问题。尽管各地在参保扩面和缴费基数方面采取了很多行之有效的措施，但养老保险仍然有1亿多人未参保[①]，职工社会保险中断缴费、中断参保情况一年比一年严重（2016年企业职工养老保险中断缴费5115万人，占参保人数的25.4%，是2011年的1.73倍）。参保职工的缴费人数持续下降（2016年职工基本养老保险参保人员缴费比是79.7%，比2011年下降5.5个百分点）。根本原因在于非公单位员工、劳务派遣员工、灵活就业人员、城镇个体户和新业态从业人员参保率很低，为此提出以下建议。

一是社会保险制度改革应当注意分析观察工资收入分配的变化和就业形势的变化及就业新形态的出现，特别是家庭服务业以及网络创业/就业形态等较快发展的现状，根据其就业不稳定、工作岗位和地点不确定、收入弹性大等特点，可以考虑在目前的两个制度中间，探索实施过渡性的办法，如专门安排针对上述人群的基本养老保险、失业保险和基本医疗保险制度，将这些就业人群纳入其中，并保持其持续参保。

二是在保持两大制度平台大格局下，探索建立适应新就业形态的过渡性制度外，应在制度上保持主体的流向是从乡到城、从"居"到"职"。另外，要顾及大多数，任何一项政策都不可能完全适合每个人或者某群人的每一种变动状态，只能从最广大群体的最主要需求出发，对个别和偶发性现象作具体处理；还要明确中央和地方的责任，这个责任不仅是财务上的，而且是整个制度上的，允许地方在中央确定总体政策和基本原则下，由地方柔性解决形形色色的具体问题，基本要求就是要"兜底线"和实现

---

① 资料来源：人力资源和社会保障部社保中心《2016年社会保险运行报告》。

全覆盖。

三是要建立城乡居民全覆盖的长效机制。当前应着力研究解决取消目前城乡居民养老和居民医保制度设计上的"自愿参保"政策。当初试点城乡居民养老和医保政策,主要是汲取我党长期农村工作经验做出的选择,防止对农民搞强迫命令,把好事办坏。但从社会保险的本质属性看,纯"自愿"参保缴费不利于制度的全覆盖和长期稳定发展以及财务平衡,也不利于培养居民的风险、互济保障意识,反而可能助长逆向选择的道德风险。应建立完善更具引导性的"全民参保登记制度",使参保成为常态。

四是探索实施职工和居民社会保险的一体化。仅仅按照工资性收入划分参保群体,已经难以适应生产方式的变化。可以考虑将按照工资性收入划分的两大制度体系,改为按照全口径的居民收入(将工资性、财产性、经营性和转移性等收入一并考虑)水平,分档分级设计制度。统筹地区人力资源和社会保障部门可以根据当地就业情况,确定更为细化的分档参保缴费机制,提供给参保人员用来选择适合自己的参保缴费档次。真正体现社会保险的权利义务相对应、公平和效率相结合,既使低收入人群和家庭得到兜底的保障,也使高收入人群得到更充分的保障,同时打通了基本保障和补充性保障的通道,推动多层次社会保障体系的健全和完善。

## 参考文献

[1] 《坚持稳中求进 加强政策协同——三论贯彻落实中央经济工作会议精神》,《人民日报》2017年12月24日。

[2] 蔡昉、张车伟等:《中国收入分配问题研究》,中国社会科学出版社,2016。

[3] 裴长洪、王震、孙婧芳:《中国基本分配制度》,中国社会科学出版社,2016。

[4] 中国(海南)改革发展研究院编著《中国收入分配制度改革路线图》,国家行政学院出版社,2010。

[5] 《厉以宁:跨过中等收入陷阱最重要是收入分配改革》,中金在线,http://review.cnfol.com/130307/436,1702,14560667,00.shtml,2013年3月7日。

[6] 国家发展改革委、财政部、人力资源和社会保障部:《关于深化收入分配制度

改革的若干意见》。

[7] 王延中、龙玉其：《社会保障与收入分配：问题、经验与完善机制》，《学术研究》2013 年第 4 期。

[8] 郑功成：《消除收入分配领域的灰色地带》，中国改革论坛，2013 年 4 月 3 日。

[9] 袁观富：《简析我国收入分配制度的构成因素》，中国改革网，2013 年 3 月。

[10] 《2016 年国民经济和社会发展统计公报》。

[11] 信长星：《关于就业、收入分配和社会保障制度改革中公平与效率的思考》，《中国人口科学》2008 年第 1 期。

[12] 郑功成：《社会保障：调节收入分配的基本制度保障》，《中国党政干部论坛》2010 年第 6 期。

[13] 谭中和：《精准施策，持续扩大社会保险覆盖面实现应保尽保》，《中国医疗保险》2018 年第 1 期。

[14] 中国就业促进会组织编写《中国积极就业政策创立与发展》，中国劳动社会保障出版社，2016。

[15] 田永坡：《劳动力市场发展及测量》，中国社会科学出版社，2016。

[16] 人力资源和社会保障部规划财务司编《人力资源和社会保障统计摘要》（内部资料），2017。

[17] 人力资源和社会保障社会保险事业管理中心：《2016 年社会保险运行报告》。

# B.6 2018年最低工资标准调整对企业承受能力影响的评估报告

胡宗万*

**摘　要：** 本报告通过宏观统计数据和相关微观调查数据，就2018年度最低工资调整对于企业承受能力进行了评估。在综合分析宏观统计数据和微观问卷调查结果的基础上，形成了2018年全国最低工资标准调整的评估结论。评估结论认为，2018年最低工资标准调整对企业整体承受能力可能的负面影响得到控制，但对于劳动密集型企业影响较大，并呈现地区差异和行业差别。结合评估结果和2019年宏观经济、企业利润、物价水平等指标变动趋势，提出了2019年应更加慎重调整最低工资标准的总体建议。

**关键词：** 最低工资　评估　企业承受能力

最低工资制度是市场经济条件下政府依法保障劳动者特别是低收入劳动者报酬权益的重要手段，目的是在确保劳动者提供正常劳动的前提下，用人单位所支付的最低劳动报酬能够满足劳动者及其赡养人口的基本生活需求。

最低工资标准作为劳动力市场的价格起点，对企业既有可能对促进转型升级、提高劳动生产率等有正面影响，又有可能对收入水平远高于最低工资标准的企业没有影响或者对部分劳动密集型企业承受能力带来负面影响。在

---

\* 胡宗万，中国劳动和社会保障科学研究院工资收入分配宏观调控研究室副主任，副研究员，主要研究领域为工资收入宏观调控政策和企业人力资源管理。

经济新常态背景下,需要尤为关注最低工资标准调整对于企业承受能力可能带来的负面影响。

## 一 评估框架简介

本报告的最低工资标准评估是指对各地区最低工资标准调整的适时性、适度性和规范性等进行综合分析和评价。本报告主要集中于对最低工资标准适度性相关指标开展评估。

表1 最低工资标准评估框架

| 评估维度 | 序号 | 参考评估内容 |
| --- | --- | --- |
| 适时性评估 | 1 | 调整频率是否符合政策规定 |
|  | 2 | 最低工资标准主要影响指标发生较大变动,是否及时调整或放缓调整 |
| 适度性评估 | 3 | 最低工资标准影响人群数量及特征<br>——直接影响人群数量及行业、年龄、学历、性别等分布特征<br>——传导影响人群数量及行业、年龄、学历、性别等分布特征 |
|  | 4 | 最低工资标准对劳动者特别是低收入劳动者的保障程度<br>——与10%最低收入家庭现金消费性支出比较,能否保基本生活<br>——与当地最低生活保障标准比较,能否保基本生活<br>——与城镇低收入家庭居民消费价格指数比较,能否保基本生活<br>——与从业人员平均工资比较,能否适度共享经济社会发展 |
|  | 5 | 最低工资标准对企业特别是劳动密集型企业承受能力的影响程度——宏观数据挖掘<br>——与地区人均生产总值比较,衡量与经济社会发展状况匹配程度<br>——与第二、三产业劳动生产率比较,衡量第二、三产业整体的承受能力<br>——与典型劳动密集型行业劳动生产率比较,衡量劳动密集型行业的承受能力<br>——分析劳动密集型行业人工成本占总成本比重变动程度,衡量最低工资标准调整可能对于劳动密集型行业承受能力的影响<br>——与劳动密集型行业企业利润变动情况比较,衡量其承受能力<br>——有多少比例员工以最低工资标准作为缴费基数,衡量最低工资标准调整对企业人工成本上升的影响程度<br>——有多少比例员工以最低工资标准作为加班工资计算基数,衡量最低工资标准调整对企业人工成本上升的影响程度 |

续表

| 评估维度 | 序号 | 参考评估内容 |
|---|---|---|
| 适度性评估 | 6 | 对企业特别是劳动密集型企业承受能力的影响程度——企业微观应对行为反推最低工资标准调整可能的影响程度<br>——企业是否考虑以及实际采取资本替代劳动的措施<br>——企业是否变相增加员工工作时间<br>——企业是否变相增加员工工作强度<br>——企业是否因此调整薪酬结构或固定浮动部分比重<br>——企业是否额外增加培训和研发的投入 |
| 适度性评估 | 7 | 最低工资标准调整对社会就业特别是新参加工作人员及就业困难群体的影响程度<br>——分析对城镇登记失业率、调查失业率影响<br>——分析对劳动力市场求人倍率影响<br>——分析对劳动者特别是新参加工作人员、就业困难人员的影响<br>——分析对失业保险金领取人数变动的影响 |
| 适度性评估 | 8 | 最低工资标准调整对社会宏观收入分配的影响<br>——关注最低工资标准调整与同期收入分配差距变化等关系 |
| 适度性评估 | 9 | 各地最低工资标准调整与经济社会发展相当地区的协调程度<br>——关注在人均GDP、私营单位就业人员平均工资、城镇居民消费性支出等指标相当地区的最低工资标准是否协调<br>——关注月最低工资标准与小时最低工资标准区域之间是否协调 |
| 规范性评估 | 10 | 最低工资标准调整的协商决策程序是否规范有效 |
| 规范性评估 | 11 | 是否履行规范的事前报批程序 |
| 规范性评估 | 12 | 最低工资标准的发布执行时间间隔是否不少于2个月 |
| 规范性评估 | 13 | 最低工资执行状况 |

## 二 2018年全国最低工资标准调整的情况

总体来看，2018年最低工资标准调整与经济社会发展较为匹配。2011~2017年，全国依次分别有25、25、27、19、27、9、20个地区调整了最低工资标准，调增地区对应平均调增幅度分别为22.1%、20.1%、17%、14.1%、14.9%、10.7%、11.05%。2018年，全国共有16个地区（15个省份）调整最低工资标准，平均调整间隔2年左右（25个月），调增地区平均调增幅度为11.39%。2017年底,全国月最低工资标准共有100个档次,档次平均值为1508.5元;2018年底,全国月最低工资标准共有98个档次(江西、广西分别由4档减少为3档),档次平均值为1584.18元,2018年相比2017年最低工资标准各档次平均值平均增幅为5.02%,与经济发展速度比较匹配。

2018年底,全国最低工资标准共有98档,除北京、天津、上海、深圳、西藏、青海1档,重庆2档,福建5档外,其他地区均为3~4档(见表2)。月最低工资标准最高的是上海的2420元,最低的是辽宁锦州的凌海市、北镇市、黑山县、义县及葫芦岛市部分地区的1120元。小时最低工资标准最高的是北京的24元,最低的是辽宁部分地区的10.6元(见表3)。

表2 2018年底各省份月最低工资标准情况

单位:元

| 地区 | 标准实行日期 | 月最低工资标准 | | | | |
|---|---|---|---|---|---|---|
| | | 第一档 | 第二档 | 第三档 | 第四档 | 第五档 |
| 北京 | 2018年9月1日 | 2120 | | | | |
| 天津 | 2017年7月1日 | 2050 | | | | |
| 河北 | 2016年7月1日 | 1650 | 1590 | 1480 | 1380 | |
| 山西 | 2017年10月1日 | 1700 | 1600 | 1500 | 1400 | |
| 内蒙古 | 2017年8月1日 | 1760 | 1660 | 1560 | 1460 | |
| 辽宁 | 2018年1月1日 | 1620 | 1420 | 1300 | 1120 | |
| 吉林 | 2017年10月1日 | 1780 | 1680 | 1580 | 1480 | |
| 黑龙江 | 2017年10月1日 | 1680 | 1450 | 1270 | | |
| 上海 | 2018年4月1日 | 2420 | | | | |
| 江苏 | 2018年8月1日 | 2020 | 1830 | 1620 | | |
| 浙江 | 2017年12月1日 | 2010 | 1800 | 1660 | 1500 | |
| 安徽 | 2018年11月1日 | 1550 | 1380 | 1280 | 1180 | |
| 福建 | 2017年7月1日 | 1700 | 1650 | 1500 | 1380 | 1280 |
| 江西 | 2018年1月1日 | 1680 | 1580 | 1470 | | |
| 山东 | 2018年6月1日 | 1910 | 1730 | 1550 | | |
| 河南 | 2018年10月1日 | 1900 | 1700 | 1500 | | |
| 湖北 | 2017年11月1日 | 1750 | 1500 | 1380 | 1250 | |
| 湖南 | 2017年7月1日 | 1580 | 1430 | 1280 | 1130 | |

续表

| 地区 | 标准实行日期 | 月最低工资标准 | | | | |
|---|---|---|---|---|---|---|
| | | 第一档 | 第二档 | 第三档 | 第四档 | 第五档 |
| 广东 | 2018年7月1日 | 2100 | 1720 | 1550 | 1410 | |
| 其中:深圳 | 2018年7月1日 | 2200 | | | | |
| 广西 | 2018年2月1日 | 1680 | 1450 | 1300 | | |
| 海南 | 2018年12月1日 | 1670 | 1570 | 1520 | | |
| 重庆 | 2016年1月1日 | 1500 | 1400 | | | |
| 四川 | 2018年7月1日 | 1780 | 1650 | 1550 | | |
| 贵州 | 2017年7月1日 | 1680 | 1570 | 1470 | | |
| 云南 | 2018年5月1日 | 1670 | 1500 | 1350 | | |
| 西藏 | 2018年1月1日 | 1650 | | | | |
| 陕西 | 2017年5月1日 | 1680 | 1580 | 1480 | 1380 | |
| 甘肃 | 2017年6月1日 | 1620 | 1570 | 1520 | 1470 | |
| 青海 | 2017年5月1日 | 1500 | | | | |
| 宁夏 | 2017年10月1日 | 1660 | 1560 | 1480 | | |
| 新疆 | 2018年1月1日 | 1820 | 1620 | 1540 | 1460 | |

注：加底色地区为2018年调整最低工资标准的地区。

表3　2018年底各省份小时最低工资标准情况

单位：元

| 地区 | 标准实行日期 | 小时最低工资标准 | | | | |
|---|---|---|---|---|---|---|
| | | 第一档 | 第二档 | 第三档 | 第四档 | 第五档 |
| 北京 | 2018年9月1日 | 24 | | | | |
| 天津 | 2017年7月1日 | 20.8 | | | | |
| 河北 | 2016年7月1日 | 17 | 16 | 15 | 14 | |
| 山西 | 2017年10月1日 | 18.5 | 17.4 | 16.3 | 15.2 | |
| 内蒙古 | 2017年8月1日 | 18.6 | 17.6 | 16.5 | 15.5 | |
| 辽宁 | 2018年1月1日 | 16 | 14 | 11.8 | 10.6 | |
| 吉林 | 2017年10月1日 | 17 | 16 | 15 | 14 | |
| 黑龙江 | 2017年10月1日 | 16 | 13 | 12 | | |
| 上海 | 2018年4月1日 | 21 | | | | |
| 江苏 | 2018年8月1日 | 18.5 | 16.5 | 14.5 | | |
| 浙江 | 2017年12月1日 | 18.4 | 16.5 | 15 | 13.6 | |
| 安徽 | 2018年11月1日 | 18 | 16 | 15 | 14 | |

续表

| 地区 | 标准实行日期 | 小时最低工资标准 ||||| 
|---|---|---|---|---|---|---|
| | | 第一档 | 第二档 | 第三档 | 第四档 | 第五档 |
| 福建 | 2017年7月1日 | 18 | 17.5 | 16 | 14.6 | 13.6 |
| 江西 | 2018年1月1日 | 16.8 | 15.8 | 14.7 | | |
| 山东 | 2018年6月1日 | 19.1 | 17.3 | 15.5 | | |
| 河南 | 2018年10月1日 | 19 | 17 | 15 | | |
| 湖北 | 2017年11月1日 | 18 | 16 | 14.5 | 13 | |
| 湖南 | 2017年7月1日 | 15 | 13.4 | 12.4 | 11.6 | |
| 广东 | 2018年7月1日 | 20.3 | 16.4 | 15.3 | 14 | |
| 其中:深圳 | 2018年7月1日 | 20.3 | | | | |
| 广西 | 2018年2月1日 | 16 | 14 | 12.5 | | |
| 海南 | 2018年12月1日 | 15.3 | 14.4 | 14 | | |
| 重庆 | 2016年1月1日 | 15 | 14 | | | |
| 四川 | 2018年7月1日 | 18.7 | 17.4 | 16.3 | | |
| 贵州 | 2017年7月1日 | 18 | 17 | 16 | | |
| 云南 | 2018年5月1日 | 15 | 14 | 13 | | |
| 西藏 | 2018年1月1日 | 16 | | | | |
| 陕西 | 2017年5月1日 | 16.8 | 15.8 | 14.8 | 13.8 | |
| 甘肃 | 2017年6月1日 | 17 | 16.5 | 15.9 | 15.4 | |
| 青海 | 2017年5月1日 | 15.2 | | | | |
| 宁夏 | 2017年10月1日 | 15.5 | 14.5 | 13.5 | | |
| 新疆 | 2018年1月1日 | 18.2 | 16.2 | 15.4 | 14.6 | |

注：加底色地区为2018年调整最低工资标准的地区。

## 三 最低工资标准调整对于企业承受能力影响的初步评估分析

理论上，工资收入水平的高低一般与劳动生产率、劳动力市场供求及价格形成过程中相关方力量的强弱等有关。最低工资标准调整也应与劳动生产率增长相协调，同时不能与劳动力市场形成的价格相差太远，这样其对于企业的影响才会适度，其增长也才具有可持续性。

工资与劳动生产率及劳动力市场价位的比较，一般应该在一个相对较长的时间段内进行。同时,各地最低工资标准调整节奏不同,单独比较某一年的相关数据得出的结论不一定可靠,因而本报告比较了2010~2018年相关数据的变化情况①。

1. 与人均地区生产总值比较

统计数据测算结果显示,最低工资标准调整对于不同地区企业承受能力可能的负面影响整体上得到控制,但地区之间呈现差异化特征。

经过近几年,特别是2016~2018年最低工资标准的稳慎调整,最低工资标准快于同期人均GDP增速的状况得到明显改善。就全国来看,如图1所示,2010~2018年,除西藏、新疆外的29个省份,有21个省份的最低工资标准实际增幅低于同期人均GDP年均增幅(2018年采用前三季度GDP增幅概算,下同);如图2所示,2014~2018年,有26个省份的最低工资标准实际增幅低于同期人均GDP年均增幅,说明最低工资标准快于同期劳动生产率增速的状况总体得到明显改善。

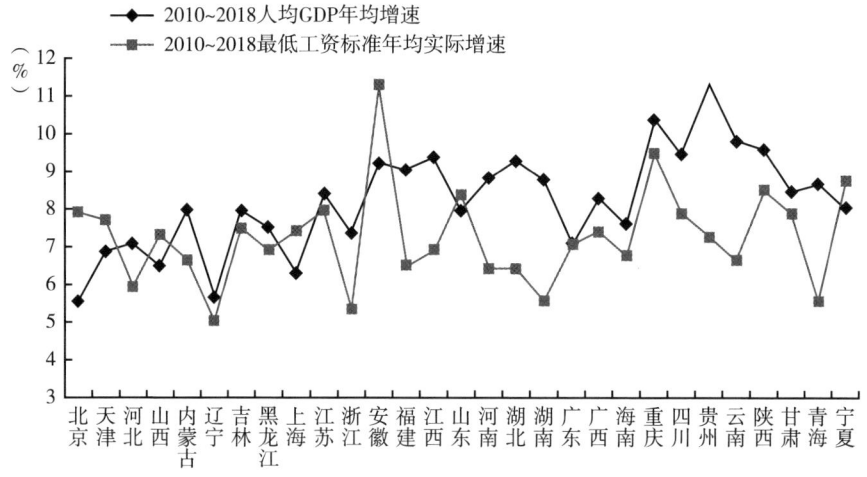

**图1 2010~2018年分省份最低工资标准实际增幅与人均GDP增幅比较**

注:2018年以前三季度数据计算扣除物价因素。

---

① 以2010年作为起始年度,是因为2009年全国暂缓调整最低工资标准后,2010年全国绝大多数地区均进行了最低工资标准调整。

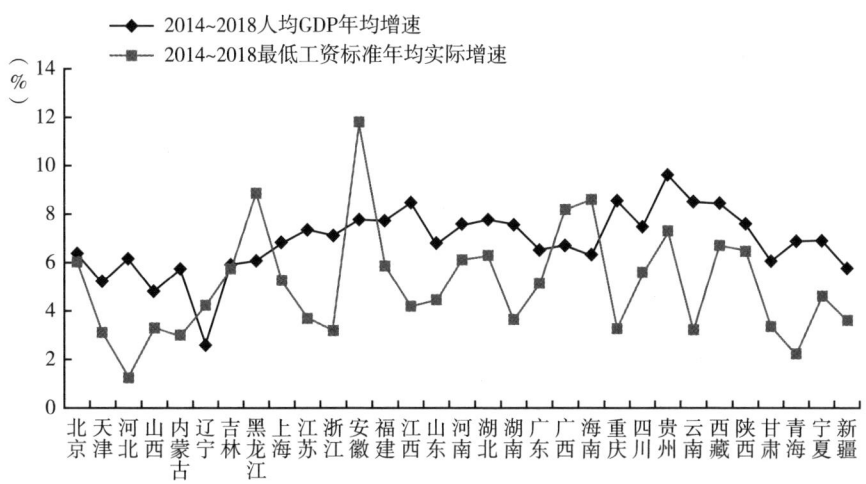

**图 2　2014～2018 年分省份最低工资标准实际增幅与人均 GDP 增幅比较**

注：2018 年以前三季度数据计算扣除物价因素。

分地区看，地区之间存在差异，最低工资标准调整可能对于少数地区企业承受能力带来负面影响。2010～2018 年，一方面，人均 GDP 增速快于最低工资标准实际增速的地区达到 21 个，平均快 1.72 个百分点，个别地区相差幅度较大；另一方面，人均 GDP 增速慢于最低工资标准实际增速的省份为 8 个，平均慢 1.04 个百分点①，从一个侧面提示这些省份最低工资标准调整可能对于工资收入在最低工资标准附近的劳动密集型企业承受能力带来负面影响。

2. 与城镇私营单位就业人员平均工资比较

比较最低工资标准与城镇私营单位就业人员平均工资的增幅，有助于评估哪些省份的最低工资标准增幅可能超过当地劳动密集型私营企业平均工资的增幅，进而可能对企业承受能力带来负面影响。从一个较长时间段来看，整体上最低工资标准增速低于城镇私营单位就业人员平均工资增速，企业承受能力的强弱主要不是最低工资标准调整导致的。

---

① 相比较 2010～2017 年有 11 个省份、平均慢 1.41 个百分点的情况，也有改善。

总体来看,在2010~2018年一个较长时间段内,除西藏自治区外,30个省份中有23个省份的最低工资标准的增长低于同期当地城镇私营单位就业人员平均工资的增长(见图3),这就从一个侧面说明,近些年人工成本上涨即使可能对劳动密集型企业带来一定负面影响,也不宜将其简单归因于最低工资标准调整,而主要是劳动力市场价位变化的结果。

分地区来看,最低工资标准调整对于不同地区企业的影响程度呈现分化特征。个别最低工资标准年均增幅超过同期私营单位就业人员平均工资较多的地区,说明这些地区的最低工资标准可能会对工资收入在最低工资标准附近企业的承受能力带来一定负面影响,其最低工资标准调整相比较其他地区而言,应该更加谨慎。

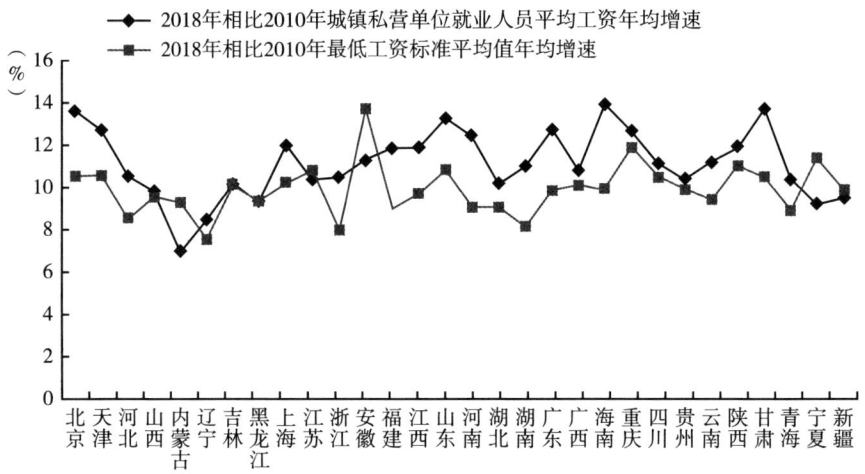

**图3 2010~2018年分省份最低工资标准与当期城镇
私营单位就业人员平均工资增幅比较**

综合前述地区劳动生产率和城镇私营单位就业人员市场价位因素,少数地区企业承受能力可能受到最低工资标准调整的影响较大。绝大多数地区的最低工资标准增速低于同期以城镇私营单位就业人员平均工资为代表的劳动力市场价位的增幅,也就是说这些地区人工成本的增长可能对企业承受能力的负面影响,主要不是最低工资标准调整导致的。

3. 最低工资标准调整不是企业人工成本上升的主要影响因素，但对于劳动密集型企业影响较大，并表现出地区差异和行业差别

最低工资标准调整通过影响"基本工资"或"底薪"，影响加班工资基数和社保公积金缴费基数等，影响企业人工成本支出，进而影响企业承受能力。

问卷调查结果显示，部分行业经营压力较大。调查企业人工成本平均增幅为11.2%，低于营业收入17.29%的平均增幅，但高于利润总额平均增幅（-5.54%），其中制造业、住宿和餐饮业利润总额下降较多，分别为-20.3%、-41.6%，但人工成本平均增幅相对仍较快，分别为12.4%、9.5%，加上总的营业成本也分别增长16.0%、6.5%，这两个行业经营压力显然较大。就各企业利润增长与自身人工成本增长状况比较结果来看，问卷调查结果显示，人工成本增幅超过同期利润增幅的企业达到479家，占全部2103家调查企业的22.78%。

问卷调查企业2018年相关经济指标较上年同期变化情况见表4。

**表4　问卷调查企业2018年相关经济指标较上年同期变化情况**

单位：%

| 指标 | 下降 | 增长10%及以下 | 增长10%~20%（含10%，下同） | 增长20%~30% | 增长30%~50% | 增长50%以上 | 合计 |
|---|---|---|---|---|---|---|---|
| 营业收入 | 22 | 48 | 13 | 6 | 4 | 6 | 100 |
| 利润总额 | 26 | 45 | 11 | 5 | 4 | 9 | 100 |
| 营业成本 | 15 | 53 | 16 | 6 | 4 | 6 | 100 |
| 人工成本 | 9 | 57 | 20 | 7 | 3 | 3 | 100 |

不同类型企业人工成本上升的主要影响因素有所差别。影响企业人工成本上升的主要因素是"社保费用"，比例达到41.89%；其次是"招工难"，比例为23.68%；第三是"物价因素"，比例为21.45%；"最低工资标准提高"在其中比例最低，为12.98%（见图4）。这就说明，最低工资标准提高不是影响企业人工成本上升的主要因素，对人工成本上升影响较大的是社

保费用以及人力资源市场供求关系等。同时,影响企业人工成本的因素,体现出行业差异。"社保费用"对于居民服务、修理和其他服务业(47.26%)、批发和零售业(44.1%)、制造业(43.18%)受到的影响最大;"最低工资标准提高"对于不同行业的人工成本的上升的影响均差不多;"招工难"对于住宿和餐饮业人工成本的上升影响最大,达到39.05%(见表5)。

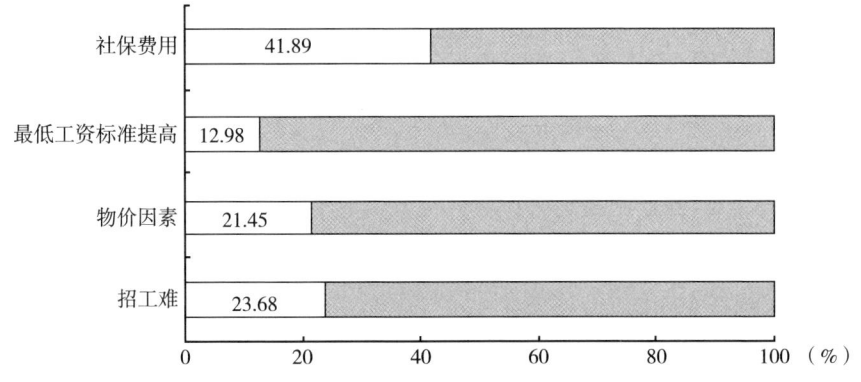

**图4 影响企业人工成本上升的主要因素**

**表5 不同行业影响企业人工成本上升的主要因素**

| 行业 | 社保费用(%) | 最低工资标准提高(%) | 物价因素(%) | 招工难(%) | 小计 |
|---|---|---|---|---|---|
| 制造业 | 43.18 | 9.47 | 19.7 | 27.65 | 528 |
| 住宿和餐饮业 | 26.63 | 13.61 | 20.71 | 39.05 | 169 |
| 批发和零售业 | 44.1 | 13.89 | 21.39 | 20.62 | 907 |
| 建筑业 | 38.22 | 13.38 | 26.11 | 22.29 | 157 |
| 居民服务、修理和其他服务业 | 47.26 | 11.64 | 24.66 | 16.44 | 146 |

25%左右的企业表示,目前一线普通员工薪酬固定部分的最低起薪点存在低于当地最低工资标准的情况。其中7.5%左右的企业表示,目前一线普通员工薪酬固定部分薪酬起薪点低于本地区月最低工资标准的80%;17.43%左右的企业表示,目前一线普通员工薪酬固定部分薪酬起薪点为

本地区月最低工资标准的80%~100%，合计有近25%的企业存在一线普通员工固定部分起薪点低于当地最低工资标准的情况。当然，这仅仅是固定部分薪酬，整体薪酬收入不一定低于当地最低工资标准，同时企业中固定部分薪酬水平适用于起薪点的劳动者数量多少具有不确定性。但是，这一比例仍然从一个侧面说明目前的最低工资标准调整可能会对企业带来一定的压力。

20%左右的劳动密集型企业员工以当地最低工资作为加班工资计算基数，且体现出行业差别，对制造业等劳动密集型行业影响较大。如图5所示，调查结果显示，劳动密集型企业中，除建筑业有15.1%的员工是以当地最低工资标准作为加班工资计算基数外，批发和零售业，居民服务、修理和其他服务业，制造业分别有24.0%、23.4%、22.6%的员工是以当地最低工资标准作为加班工资计算基数。如果结合不同行业的加班工资比例情况，则最低工资标准调整对企业的影响体现出一定的行业差别。如图6所示，调查结果显示，调研的5个劳动密集型行业加班工资占一线员工全部工资收入的比例大多为10%左右，但制造业加班工资比例最高，达到工资收入的15.8%左右。两个数据结合起来，从一个侧面说明，最低工资标准调整对于制造业的影响相对更大。

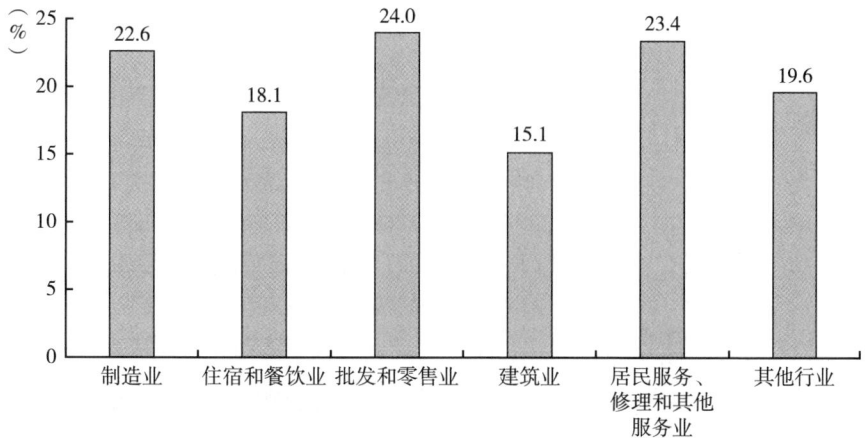

图5　分行业以当地最低工资标准作为加班工资计算基数的员工百分比情况

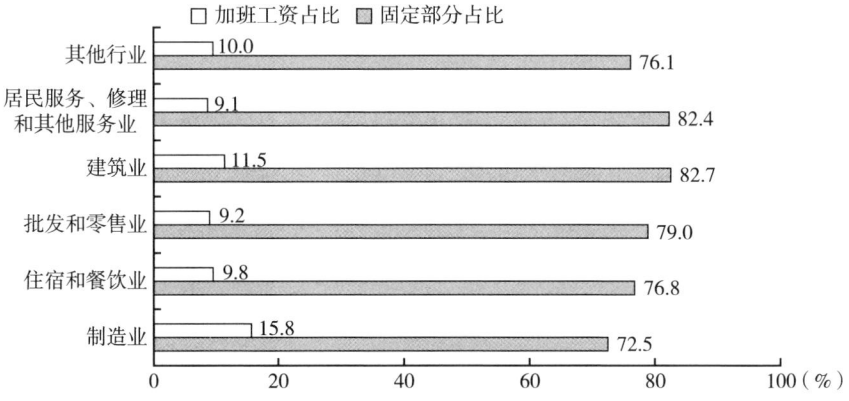

图6 分行业普通一线员工固定部分与加班工资占比情况

40%左右的劳动密集型企业员工以最低工资标准作为社保缴费基数。如图7所示，问卷调查结果显示，养老保险、医疗保险、失业保险、工伤保险分别有45.93%、43.13%、40.99%、42.65%的员工是以最低工资标准作为社保缴费基数；27.96%的员工是以其作为住房公积金的缴费基数，17.88%的员工是以其作为企业年金缴费基数。当然，也有45.13%的劳动密集型企业员工"均高于最低工资标准，不存在以最低工资标准作为缴费基数的情况"。同时，以最低工资作为缴费基数，基本上没有行业差别，不同行业相关比例接近。当然，在企业方填写的"未缴纳社保公积金"的比

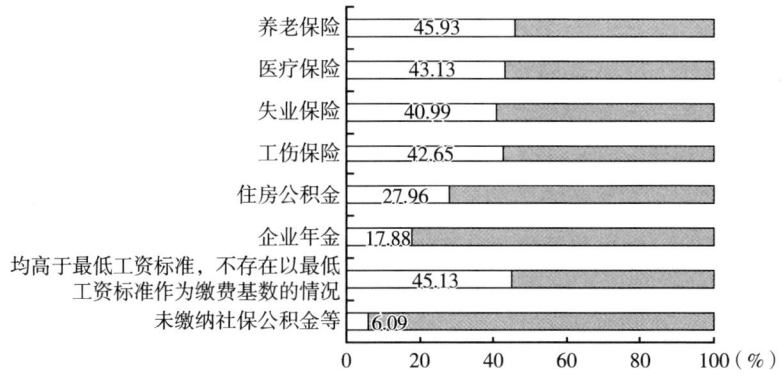

图7 以最低工资标准为缴费基数的比例情况

例在不同行业之间出现分化，住宿和餐饮业"未缴纳社保公积金等"的比例最高，达到10.65%，制造业相对最低，为4.17%（见表6）。这就说明，最低工资标准的调整可能会传导影响到企业的社保费用等人工成本支出，进而对劳动密集型企业承受能力带来影响。

表6 分行业以最低工资标准为缴费基数的比例情况

单位：%

| 行业 | 养老保险 | 医疗保险 | 失业保险 | 工伤保险 | 住房公积金 | 企业年金 | 均高于最低工资标准，不存在以最低工资标准作为缴费基数的情况 | 未缴纳社保公积金等 | 企业数量小计 |
|---|---|---|---|---|---|---|---|---|---|
| 制造业 | 42.05 | 40.15 | 38.07 | 40.34 | 28.03 | 15.72 | 50.57 | 4.17 | 528 |
| 住宿和餐饮业 | 43.2 | 42.01 | 39.05 | 39.64 | 24.26 | 15.38 | 42.6 | 10.65 | 169 |
| 批发和零售业 | 45.31 | 43 | 41.12 | 41.9 | 26.68 | 17.31 | 44.98 | 7.06 | 907 |
| 建筑业 | 52.87 | 44.59 | 43.95 | 46.5 | 34.39 | 26.75 | 41.4 | 4.46 | 157 |
| 居民服务、修理和其他服务业 | 56.16 | 52.74 | 47.95 | 52.74 | 26.71 | 17.81 | 34.93 | 5.48 | 146 |
| 其他行业 | 48.47 | 44.39 | 42.35 | 44.39 | 32.65 | 21.43 | 43.88 | 4.59 | 196 |

4.对最低工资标准提高，企业的应对行为体现出一定行业差别，制造业更倾向于"增加自动化投入"

最低工资标准调整对企业有无影响以及影响程度大小，既可以通过宏观数据分析，也可以从微观企业的应对行为反推。国内外相关研究表明，企业应对最低工资标准调整的影响，主要表现为替代效应[1]、溢出效应[2]、人力

---

[1] 企业在劳动需求上主要采取的应对方式是用资本替代劳动、用高技能劳动力替代低技能劳动力、降低女性的雇佣量和增加男性的工作时间。

[2] 企业为了维持内部公平性，会对其他劳动者工资水平进行调整。

资本投资效应[1]和技术创新效应[2]。依据上述理论,结合实际,企业可能的应对行为主要有"提高劳动生产率,增加效益"、"缩减其他成本"、"调整工资结构,降低固定工资比例",以及"增加自动化投入"、"减少招工人数"、"工厂外迁至劳动力成本较低地区"等,其中前三个应对方式在一定程度上说明最低工资标准调整对于企业有影响,但尚可承受;如果选择后三个应对方式的企业较多,则说明最低工资标准调整对于企业承受能力的影响应该引起关注。

问卷调查结果显示,如果最低工资标准持续提高,绝大多数企业会选择"提高劳动生产率,增加效率"应对,同时也有25%左右的企业会考虑"减少招工人数"、"增加自动化投入"等应对方式,且体现出一定行业差别(见图8)。这就提示我们,目前最低工资标准的提高应该更加慎重。

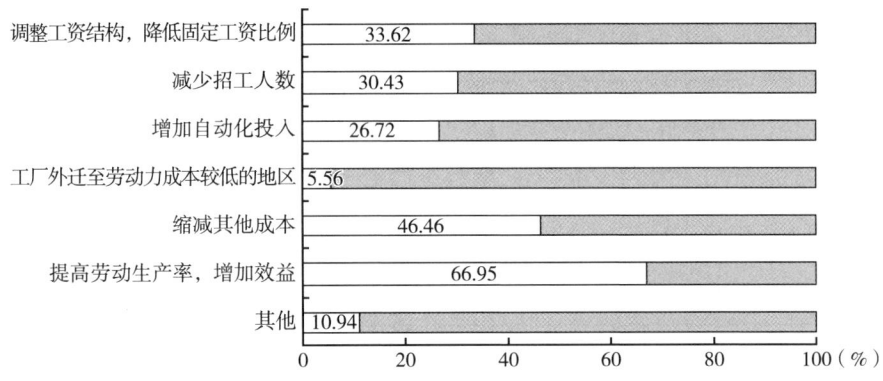

**图8 如果最低工资标准每年提高10%,企业可能应对方式(多选题)**

同时,不同行业应对最低工资标准持续提高的方式有所不同,体现出行业差异。如表7所示,建筑业采用"调整工资结构,降低固定工资比例"的比例最高,达到43.31%;居民服务、修理和其他服务业,批发和零售

---

[1] 企业会为员工提供培训以期提高员工的生产率。
[2] 企业劳动力成本上升将促使企业加快创新速度。

业,住宿和餐饮业"减少招工人数"的比例相对较高,分别达到35.62%、34.84%和32.54%;制造业考虑"增加自动化投入"的比例最高,达到47.73%,远高于其他行业;同时制造业考虑"工厂外迁至劳动力成本较低的地区"的比例与其他行业相比也较高,为7.39%。

表7 如果最低工资标准每年提高10%,不同行业企业可能的应对方式(多选题)

单位:%

| 行业 | 调整工资结构,降低固定工资比例 | 减少招工人数 | 增加自动化投入 | 工厂外迁至劳动力成本较低的地区 | 缩减其他成本 | 提高劳动生产率,增加效益 | 其他 |
|---|---|---|---|---|---|---|---|
| 制造业 | 27.65 | 25.19 | 47.73 | 7.39 | 47.73 | 75.57 | 9.09 |
| 住宿和餐饮业 | 35.5 | 32.54 | 21.89 | 2.96 | 43.2 | 63.91 | 10.06 |
| 批发和零售业 | 35.5 | 34.84 | 20.4 | 4.85 | 48.07 | 65.49 | 9.37 |
| 建筑业 | 43.31 | 28.66 | 19.75 | 6.37 | 40.13 | 66.88 | 13.38 |
| 居民服务、修理和其他服务业 | 32.88 | 35.62 | 13.01 | 4.11 | 54.11 | 56.85 | 11.64 |
| 其他行业 | 32.14 | 19.9 | 19.39 | 6.63 | 37.76 | 60.71 | 21.43 |

## 四 结论及建议

### (一)评估结论

初步评估的结论主要是:最低工资标准调整对企业整体承受能力可能的负面影响得到控制,但对于劳动密集型企业影响较大,并呈现地区差异和行业差别。一是与地区人均生产总值比较,经过近几年,特别是2016~2018年最低工资标准的稳慎调整,最低工资标准快于同期人均地区生产总值增速的状况得到较好改善。分地区看,地区之间存在差异,最低工资标准调整可能对于少数地区的企业承受能力带来负面影响。二是与劳动力市场价位变动比较,在2010~2018年较长时间段内,30个省份中有23个省份的最低工资标准增长低于同期当地城镇私营单位就业人员平均工资增长,这就从一个侧面说明，不宜将近些年人工成本上涨归因于最低工资标准调整，而主要是劳动力市场价位变化的结果。三是与典型调查结果比较，课题组在12个省份对2100余户企业调查结果显示，部分行业经营压力较大。调查企业人工成本平均增幅为11.2%，低于营业收入17.29%的平均增幅，但高于利润总额平均增幅（-5.54%），其中制造业、住宿和餐饮业利润总额下降较多，分别为-20.3%、-41.6%，但人工成本平均增幅相对仍较快，分别为12.4%、9.5%，加上总的营业成本也分别增长16.0%、6.5%，这两个行业经营压力显然较大。就各企业利润增长与自身人工成本增长状况比较结果来看，问卷调查结果显示，人工成本增幅超过同期利润增幅的企业达到479家，占全部2103家调查企业的22.78%。同时，最低工资标准调整对劳动密集型企业影响较大，40%左右的劳动密集型企业员工可能受到最低工资标准调整的传导影响。其中，20%左右的劳动密集型企业员工以当地最低工资作为加班工资计算基数，且体现出行业差别，对制造业等劳动密集型行业影响较大；40%左右的劳动密集型企业员工以最低工资标准作为社保缴费基数。员工问卷调查结果也与此比例接近。这就说明，最低工资标准调整通过基本工资、加班工资、社保缴费等影响劳动密集型企业人工成本支出。

当然，本报告受限于数据缺乏，基于宏观统计数据与部分地区典型行业问卷调查数据开展评估分析，部分样本的代表性及数据的信度和效度等均有待于进一步提高，评估结论的可靠性仍有提升空间。

### （二）政策建议

一是把握更加慎重调整最低工资标准的总基调。在国际经济具有较多不确定性，宏观经济稳中有变、变中有忧，企业利润下滑，劳动密集型企业困难较多等的背景下，各地应继续立足最低工资制度"保基本"的功能定位，从我国社会主义初级阶段的基本国情和当前的宏观经济社会背景出发，量力而行。

二是贯彻兜底线、差别化、可持续的具体调整思路，合理确定调整幅度。"兜底线"是贯彻社会政策要强化兜底保障功能的应有之义。2019年是中华人民共和国成立 70 周年，是全面建成小康社会关键之年，做好最低工资标准兜底线调整有着特殊意义。这就要求最低工资标准必须满足普通劳动者及其赡养人口的基本生活需要，对于未实现此功能定位的地区，可适时适度调整最低工资标准。"差别化"是指 2019 年最低工资标准调整不宜采取"一刀切"的方式。从各地区最低工资标准调整对保障劳动者基本生活程度、对劳动密集型企业承受能力、对社会就业影响、与经济社会发展相当地区的协调程度的评估结果来看，从不同地区 2019 年经济社会发展指标的差别化趋势来看，从典型调查数据结果来看，均要求对不同地区最低工资标准调整应加强"窗口"指导，引导各地最低工资标准与当前当地相关经济社会发展指标相协调。"可持续"是指 2019 年的最低工资标准调整应着眼于保障劳动者当前利益与长远利益相结合的原则，引导各地更加关注最低工资标准调整与人均 GDP 增长相协调，与劳动密集型企业劳动生产率提高相协调。在这一具体调整思路下，建议各地应密切关注宏观经济形势变化，合理调整最低工资标准。同时，各地区调整最低工资标准时，新标准发布时间与正式实施时间的间隔不得少于 2 个月，给企业以应对时间，稳定预期。

三是继续完善最低工资评估机制，更加关注最低工资标准调整对企业影响。必须清醒看到，当前国内外环境错综复杂，不确定因素较多，实体经济数据表现不及预期。当前，国家正全力推进"稳就业、稳金融、稳外贸、稳外资、稳投资、稳预期"，采取大力减税降费等措施提振市场信心。在此背景下，应继续完善最低工资评估机制，借鉴最低工资评估历史较长的英国以及最近几年才开始实施全国最低工资标准的德国等相关国家有关评估机制的最新进展；同时，密切关注宏观经济形势变化，评估宏观经济、就业、物价、劳动力市场等统计数据变动对最低工资标准调整带来的影响；在此基础上，继续做好最低工资标准调整对于劳动者，特别是劳动密集型企业影响的评估问卷调查，持续丰富微观典型调查数据来源，促进全面科学评估，为有效指导各地标准调整提供有力支持。对于各地区而言，凡拟调整最低工资标准的地区，均应综合运用统计数据、实地调查、问卷调查等方式方法，开展最低工资标准调整影响的事前预评估工作和事后影响评估,特别是评估最低工资标准调整可能对于不同类型企业的影响程度。

## 参考文献

[1] 程虹、唐婷:《劳动力成本上升对不同规模企业创新行为的影响》,《科技进步与对策》2019年第23期,第70~75页。

[2] 邓曲恒:《最低工资政策对企业利润率的影响》,《劳动经济研究》2015年第4期,第70~88页。

[3] 韩兆州等:《劳动工资与社会保障——广东最低工资调研与统计测算模型研究》,经济科学出版社,2006。

[4] 胡宗万:《新常态下完善最低工资标准调整机制的思考》,《中国劳动》2015年第12期。

[5] 胡宗万:《2016年最低工资标准调整地区间协调程度评估研究》,《调研世界》2017年第5期。

[6] 胡宗万:《适时适度规范调整,最低工资制度不断完善》,《中国人力资源社会保障》2017年第12期。

[7] 胡宗万:《最低工资标准调整对企业承受能力影响的初步评估》,《中国劳动》2018年第2期。

[8] 黄伟、魏薇、孙贺:《北京市最低工资制度实施状况与就业影响中介效应分析》,《经济社会体制比较》2013年第1期,第217~227页。

[9] 贾东岚:《国外最低工资》,中国劳动社会保障出版社,2014。

[10] 贾朋、张世伟:《最低工资标准提升的溢出效应》,《统计研究》2013年第4期,第37~43页。

[11] 贾朋、张世伟:《最低工资标准提升的就业效应》,《财经科学》2012年第5期,第89~98页。

[12] 贾朋、张世伟《最低工资标准提升的劳动供给效应》,《中国人口科学》2012年第2期,第25~35页。

[13] 李珂:《最低工资标准的传导效应对企业经营管理行为的影响》,《中国劳动关系学院学报》2012年第3期,第94~97页。

[14] 林原、曹媞:《基于T型关联度分析的北京市最低工资标准影响因素研究》,《生产力研究》2010年第7期,第36~37、73页。

[15] 刘恩猛:《最低工资对企业员工工资的影响分析——基于杭州企业员工的问卷

调查》，《中国劳动》2016 年第 20 期，第 4~12 页。

[16] 刘苓玲、黄钢：《最低工资标准的就业效应研究——基于 30 个省际面板数据的实证分析》，《产经评论》2015 年第 1 期，第 143~160 页。

[17] 刘玉成、童光荣：《最低工资标准上涨与城镇正规部门女性就业挤出——基于中国城镇单位省面板数据的实证研究》，《经济与管理研究》2012 年第 12 期，第 66~76 页。

[18] 罗小兰：《最低工资、最低生活保障与就业积极性：上海的经验分析》，《南京审计学院学报》2007 年第 3 期，第 15~18、38 页。

[19] 马双、张劼、朱喜：《最低工资对中国就业和工资水平的影响》，《经济研究》2012 年第 5 期，第 132~146 页。

[20] 宁光杰：《中国最低工资标准制定和调整依据的实证分析》，《中国人口科学》2011 年第 1 期，第 26~34 页。

[21] 苏海南、王学力、刘秉泉、廖春阳：《最低工资制讨论中的几个热点问题》，《开放导报》2006 年第 6 期，第 48~50、61 页。

[22] 王美艳：《中国最低工资制度的设计和执行》，《宏观经济研究》2013 年第 7 期，第 18~25 页。

[23] 马双、张劼、朱喜：《最低工资对中国就业和工资水平的影响》《经济研究》2012 年第 5 期，第 132~146 页。

[24] 马双、邱光前：《最低工资对中国劳动密集型出口产品价格的影响》，《世界经济》2016 年第 11 期，第 80~103 页。

[25] 苏永照：《二元经济结构下最低工资的收入分配效应研究——基于劳动力市场的视角》，《当代经济管理》2014 年第 3 期，第 24~30 页。

[26] 孙楚仁、田国强、章韬：《最低工资标准与中国企业的出口行为》，《经济研究》2013 年第 2 期，第 42~54 页。

[27] 孙楚仁、张卡、章韬：《最低工资一定会减少企业的出口吗》，《世界经济》2013 年第 8 期，第 100~124 页。

[28] 田贵贤：《最低工资对就业的影响及其作用机制——基于建筑业面板数据的分析》，《财经论丛》2015 年第 5 期，第 16~23 页。

[29] 翁杰、徐圣：《最低工资制度的收入分配效应研究——以中国工业部门为例》，《中国人口科学》2015 年第 3 期，第 17~31 页。

[30] 王阳：《我国最低工资制度对企业劳动生产率的影响——基于双重差分模型的估计》，《北方经济》2012 年第 5 期，第 58~64 页。

[31] 向攀、赵达、谢识予：《最低工资对正规部门、非正规部门工资和就业的影响》，《数量经济技术经济研究》2016 年第 10 期，第 94~109 页。

[32] 肖守中：《最低工资制度在中国的发展及其影响》，《统计与决策》2005 年第 21 期，第 112~113 页。

[33] 杨娟、李实：《最低工资提高会增加农民工收入吗?》，《党政视野》2016年第11期，第55页。

[34] 阳立高、谢锐、贺正楚、韩峰、孙玉磊：《劳动力成本上升对制造业结构升级的影响研究——基于中国制造业细分行业数据的实证分析》，《中国软科学》2014年第12期，第136~147页。

[35] 叶林祥、章安辰、童亚军：《最低工资对城镇私营与个体就业的影响——基于"长三角"25个城市面板数据的分析》，《南京财经大学学报》2016年第1期，第17~24页。

[36] 周杰：《最低工资制度对工资分布和就业的影响》，硕士学位论文，北京外国语大学，2013。

[37] 张世伟、杨正雄：《最低工资标准提升是否影响农民工就业与工资》，《财经科学》2016年第10期，第100~109页。

[38] 赵瑞丽、孙楚仁、陈勇兵：《最低工资与企业出口持续时间》，《世界经济》2016年第7期，第97~120页。

# 区域与产业篇

## Region & Industry Reports

## B.7
## 中国部分城市人工成本分析
## （2014~2016年）

狄 煌

**摘　要：** 本报告选取中国东部、中部、西部和东北地区几个典型城市，对其2014~2016年人工成本水平、人工成本结构、人工成本指数和人工成本投入产出情况进行了全面系统分析，重点分析了各城市及其主要行业人工成本变动状况，特别是制造业人工成本变动状况，还对个别城市不同规模企业人工成本状况进行了分析。在分析中发现，城市间人工成本水平和劳动报酬水平的差距有所扩大；行业间人工成本水平和投入产出差距有所扩大；城市间制造业人工成本水平差距有所扩大；北京和上海人均人工成本水平高于其他城市，但人工成本投入产出效果较好，相对人工成本水平反而较低。

**关键词：** 人工成本　劳动报酬　制造业

# 一　人工成本水平及变动状况分析

人工成本水平是观察分析时点上的人均人工成本的基本状态，是经过一段时间的增长变化所形成的人均人工成本的基本状态。因此，有必要将人工成本水平分析与人工成本水平增长分析结合起来，全面了解一定时期内人工成本水平的变动结果及其原因。

## （一）人工成本及其劳动报酬总体水平变动情况

基于现行抽样调查制度，一个城市内调查企业的总体人工成本水平可以代表该城市的人均人工成本水平；其水平变动情况也代表了该城市总体人工成本水平的变动情况。这里将调查企业人工成本总体水平与其从业人员劳动报酬水平结合进行变动分析，不仅因为后者是人工成本中最主要的构成项目，可以显示人工成本水平变动中的工资收入水平变动情况，而且更重要的是通过将调查企业的工资收入水平变动情况与统计部门公布的地区和行业工资水平变动情况进行比较，可以进一步观察这两个工资收入水平数据变动之间的协同关系，以及工资收入与人工成本水平数据变动之间的协同关系。2014～2016年部分城市人工成本及劳动报酬水平见表1。

表1　2014～2016年部分城市人工成本及劳动报酬水平

单位：元

| 城市 | 人均人工成本 | | | 从业人员人均劳动报酬 | | |
|---|---|---|---|---|---|---|
| | 2014年 | 2015年 | 2016年 | 2014年 | 2015年 | 2016年 |
| 北京 | — | — | — | — | — | — |
| 上海 | 152537 | 166933 | 179509 | 101590 | 111511 | 123861 |
| 沈阳 | 75178 | 83186 | 87546 | 45934 | 51908 | 56931 |

续表

| 城市 | 人均人工成本 ||| 从业人员人均劳动报酬 |||
|---|---|---|---|---|---|---|
| | 2014年 | 2015年 | 2016年 | 2014年 | 2015年 | 2016年 |
| 大连 | 72033 | 73450 | 77664 | 47318 | 48066 | 50086 |
| 洛阳 | — | — | — | — | — | — |
| 成都 | 72853 | 76475 | 94181 | 52017 | 54833 | 69506 |

注：①北京市和洛阳市尚未统计公布本地区调查企业年度人工成本和从业人员劳动报酬总体水平数据，故本表显示为数据空缺；②从业人员劳动报酬是人工成本构成当中最主要的项目，可总体反映用人单位在使用各类劳动者过程中平均支付的工资水平。

如表1所示，在有数据的4个城市当中，上海市人均人工成本和从业人员人均劳动报酬一直最高。2014年，上海市人均人工成本是沈阳市的2.03倍、大连市的2.12倍和成都市的2.09倍，到2016年，上海市人均人工成本是沈阳市的2.05倍、大连市的2.31倍和成都市的1.91倍。2014年，上海市从业人员人均劳动报酬是沈阳市的2.21倍、大连市的2.15倍和成都市的1.95倍，到2016年，上海市人均人工成本是沈阳市的2.18倍、大连市的2.47倍和成都市的1.78倍。其中可以发现，2014~2016年，上海市与东北地区的沈阳市和大连市相比较，人均人工成本的差距进一步扩大；与西部地区的成都市相比较，人均人工成本的差距却有所缩小。从这几个城市从业人员人均劳动报酬水平的分析比较中也可以看到基本相同的变动结果，即上海市与东北地区城市人工成本与劳动报酬水平的差距有所扩大，与西部地区城市人工成本与劳动报酬水平的差距有所缩小。

## （二）人工成本和劳动报酬总体水平增长分析

城市间人工成本和劳动报酬水平的相对关系变化是这些城市人工成本和劳动报酬水平增长速度不同所导致的，即人工成本和劳动报酬增长速度的相对关系就是其水平变动的原因。2015~2016年部分城市人工成本及劳动报酬水平增速见表2。

### 表2 2015～2016年部分城市人工成本及劳动报酬水平增速

单位：%

| 城市 | 人均人工成本增速 | | | 从业人员人均劳动报酬增速 | | |
|---|---|---|---|---|---|---|
| | 2015年 | 2016年 | 年均增速 | 2015年 | 2016年 | 年均增速 |
| 北京 | — | — | — | — | — | — |
| 上海 | 9.44 | 7.53 | 8.48 | 9.77 | 11.08 | 10.42 |
| 沈阳 | 10.65 | 5.24 | 7.91 | 13.01 | 9.68 | 11.33 |
| 大连 | 1.97 | 5.74 | 3.84 | 1.58 | 4.20 | 2.88 |
| 洛阳 | — | — | — | — | — | — |
| 成都 | 4.97 | 23.15 | 13.70 | 5.41 | 26.76 | 15.59 |

注：①北京市和洛阳市一直未统计公布调查企业人工成本和从业人员劳动报酬总体水平，故本表显示为数据空缺；②从业人员劳动报酬是人工成本构成当中最主要的项目，可总体反映用人单位在使用各类劳动者过程中平均支付的工资水平。

如表2所示，2015～2016年，上述4个城市的人均人工成本呈现上升趋势。其中，成都市人均人工成本年均增速最快（13.7%），累积上升程度最高（27.4%）；大连市人均人工成本年均增速最低（3.84%），累积上升程度也最低（7.68%）。正是由于大连市人工成本水平年均增速仅相当于上海市人工成本水平增速的45.3%，所以城市之间人工成本水平进一步扩大。2015～2016年，在上述4个城市中成都市从业人员人均劳动报酬的年均增速最快（15.59%），累积上升程度也最高（31.18%）；大连市从业人员人均劳动报酬年均增速最低（2.88%），累积上升程度也最低（5.76%）。正是由于大连市从业人员人均劳动报酬年均增速仅相当于上海市从业人员人均劳动报酬增速的27.6%，所以同样城市之间劳动报酬水平进一步扩大，其扩大程度甚至高于城市间人均人工成本差距的扩大程度。

从人均人工成本年度增速来看，上海市和沈阳市2016年增速比2015年有较大幅度回落；大连市和成都市则相反，2016年增速都比2015年有很大幅度上升，尤其是成都市2016年人均人工成本增速高达23.15%，比2015年增速超出18个百分点之多，可能是更换抽样调查样本导致的。这个判断是否合适，可以用成都市从业人员人均劳动报酬增长率与同期成都市统计公布的就业者平均工资增长率的对比情况加以佐证。2016年成都市从业人员人均劳动报酬增长率高达26.76%，但同期统计公布的就业者平均工资增长率只有7.84%，两者差距竟然有近19个百分点，属于一种完全不相匹配的非正常现象。

### （三）5个城市主要行业人工成本水平变动情况

受经济社会发展诸多因素影响，一个城市不同行业的人工成本水平增速一般都不相同；不同城市中同一行业的人工成本增速也会存在明显差异。在这方面，人工成本水平变动特点与工资水平的变动特点基本相同，都会呈现明显的行业和地域差异。5个城市主要行业人工成本水平变动情况见表3。

**表3　5个城市主要行业人工成本变动情况**

**（1）北京市主要行业人工成本变动情况**

单位：元，%

| 行业 | 人均人工成本 | | | 年度增长率 | | 平均增长率 |
|---|---|---|---|---|---|---|
| | 2014年 | 2015年 | 2016年 | 2015年 | 2016年 | 2014~2016年 |
| 制造业 | 119788 | 126172 | 145707 | 5.33 | 15.48 | 10.29 |
| 电热气水生产和供应业 | 158490 | 163482 | 163851 | 3.15 | 0.23 | 1.68 |
| 建筑业 | 119929 | 141360 | 131014 | 17.87 | -7.32 | 4.52 |
| 批发和零售业 | 117563 | 118463 | 118606 | 0.77 | 0.12 | 0.44 |
| 交通运输、仓储和邮政业 | 101955 | 101777 | 135673 | -0.17 | 33.30 | 15.36 |
| 住宿和餐饮业 | 77611 | 89041 | 106714 | 14.73 | 19.85 | 17.26 |

**（2）上海市主要行业人工成本变动情况**

单位：元，%

| 行业 | 人均人工成本 | | | 年度增长率 | | 平均增长率 |
|---|---|---|---|---|---|---|
| | 2014年 | 2015年 | 2016年 | 2015年 | 2016年 | 2014~2016年 |
| 制造业 | 148499 | 161156 | 182109 | 8.5 | 13.0 | 10.7 |
| 电热气水生产和供应业 | 248549 | 277680 | 260379 | 11.7 | -6.2 | 2.4 |

续表

| 行业 | 人均人工成本 | | | 年度增长率 | | 平均增长率 |
|---|---|---|---|---|---|---|
| | 2014年 | 2015年 | 2016年 | 2015年 | 2016年 | 2014~2016年 |
| 建筑业 | 139532 | 156559 | 142607 | 12.2 | -8.9 | 1.1 |
| 批发和零售业 | 90842 | 97746 | 117468 | 7.6 | 20.2 | 13.7 |
| 交通运输、仓储和邮政业 | 137008 | 153782 | 175481 | 12.2 | 14.1 | 13.2 |
| 住宿和餐饮业 | 100418 | 110750 | 96622 | 10.3 | -12.8 | -1.9 |

### （3）沈阳市主要行业人工成本变动情况

单位：元，%

| 行业 | 人均人工成本 | | | 年度增长率 | | 平均增长率 |
|---|---|---|---|---|---|---|
| | 2014年 | 2015年 | 2016年 | 2015年 | 2016年 | 2014~2016年 |
| 制造业 | 75307 | 69766 | 73132 | -7.4 | 4.8 | -1.5 |
| 电热气水生产和供应业 | 118624 | 173777 | 106799 | 46.5 | -38.5 | -5.1 |
| 建筑业 | 79397 | 91041 | 100125 | 14.7 | 10.0 | 12.3 |
| 批发和零售业 | 68681 | 69868 | 83321 | 1.7 | 19.3 | 10.1 |
| 交通运输、仓储和邮政业 | 62204 | 74338 | 82668 | 19.5 | 11.2 | 15.3 |
| 住宿和餐饮业 | 66218 | 73253 | 75467 | 10.6 | 3.0 | 6.8 |

### （4）成都市主要行业人工成本变动情况

单位：元，%

| 行业 | 人均人工成本 | | | 年度增长率 | | 平均增长率 |
|---|---|---|---|---|---|---|
| | 2014年 | 2015年 | 2016年 | 2015年 | 2016年 | 2014~2016年 |
| 制造业 | 71305 | 73402 | 86873 | 2.9 | 18.4 | 10.4 |
| 电热气水生产和供应业 | 75550 | 81003 | 132065 | 7.2 | 63.0 | 32.2 |
| 建筑业 | 61528 | 75377 | 73524 | 22.5 | -2.5 | 9.3 |
| 批发和零售业 | 70460 | 68849 | 73059 | -2.3 | 6.1 | 1.8 |
| 交通运输、仓储和邮政业 | 80193 | 80860 | 103931 | 0.8 | 28.5 | 13.8 |
| 住宿和餐饮业 | 65051 | 60669 | 80787 | -6.7 | 33.2 | 11.4 |

### (5) 洛阳市主要行业人工成本变动情况

单位：万元，%

| 行业 | 人均人工成本 | | | 年度增长率 | | 平均增长率 |
|---|---|---|---|---|---|---|
| | 2014年 | 2015年 | 2016年 | 2015年 | 2016年 | 2014~2016年 |
| 制造业 | 7.75 | 7.56 | 7.25 | -2.5 | -4.1 | -3.3 |
| 电热气水生产和供应业 | 7.59 | 9.30 | 8.85 | 22.5 | -4.8 | 8.0 |
| 建筑业 | 10.31 | 8.98 | 7.81 | -12.9 | -13.0 | -13.0 |
| 批发和零售业 | 5.55 | 5.15 | 5.05 | -7.2 | -1.9 | -4.6 |
| 交通运输、仓储和邮政业 | 5.52 | 6.04 | 4.85 | 9.4 | -19.7 | -6.3 |
| 住宿和餐饮业 | 4.55 | 3.71 | 3.49 | -18.5 | -5.9 | -12.4 |

注：①本表根据各城市统计发布的行业人工成本年度抽样调查数据进行整理；②本表在各城市统计发布的行业人工成本数据中只选取了5个有代表性和可比性较强的按国民经济大行业分类的行业人工成本数据。

先观察2014~2016年每个城市中各行业人工成本总体变动情况。北京市住宿和餐饮业，交通运输、仓储和邮政业，制造业3个行业年平均增长率超过10%，其中住宿和餐饮业增速最快，平均增长率达到17.26%，累积上升幅度接近35%。批发和零售业、电热气水生产和供应业、建筑业的平均增长率却很低，均不超过5%，其中增速最低的批发和零售业平均增长率只有0.44%，基本上在"原地踏步"。上海市批发和零售业，交通运输、仓储和邮政业，制造业3个行业平均增长率较快，均超过10%，其中批发和零售业增速最快，达到13.7%。建筑业、电热气水生产和供应业的平均增长率却很低，均不超过3%，增速最低的建筑业平均增长率只有1.1%。应注意的是，其间上海市住宿和餐饮业的人均人工成本处于下降状态，年平均降低1.9%，人均人工成本也标志着企业员工的收入水平几年间不增反降，确实属于一种反常现象。沈阳市交通运输、仓储和邮政业，建筑业，批发和零售业三个行业平均增长率较快，均超过10%，其中交通运输、仓储和邮政业增速最快，达到15.3%。住宿和餐饮业的年平均增速度相对较低，平均增长率为6.8%。应注意的是，其间沈阳市电热气水生产和供应业、制造业两个行业的人均人工成本处于下降状态,平均增长率分别为-5.1%和-1.5%,同样属于反常现象。成都市电热气水生产和供应业,交通运输、仓储和邮政业,住宿和餐饮业,制造业4个行业人均人工成本年平均增速均超过10%,其中电热气水生产和供应业增速最快,平均增长率高达32.2%,累积上升幅度接近65%。建筑业平均增长率为9.3%,接近10%。批发和零售业的平均增长率则很低,只有1.8%。洛阳市在这几个城市中情况最特殊,6个行业中有5个行业的人均人工成本出现降低,分别是建筑业,住宿和餐饮业,交通运输、仓储和邮政业,批发和零售业,制造业。其中,建筑业、住宿和餐饮业平均每年的降幅超过10%。其间只有电热气水生产和供应业一个行业的人均人工成本平均增长率处于8%的增长状态。

再观察2014~2016年各城市同一行业人均人工成本年平均增长状态。第一,观察制造业,北京、上海和成都3个城市都呈现10%的年平均递增速度,相对比较均衡;相反沈阳和洛阳2个城市却出现了年平均递减的非正常现象。第二,观察电热气水生产和供应业,北京和上海2个城市都是小幅度上升,洛阳市上升幅度达到8%,成都市上升幅度甚至高达32.2%,只有沈阳市呈现年平均递减5.1%的局面。第三,观察建筑业,北京和上海2个城市呈现较小幅度上升,沈阳和成都2个城市上升幅度在10%左右,只有洛阳市出现了年平均递减13%的极端现象。第四,观察批发和零售业,北京和成都2个城市呈现小幅度增长,上海和沈阳2个城市则呈现10%以上的增长,只有洛阳市出现年平均下降4.6%的状态。第五,观察交通运输、仓储和邮政业,北京、上海、沈阳和成都4个城市年平均增长速度都处于13%~16%的区间,只有洛阳市出现年平均下降6.3%的状态。第六,观察住宿和餐饮业,北京和成都2个城市年平均增长幅度在10%以上,沈阳市年平均增长6.8%,上海市和洛阳市出现年平均递减情况,而且洛阳市年平均递减幅度甚至超过10%。

再分别观察这5个城市不同行业2015年和2016年的变动幅度。人均人工成本这个指标从企业人工成本投入角度看,是一定时期内投入的人工成本总量平均到所使用的每个劳动者头上的大致标准;从就业者收入角度看,是一定时期内每个就业者通过劳动平均获得的劳动报酬及其他相关待遇标准。

在国家和区域经济正常发展年度内，不会出现各行业普遍降薪及消减相关待遇的情况，人均人工成本应当类似于就业者平均工资呈现持续增长的正常状态。也就是说，可以增长得快一些或慢一些甚至基本停止增长，但一般不会出现负增长状态。然而，观察上述5个城市不同行业人均人工成本年度变动数据，我们发现，不仅非正常的负增长数据普遍，而且年度间数据大上大下的非正常现象频繁出现。表3当中就有以下几个比较典型的例子。其一，北京市建筑业人均人工成本2015年大幅增长17.87%，2016年马上转为下降7.32%；交通运输、仓储和邮政业人均人工成本2015年下降0.17%，2016年马上转为大幅增长33.3%。其二，上海市住宿和餐饮业人均人工成本2015年增长10.3%，2016年马上转为下降12.8%。其三，沈阳市电热气水生产和供应业人均人工成本2015年大幅增长46.5%，2016年马上转为大幅下降38.5%。其四，成都市住宿和餐饮业人均人工成本2015年下降6.7%，2016年马上转为大幅增长33.2%。其五，洛阳市电热气水生产和供应业人均人工成本2015年大幅增长22.5%，2016年马上转为下降4.8%。这些年度数据合理性较差。

**（四）上海市不同规模企业人工成本水平变动情况**

迄今为止，全国只有上海市连续多年统计发布各行业不同规模企业的人工成本数据。如表4所示，主要行业中不同规模企业的人均人工成本基本呈现梯度分布形态，即大型企业高于中型企业，中型企业又高于小型微型企业。这是比较符合行业企业人工成本水平基本分布规律的。但是，在某些特殊原因影响下也可能存在例外情况，如2014年和2016年上海市的批发和零售业和房地产业这两个行业的人均人工成本都呈现了一种反向分布形态，即大型企业低于中型企业，中型企业又低于小型微型企业。2016年上海市不仅批发和零售业和房地产业这两个行业的人均人工成本继续呈现反向分布形态，住宿和餐饮业也开始呈现这种反向分布形态。出现这种状况，能够给予的合理解释应当是，这几个行业都是小企业众多且竞争激烈的行业，在这样的市场环境下，较小规模的企业经营方式更为灵活，效益水平有可能好些，可以支持企业给予员工更高的劳动报酬及相关待遇水平。可是，除了房地产业效益方面的数据能支持这个判断之外，其他两个行业的效益方面的数据并不能支持这个判断。以人均销售收入和人均利润这两项重要的企业效益和效率指标分析，2016年上海市房地产业的大型、中型和小型微型企业的人均销售收入分别为328298元、754740元和1380996元，人均利润分别为69883元、160301元、342321元，的确表明了规模越小的企业生产率和人均效益水平越高。但对于上海市批发和零售业、住宿和餐饮业这两个行业，情况则完全与房地产业相反，大型企业的效率和效益水平明显好于中型企业，中型企业明显好于小微型企业，2016年这两个行业的小型微型企业甚至处于整体亏损状态。

表4 上海市部分行业不同规模企业人工成本水平增长情况

| 行业及规模 | 2014年 元/人·年 | 2016年 元/人·年 | 2014~2016年 平均增长率(%) |
| --- | --- | --- | --- |
| 一、制造业 | 148499 | 182109 | 10.7 |
| 1. 大型 | 173901 | 203349 | 8.1 |
| 2. 中型 | 124788 | 156446 | 12.0 |
| 3. 小型微型 | 103794 | 134695 | 13.9 |
| 二、电力、热力、燃气及水生产和供应业 | 248549 | 260379 | 2.4 |
| 1. 大型 | 297618 | 298677 | 0.2 |
| 2. 中型 | 172336 | 187235 | 4.2 |
| 3. 小型微型 | 164688 | 221972 | 16.1 |
| 三、建筑业 | 139532 | 142607 | 1.1 |
| 1. 大型 | 147882 | 147902 | 0.0 |
| 2. 中型 | 146460 | 131911 | -5.1 |
| 3. 小型微型 | 88488 | 126792 | 19.7 |
| 四、批发和零售业 | 90842 | 117468 | 13.7 |
| 1. 大型 | 84959 | 112002 | 14.8 |
| 2. 中型 | 93079 | 124029 | 15.4 |
| 3. 小型微型 | 125096 | 157046 | 12.0 |
| 五、交通运输、仓储和邮政业 | 137008 | 175481 | 13.2 |
| 1. 大型 | 152112 | 180112 | 8.8 |
| 2. 中型 | 120768 | 156060 | 13.7 |
| 3. 小型微型 | 118196 | 163986 | 17.8 |
| 六、住宿和餐饮业 | 100418 | 96622 | -1.9 |
| 1. 大型 | 101645 | 93398 | -4.1 |

中国部分城市人工成本分析（2014~2016年）

续表

| 行业及规模 | 2014年 | 2016年 | 2014~2016年 |
|---|---|---|---|
| | 元/人·年 | 元/人·年 | 平均增长率(%) |
| 2. 中型 | 104336 | 103967 | -0.2 |
| 3. 小型微型 | 86281 | 109978 | 12.9 |
| 七、信息传输、软件和信息技术服务业 | 241695 | 233381 | -1.7 |
| 1. 大型 | 265474 | 238789 | -5.2 |
| 2. 中型 | 200748 | 233177 | 7.8 |
| 3. 小型微型 | 159061 | 164628 | 1.7 |
| 八、房地产业 | 70995 | 106358 | 22.4 |
| 1. 大型 | 63317 | 71308 | 6.1 |
| 2. 中型 | 68717 | 121405 | 32.9 |
| 3. 小型微型 | 81620 | 145207 | 33.4 |

资料来源：根据上海市统计局发布的2014~2016年人工成本统计数据加工计算。

根据表4观察2014~2016年这些行业不同规模企业人均人工成本变动情况，可以发现，平均增长率高于30%的只有中型和小型微型房地产企业；平均增长率处于15%~20%的有小型微型建筑业企业，小型微型交通运输、仓储和邮政业企业，小型微型电力、热力、燃气及水生产和供应业企业，中型批发和零售业企业；平均增长率处于10%~15%的有小型微型和中型制造业企业，大型、小型微型批发和零售业企业，中型交通运输、仓储和邮政业，小型微型住宿和餐饮业。其余行业企业平均增长率低于10%或出现负增长。当年人均人工成本出现负增长的行业企业有中型建筑业企业，大型和中型住宿和餐饮业企业，大型信息传输、软件和信息技术服务业企业。总体来看，其间各行业小型微型企业的人均人工成本增长速度普遍较快，高于本行业人均人工成本总体增长速度，有利于缩小同行业不同规模企业人工成本和工资水平差距。但是，有些行业小型微型企业人工成本增长有效益和效率的支撑，部分行业小型微型企业人工成本增长并没有较好的效益和效率的支撑，如批发和零售业、住宿和餐饮业这两个行业中的小型微型企业利润均为负数，但人均人工成本仍然以年平均10%以上的速度递增。这可能会影响这类行业企业的正常发展。

## （五）制造业人工成本和劳动报酬总体水平

在国民经济领域，制造业仍然是最重要的行业，而且是推动经济持续健康发展的基础行业，是观测国民经济和企业运行状况及发展趋势的标杆行业，也应当成为观察分析人工成本和劳动者总体报酬及待遇水平变动状况及趋势的标杆行业。

2014~2016年各城市制造业人工成本水平和从业人员劳动报酬水平的总体情况如表5所示。2014年，在5个城市当中，人均人工成本最高的是上海市，最低的是大连市，最高水平是最低水平的2.14倍；2015年，人均人工成本最高的还是上海市，最低的变为成都市，最高水平是最低水平的2.54倍；2016年，人均人工成本最高的仍然是上海市，最低的是洛阳市，最高水平是最低水平的2.51倍。可以认为，其间不同城市制造业人工成本水平的差距有所扩大，现在的差距已经超过2.5倍。再看不同城市制造业劳动报酬水平的相差情况，2014年，在上述城市当中，人均劳动报酬最高的是上海市，最低的是沈阳市，最高水平是最低水平的2.07倍；2015年，人均劳动报酬最高的还是上海市，最低的还是沈阳市，最高水平是最低水平的2.29倍；2016年，人均人工成本最高的仍然是上海市，最低的仍然是沈阳市，最高水平是最低水平的2.33倍。可以认为，其间不同城市制造业劳动报酬水平的差距呈现逐渐扩大的趋势，现在的差距已经超过2.3倍。

表5 制造业人工成本和劳动报酬总体水平

单位：元

| 城市 | 人均人工成本 | | | 人均从业人员劳动报酬 | | |
| --- | --- | --- | --- | --- | --- | --- |
| | 2014年 | 2015年 | 2016年 | 2014年 | 2015年 | 2016年 |
| 北京 | 119788 | 126172 | 145707 | 79982 | 84182 | — |
| 上海 | 148499 | 161156 | 182109 | 95188 | 103623 | 118917 |
| 沈阳 | 75307 | 69766 | 73132 | 46013 | 45278 | 50973 |

续表

| 城市 | 人均人工成本 | | | 人均从业人员劳动报酬 | | |
| --- | --- | --- | --- | --- | --- | --- |
| | 2014 年 | 2015 年 | 2016 年 | 2014 年 | 2015 年 | 2016 年 |
| 大连 | 69550 | 72611 | 76639 | 47044 | 49208 | 52958 |
| 洛阳 | 77500 | 75600 | 72500 | 48817 | 49911 | 52331 |
| 成都 | 71305 | 63558 | 86873 | 49432 | 46270 | 67333 |

注：①北京市未公布2016年制造业从业人员劳动报酬数据，故本表显示为数据空缺；②从业人员劳动报酬是人工成本构成当中最主要的项目，可总体反映用人单位在使用各类劳动者过程中平均支付的工资水平。

## （六）制造业人工成本水平增长及劳动报酬水平与当地城镇制造业就业者平均工资的增速比较

首先观察2014～2016年各城市制造业人工成本水平增长情况。如表6所示，从平均增长率上看，上海市增速最快，沈阳市和洛阳市出现了负增长。再从年度增速观察，北京市、上海市和大连市人均人工成本增长较为持续稳定，沈阳市和成都市则由负增长转为正增长，但成都市增减幅度较大，洛阳市则连续两年都出现了负增长，更不能说是一种正常的状态。

其次观察2014～2016年各城市制造业从业人员劳动报酬水平增长情况。从平均增长率上看，成都市增速最快，洛阳市则增速最慢。再从年度增速上观察，上海市、大连市和洛阳市呈现连续两年增长，沈阳市和成都市都是由负增长转为正增长，特别是成都市2016年增速达到45.52%。

制造业从业人员劳动报酬是与制造业平均工资非常近似的指标，都可以大体表示制造业就业者工资报酬的平均水平。因此，这里将这几个城市制造业从业人员平均劳动报酬数据与当地统计发布的制造业平均工资数据进行对比，以观察这两个指标数据变动的协同关系，从而进一步判断制造业人工成本的变动趋势，以及目前在人工成本调查数据质量方面可能存在的问题。虽然两个指标都反映本地区制造业的工资水平变动情况，但由于调查统计范围及使用的方法有所不同,因此也会产生统计数据之间的某些差异,笔者认为尽管数据上会有一些差异,但这个差距不应过大,而且变动方向应当保持一致。这种一致性或协同性既应当表现在平均劳动报酬与平均工资的数据之间,还应当表现在人均人工成本与平均工资的数据之间。

表6 制造业人工成本和劳动报酬水平与当地城镇制造业就业者平均工资的增速比较

单位:%

| 城市 | 人均人工成本增速 | | | 人均从业人员劳动报酬增速 | | | 当地城镇制造业平均工资增速 | | |
|---|---|---|---|---|---|---|---|---|---|
| | 2015年 | 2016年 | 平均增长率 | 2015年 | 2016年 | 平均增长率 | 2015年 | 2016年 | 平均增长率 |
| 北京 | 5.33 | 15.48 | 10.29 | 5.25 | — | — | 10.75 | 10.20 | 10.48 |
| 上海 | 8.52 | 13.00 | 10.74 | 8.86 | 14.76 | 11.77 | 5.96 | 8.29 | 7.12 |
| 沈阳 | -7.36 | 4.82 | -1.45 | -1.60 | 12.58 | 5.25 | 4.57 | 18.69 | 11.41 |
| 大连 | 4.40 | 5.55 | 4.97 | 4.60 | 7.62 | 6.10 | 7.00 | 6.21 | 6.61 |
| 洛阳 | -2.45 | -4.10 | -3.28 | 2.24 | 4.85 | 3.54 | 6.25 | 6.47 | 6.36 |
| 成都 | -10.86 | 36.68 | 10.38 | -6.40 | 45.52 | 16.71 | 9.12 | 6.12 | 7.61 |

注:①北京市未公布2016年制造业从业人员劳动报酬数据,故本表显示为数据空缺;②由于各城市对城镇制造业就业者平均工资的统计口径有所差异,本表以各城市统计部门实际对外发布数据为准。

比较2015年6个城市制造业人均劳动报酬增速与平均工资增速,有4个城市这2个指标同为正向增长,但北京市和洛阳市2个指标增速差距在1倍以上;沈阳市和成都市人均劳动报酬当年呈现负增长,但同期平均工资呈现较稳定的正向增长。可据此判断,北京、洛阳、沈阳和成都4个城市2015年2个指标数据变动的协同性不好,问题主要表现在当年人工成本中的人均劳动报酬数据出现了异常变动,影响了年度之间数据变动的正常稳定性。

比较2016年5个城市(北京市缺数年数据)制造业人均劳动报酬增速与平均工资增速,5个城市同为正向增长,没有城市出现负增长,只有成都市2个指标增速差距在1倍以上(差距达6倍之多)。除成都市以外,其他城市2016年2个指标数据变动的协同性要比2015年有所改善。

比较2015年6个城市制造业人均人工成本增速与平均工资增速,有3

个城市这2个指标都同为正向增长，但北京市2个指标增速差距在1倍以上，上海市和大连市则差距不大；沈阳市、洛阳市和成都市人均人工成本当年呈现负增长，但同期平均工资都呈现较稳定的正向增长。可据此判断，北京、沈阳、洛阳和成都4个城市2015年2个指标数据变动的协同性不好，问题主要表现在当年人均人工成本数据出现了异常变动，影响了年度之间数据变动的正常稳定性。

比较2016年6个城市制造业人均人工成本增速与平均工资增速，其中有5个城市都与工资一样保持正向增长，只有洛阳1个城市当年人均人工成本出现负增长，但平均工资显示为稳定的正向增长，两者数据相互矛盾。另外，成都市2016年人均人工成本增长率相当于平均工资增长率的6倍，属于极端现象。

可以发现，各城市制造业人均劳动报酬增长率与平均工资增长率的协同关系不大理想，人均人工成本增长率与平均工资增长率的协同关系更不理想，说明目前各城市人工成本调查统计数据质量不高且不稳定，不利于准确判断人工成本水平变动趋势。

## 二 各城市制造业人工成本占总成本比重变动情况

人工成本占总成本比重应当属于人工成本或总成本的结构性指标，可以显示一个行业或企业在一定时期内所支付的全部人工成本在成本总额中的比重变化状况。从理论上讲，在总成本占总产值或销售额比重等相关因素不变的情况下，人工成本占总成本的比重提高，对行业和企业的利润水平是不利的；反之则是比较有利的。以制造业为例，制造业企业在发展过程中，要逐步提高劳动生产率水平，就要相应提高资本和技术投入，资本有机构成或人均技术装备水平将逐步提高，人均产出水平才会随之逐步提高。其结果是，在总成本结构当中，生产经营过程中所消耗的物质和资金等成本费用的比重将逐步提高，因使用劳动力而发生的人工成本支出的比重将逐步降低。在短期内，这种变化微乎其微，但长期趋势比较明显。尤其是未来智能化制造方式加速发展的趋势下,人工成本占总成本的比重应相应递减的长期趋势也将越来越明显。因此,在较短期间内,如果行业企业人工成本占总成本比重相对稳定或有所降低,对于生存发展应当是有利的;反之将是不利的。

如表7所示,观察这6个城市2014~2016年指标数据变动情况发现,只有上海市呈现波动降低的倾向,大连市则在波动中保持相对稳定,而其他4个城市都在波动中有不同程度上升,其中沈阳市和洛阳市上升幅度相对较大,说明这两个城市有很多制造业企业生产经营状况不大好,将对企业经济效益形成较为不利的影响。

表7 2014~2016年6个城市人工成本占总成本的比重

单位:%

| 城市 | 人工成本占总成本比重 | | |
|---|---|---|---|
| | 2014年 | 2015年 | 2016年 |
| 北京 | 6.4 | 8.1 | 7.1 |
| 上海 | 6.4 | 6.7 | 5.1 |
| 沈阳 | — | 11.4 | 17.0 |
| 大连 | 17.2 | 16.1 | 17.2 |
| 洛阳 | 5.9 | 7.2 | 7.8 |
| 成都 | 10.0 | 15.6 | 10.4 |

注:根据各城市统计发布的2014~2016年人工成本统计数据加工计算。沈阳市2014年数据空缺。

## 三 制造业主要行业的人工成本指数分析

观察分析制造业细分行业的人工指数,能够加深对一定区域内制造业人工成本相对水平变动的认知深度。对企业而言,了解掌握同行业人工成本变动情况有利于更合理地制定人工成本管理和调控策略;对政府而言,观察分析细分行业人工成本变动情况,有利于更合理评估分析各类企业人工成本状况,采取更有针对性的宏观政策和调控措施。北京、上海、成都3个城市制造业主要行业人工成本指数见表8。

## 表8 北京市、上海市、成都市制造业主要行业人工成本指数

**（1）北京市制造业主要行业人工成本指数**

| 行业 | 人工成本指数 | | |
|---|---|---|---|
| | 2015年 | 2016年 | 2014~2016年 |
| 食品制造业 | 84.0 | 8.2 | 41.1 |
| 化学原料和化学制品制造业 | -2.3 | 24.9 | 10.5 |
| 医药制造业 | 16.9 | -15.5 | -0.6 |
| 通用设备制造业 | 62.2 | 71.8 | 66.9 |
| 专用设备制造业 | 28.8 | -47.9 | -18.1 |
| 汽车制造业 | -21.0 | 34.6 | 3.1 |
| 电气机械和器材制造业 | -16.2 | -15.5 | -15.8 |
| 计算机、通信和其他电子设备制造业 | 32.1 | -43.1 | -13.3 |

**（2）上海市创造业主要行业人工成本指数**

| 行业 | 人工成本指数 | | |
|---|---|---|---|
| | 2015年 | 2016年 | 2014~2016年 |
| 食品制造业 | 0.6 | -0.5 | 0.1 |
| 化学原料和化学制品制造业 | -2.2 | 55.2 | 23.2 |
| 医药制造业 | -1.8 | 63.1 | 26.5 |
| 通用设备制造业 | -0.6 | 12.6 | 5.8 |
| 专用设备制造业 | -9.0 | 41.5 | 13.5 |
| 汽车制造业 | -8.8 | 38.2 | 12.3 |
| 电气机械和器材制造业 | 0.3 | 47.5 | 21.6 |
| 计算机、通信和其他电子设备制造业 | 3.0 | -29.7 | -14.9 |

**（3）成都市创造业主要行业人工成本指数**

| 行业 | 人工成本指数 | | |
|---|---|---|---|
| | 2015年 | 2016年 | 2014~2016年 |
| 食品制造业 | 52.9 | -60.2 | -22.0 |
| 化学原料和化学制品制造业 | 19.0 | 5.8 | 12.2 |
| 医药制造业 | 56.1 | -37.1 | -0.9 |

续表

| 行业 | 人工成本指数 | | |
|---|---|---|---|
| | 2015年 | 2016年 | 2014~2016年 |
| 通用设备制造业 | 97.0 | -18.2 | 27.0 |
| 专用设备制造业 | 109.1 | -33.4 | 18.0 |
| 汽车制造业 | -2.9 | 81.2 | 32.6 |
| 电气机械和器材制造业 | 45.4 | 15.9 | 29.8 |
| 计算机、通信和其他电子设备制造业 | 112.7 | -55.8 | -3.0 |

注：①由于各城市未公布按增加值计算的各行业劳动生产率指标数据，本表暂时根据各城市统计发布的 2014~2016 年人工成本统计数据中的人事费用率对人工成本指数进行测算；②沈阳市、大连市和洛阳市相关数据出现空缺，故无法计算其人工成本指数；③为集中目标分析，本表选择制造业中8个较有代表性的行业进行统计。

可以发现，制造业内部细分行业的人工成本指数在年度间的变动幅度普遍过大。这种状况很不正常。一般情况下，某个企业的经营状况在年度间可能会有较大起伏，大多表现在利润及营业收入方面；但是，一个行业总体经营状况要比企业稳定，除非遇到特殊经济环境变化，行业年度经营数据不会出现较大起伏。因此，反映到行业人工成本指数方面，在行业劳动生产率水平和人均人工成本水平变动的交互作用下，人工成本指数的变动幅度都会小一些，一般不会出现较大起伏。关于这一点，可以从美国和日本等国家的类似数据中得到印证。然而，观察发现，上海市 2015 年制造业人工成本年度指数较符合客观变动规律，北京市和成都市年度数据都明显出现了异常状况，大多数人工成本年度指数都在 20% 以上，有些数据甚至在 40% 以上，个别数据甚至在 80% 以上。还可以发现，上海市 2016 年的数据同样出现了异常，可能是更换统计调查样本所导致的。

根据表 8 观察各城市制造业内部这几个细分行业人工成本指数，以 2014~2016 年的人工成本累积指数为例。北京市指数降低的行业有 4 个，3 个行业超过 10%，专用设备制造业降低幅度最大（-18.1%）；指数上升的行业也有 4 个，有 3 个行业超过 10%，通用设备制造业和食品制造业两个行业上升幅度较大，分别为 66.9% 和 41.1%。上海市只有计算机、通信和其他电子设备制造业1个行业的人工成本指数降了14.9%，其余7个行业人工成本指数都有不同程度上升，但上升幅度不是很高，其中上升幅度最高的3个行业人工成本指数超过20%。成都市指数降低的行业有3个，其中食品制造业降低幅度最大（-22%）；指数上升的行业有5个，有3个行业超过20%，其中汽车制造业上升幅度最大，达到32.6%。可以发现，尽管这3个城市年度数据变动幅度很大，但大都表现出年度之间的反方向变化特点，所以可以使一个时期的累积变动幅度能够缓和下来，现在无法判断这种特殊现象是否与国内很多企业并非每年都安排调薪有关。

## 四 人工成本投入产出情况分析

人工成本投入产出反映行业企业等量人工成本投入所产生的经济效益高低状况，也可以同时反映行业企业获得经济效益等量产出中的人工成本支出水平或付出的人工成本代价高低状况。目前用以衡量人工成本投入产出状况的指标主要有劳动分配率、人事费用率和人工成本利润率。由于不同行业企业生产经营方式和资本有机构成等因素存在较大差异，决定了这些指标只能在同行业内部进行分析比较。从一个行业企业一定时期内的指标数据变动当中，我们可以判断这些行业企业所承受的人工成本压力发生了怎样的变化，使用等量人工成本在生产经营活动中取得的成效发生了怎样的变化，相对人工成本水平是否适度并有益于行业企业的生存发展。

多年来，虽然各地区重点城市都参与了全国性的企业薪酬调查，但是在行业人工成本信息的统计发布当中，绝大多数城市还是没有持续统计发布劳动分配率、人事费用率和人工成本利润率的指数数据。这就使对各城市人工成本投入产出状况的分析对象被限定在较狭小的地区范围内，难以分析判断全国的甚至是一个典型区域的某个行业人工成本投入产出的总体变化情况以及未来的变化趋势。6个城市制造业人工成本投入产业指标数据见表9。

表9　6个城市制造业人工成本投入产出指标

| 城市 | 劳动分配率 | | | 人事费用率 | | | 人工成本利润率 | | |
|---|---|---|---|---|---|---|---|---|---|
| | 2014年 | 2015年 | 2016年 | 2014年 | 2015年 | 2016年 | 2014年 | 2015年 | 2016年 |
| 北京 | 27.99 | 33.18 | 30.62 | 6.10 | 7.23 | 6.96 | — | — | — |
| 上海 | — | — | 23.79 | 5.56 | 6.05 | 6.48 | 152.0 | 131.0 | 466.0 |
| 沈阳 | — | — | — | — | 11.00 | 13.00 | — | 73.4 | 53.4 |
| 大连 | — | — | — | — | — | — | — | — | — |
| 洛阳 | 43.05 | 35.52 | 32.97 | 6.18 | 7.60 | 7.28 | -9.5 | -40.2 | -27.7 |
| 成都 | — | — | — | 9.83 | 15.00 | 11.23 | 34.0 | 26.0 | 79.2 |

注：根据各城市统计发布的2014~2016年人工成本统计数据加工计算。部分城市相关指标数据出现空缺。

首先观察制造业劳动分配率在2014~2016年的变化状况。在6个城市中只有北京和洛阳2个城市的数据是完整的。在此期间，北京市制造业劳动分配率从2014年的27.99%波动上升到2016年的30.62%，说明制造业企业人工成本支出在同期新创造的可分配价值中所占比重上升了约3个百分点，导致相对人工成本水平上升了约3个百分点，等量人工成本投入所带来的可分配价值下降了约3个百分点。同期，洛阳市制造业企业劳动分配率从2014年的43.05%逐年下降到2016年的32.97%，说明制造业企业人工成本支出在同期新创造的可分配价值中所占比重下降了10个百分点以上，导致相对人工成本水平下降了10个百分点以上，等量人工成本投入所带来的可分配价值上升了10个百分点以上。按劳动分配率的变动原理上讲，劳动分配率上升会缩减利润在同期新创造价值中的比例，导致获得等量利润的人工成本支出相应增加。因此，北京市制造业劳动分配率上升对行业企业生产经营会带来负面影响；洛阳市制造业劳动分配率下降对行业企业生产经营会带来正面影响。但是，洛阳市2014年制造业劳动分配率明显过高，要比北京市制造业高53.8%，到2016年仍然比北京市制造业劳动分配率高7.7%。可以看出，2个城市制造业劳动分配率越来越接近，应该是个好现象。虽然其间洛阳市制造业劳动分配率大幅下降，却没有带来实际上的利好，不但制造业整体亏损状况加深了，而且人工成本利润率进一步降低，从2014年的-9.5%进一步降低到2016年的-27.7%。

2014～2016年，北京市人事费用率从2014年的6.1%波动上升到2016年的6.96%，说明制造业企业人工成本支出在同期营业收入中所占比重上升了14.1%，从而导致相对人工成本水平上升了14.1%，等量人工成本投入所带来的营业收入下降了14.1%。这与北京市制造业劳动分配率的变动特征完全相同。同期，洛阳市制造业企业人事费用率从2014年的6.18%波动上升到2016年的7.28%，说明制造业企业人工成本支出在同期营业收入中所占比重上升了约1个百分点，导致相对人工成本水平上升了约1个百分点，等量人工成本投入所带来的营业收入下降了约1个百分点。可以发现，其间洛阳市制造业人事费用率与劳动分配率的变动方向完全相反，可能产生的后果相互矛盾，按理说这是不可能同时出现的反常现象。如果真的出现了这种情况，可能的解释是，洛阳市制造业企业的工业增加值占营业收入的比重出现大幅度的提升，而且比人均人工成本的增长要快得多，同时企业税费支出的上升速度还要比工业增加值增长快很多，足以让本已存在的亏损状况更加严重。

综合观察各城市人工成本投入产出各项指标数据，可以再得出几项判断。首先，上海市制造业劳动分配率和人事费用率在这些城市中是最低的，人工成本利润率在这些城市中又是最高的，充分说明上海市制造业人工成本投入产出效果在这些城市中是最好的，由此产生的人工成本相对水平较低的优势足以让上海市制造业企业在国内具有很强的竞争力。其次，虽然北京和上海这2个一线城市的工资水平和人均人工成本水平都大大高于其他城市，但是这2个城市制造业劳动分配率或人事费用率却能够大幅低于其他城市，说明相比其他城市，北京市和上海市制造业的生产率水平更高，由此形成了人工成本相对水平较低的优势，足以使这2个城市制造业保持有利竞争状态，并支持城市经济稳定健康发展。最后，相比北京市和上海市，虽然其他城市制造业的工资和人均人工成本水平明显低了一大截，但生产率水平则相比更低，因而从较高的劳动分配率和人事费用率指标数据中所反映出来的人工成本相对水平却比北京市和上海市要高出很多，这也就是这些城市制造业人工成本利润率水平低一大截的重要原因。这些城市有必要加快提高制造业生产率水平，提高制造业产品的附加值水平。

# B.8
# 中国地区工资收入差距分析报告

孙玉梅*

**摘　要：** 本报告基于国家统计数据，分析自改革开放以来我国工资收入差距的发展变化，并从工资收入水平、工资增长速度，以及城镇私营、城镇非私营单位等多个角度对2017年我国地区间工资收入差距现状进行了具体分析。研究结果表明，改革开放以来我国地区间工资收入差距呈波浪式逐渐扩大、高工资地区和低工资地区相对集中且固化的趋势。地区工资收入差距产生的原因与不同地区之间经济发展的不平衡、要素禀赋的差异、劳动力流动障碍与市场分割、对外开放程度、产业集聚程度以及政策体制因素有关。缓解地区工资收入差距，必须站在经济发展战略的高度采取有效措施，促进地区间经济社会的协调均衡发展，才能从根本上解决地区工资收入差距问题。

**关键词：** 地区　工资收入差距　要素禀赋

## 一　我国地区工资收入差距的总体情况

### （一）地区工资收入差距的历史演变

我国地域辽阔，地区经济发展不均衡，地区工资收入差距由来已久。

---

\* 孙玉梅，中国劳动和社会保障科学研究院工资收入分配宏观调控研究室副主任，副研究员，研究领域为工资收入分配。

1956年工资改革时建立了工资区类别制度,当时设定不同工资类别的主要依据是:第一,各地区物价和生活费用水平差异较大,为了保证各地区职工一定的生活水平,就要实行有差别的工资制度,因此可以说物价和生活费水平是造成地区工资类别的最基本的因素;第二,适当照顾重点发展地区,以鼓励和吸引职工到这些地区工作;第三,适当照顾生活条件艰苦的边远地区,以鼓励职工安心在条件艰苦的地区工作。同时在安排地区工资类别时,从实际出发,适当考虑了各地区的现实工资状况。由此可以看出,中央政府是根据地区的物价水平、区域发展计划以及相关的人事管理体制来划分工资区类别的。当时将全国分为11类地区的工资标准,不同种类的职工执行不同的工资类别标准,地区工资类别越高的地区享受到的工资水平也就越高。同一种类别职工最高地区和最低地区工资标准差额最高为77.8%,即最高地区工资标准是最低地区的1.78倍。为了鼓励人们到自然环境较差的边远地区工作,像西藏、青海、新疆等边远高寒艰苦地区工资类别较高,因此改革开放前一直到改革开放初期,西藏、青海等地的工资水平都高于沿海地区。

改革开放以后,经过几次大的工资体制改革,我国工资体制经历了很大的变动,地区工资类别也进行了多次调整,地区工资收入差距开始发生变化。1985年企业工资改革引入了市场机制,使企业的工资水平与劳动绩效和劳动生产力逐步挂钩;1993年国家机关和事业单位的工资制度改革,建立起了正常增资制度、地区津贴制度和奖励制度。经过这两次大的工资改革,地区工资类别制度的作用逐渐萎缩,市场机制的作用逐步加强,从而影响地区工资水平的因素也逐渐从政策因素转向经济因素。但在经济改革的初期,中央政府在工资决定过程和控制地区间工资收入差距中发挥了关键性的作用,因此沿海和内地间的收入差距还非常小。如1978年开始改革到20世纪80年代初期,地区间工资收入差距变化不大且都在2倍以下。而80年代中期以后,随着城镇地区工资管理制度的分权化,市场化的工资决定机制的不断强化,地区收入差距开始扩大。到90年代初期,沿海地区平均工资超过西部地区,且在此之后,沿海地区的收入增长一直处于领先地位。从表1可以看出自1985年始,我国地区间工资收入差距超过2倍,虽然在80年代

末期差距有所下降,但进入90年代以后地区工资收入差距继续拉大,到1999年达到2.74倍,之后随着西部大开发战略和振兴东北老工业基地等均衡发展战略的实施,地区工资收入差距有所缓解,但大多保持在2.4倍以上①。

总体来看,改革开放后地区间的工资收入差距是逐步扩大且呈波浪式发展态势(见表1和图1),由1978年的1.77倍扩大到2017年的2.37倍。地区间工资收入水平的绝对差额增长较大,最高地区和最低地区的工资差额由1978年的394元扩大到2017年的76205元,地区工资水平的绝对差额持续扩大。

表1 改革开放后我国地区职工工资收入差距

单位:元

| 年份 | 最高地区 | | 最低地区 | | 极值差 | 极值比 |
| --- | --- | --- | --- | --- | --- | --- |
| 1978 | 青海 | 907 | 江苏 | 513 | 394 | 1.77 |
| 1979 | 西藏 | 995 | 江苏 | 565 | 430 | 1.76 |
| 1980 | 青海 | 1065 | 江苏 | 667 | 398 | 1.60 |
| 1981 | 青海 | 1059 | 江苏 | 672 | 387 | 1.58 |
| 1982 | 西藏 | 1313 | 江苏 | 703 | 610 | 1.87 |
| 1983 | 西藏 | 1362 | 江苏 | 723 | 639 | 1.88 |
| 1984 | 西藏 | 1678 | 安徽 | 855 | 823 | 1.96 |
| 1985 | 西藏 | 1963 | 安徽 | 950 | 1013 | 2.07 |
| 1986 | 西藏 | 2375 | 安徽 | 1125 | 1250 | 2.11 |
| 1987 | 西藏 | 2499 | 江西 | 1215 | 1284 | 2.06 |
| 1988 | 西藏 | 2710 | 海南 | 1399 | 1311 | 1.94 |
| 1989 | 西藏 | 2881 | 江西 | 1562 | 1319 | 1.84 |
| 1990 | 西藏 | 3181 | 江西 | 1729 | 1452 | 1.84 |
| 1991 | 上海 | 3375 | 江西 | 1842 | 1533 | 1.83 |
| 1992 | 上海 | 4273 | 江西 | 2154 | 2119 | 1.98 |
| 1993 | 上海 | 5650 | 江西 | 2580 | 3070 | 2.19 |
| 1994 | 上海 | 7401 | 黑龙江 | 3375 | 4026 | 2.19 |
| 1995 | 上海 | 9279 | 内蒙古 | 4134 | 5145 | 2.24 |
| 1996 | 西藏 | 11087 | 黑龙江 | 4564 | 6523 | 2.43 |

① 除特殊说明之外,本报告所有数据均来自国家统计数据库。

续表

| 年份 | 最高地区 | | 最低地区 | | 极值差 | 极值比 |
|---|---|---|---|---|---|---|
| 1997 | 上海 | 11425 | 黑龙江 | 4889 | 6536 | 2.34 |
| 1998 | 上海 | 13580 | 江西 | 5384 | 8196 | 2.52 |
| 1999 | 上海 | 16296 | 山西 | 5950 | 10346 | 2.74 |
| 2000 | 上海 | 18035 | 山西 | 6844 | 11191 | 2.64 |
| 2001 | 上海 | 20876 | 安徽 | 7823 | 13053 | 2.67 |
| 2002 | 上海 | 22612 | 江南 | 9111 | 13501 | 2.48 |
| 2003 | 上海 | 25565 | 江西 | 10382 | 15183 | 2.46 |
| 2004 | 北京 | 29216 | 湖北 | 11692 | 17524 | 2.50 |
| 2005 | 北京 | 33660 | 江西 | 13524 | 20136 | 2.49 |
| 2006 | 北京 | 39684 | 江西 | 15370 | 24314 | 2.58 |
| 2007 | 北京 | 45823 | 江西 | 18144 | 27679 | 2.53 |
| 2008 | 北京 | 55844 | 江西 | 20579 | 35265 | 2.71 |
| 2009 | 上海 | 58336 | 江西 | 24165 | 34171 | 2.41 |
| 2010 | 上海 | 66115 | 黑龙江 | 27735 | 38380 | 2.38 |
| 2011 | 上海 | 75591 | 黑龙江 | 31302 | 44289 | 2.41 |
| 2012 | 北京 | 84742 | 广西 | 36386 | 48356 | 2.33 |
| 2013 | 北京 | 93006 | 河南 | 38301 | 54705 | 2.43 |
| 2014 | 北京 | 102268 | 河南 | 42179 | 60089 | 2.42 |
| 2015 | 北京 | 111390 | 河南 | 45403 | 65987 | 2.45 |
| 2016 | 上海 | 119935 | 河南 | 49505 | 70430 | 2.42 |
| 2017 | 北京 | 131700 | 河南 | 55495 | 76205 | 2.37 |

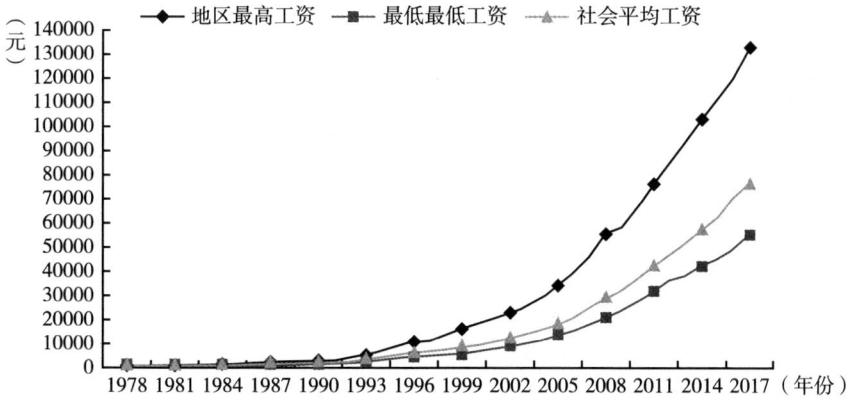

图1 我国地区城镇非私营单位就业人员平均工资

## (二)区域间工资收入差距的变化

### 1. 四大地区工资收入差距

从工资收入水平来看,1985~2017年,我国四大地区的工资水平都有了很大的提高,年均增长率为14%左右,其中增长速度最快的是东部地区,年均增长14.42%,中部地区年均增速最低,为13.54%。从工资收入差距来看,四大地区间工资收入差距经历了先扩大后缩小的过程,1985年四大地区间工资收入差距为1.12倍,到21世纪初期四大地区间工资收入差距扩大到1.66倍,随着西部大开发、振兴东北老工业基地等一系列地区均衡发展策略的实施,我国区域间工资收入差距呈现缩小的态势,到2017年四大地区间工资收入差距为1.44倍。四大地区间工资高低差额却是呈扩大的趋势,从1985年的127元扩大到2017年的26218元。总体上看,四大地区间工资收入差距相对差距呈缩小的趋势,但绝对差额不断扩大(见表2和图2)。

表2 我国四大地区工资收入水平及差距

单位:元,%

| 地区和指标 | 1985年 | 1990年 | 1995年 | 2000年 | 2005年 | 2010年 | 2015年 | 2017年 | 1985~2017年增长额 | 1985~2017年平均增长率 |
|---|---|---|---|---|---|---|---|---|---|---|
| 东部地区 | 1161 | 2396 | 6652 | 11807 | 22482 | 42947 | 71408 | 86476 | 85315 | 14.42 |
| 中部地区 | 1035 | 1934 | 4669 | 7120 | 13974 | 29307 | 50530 | 60258 | 59223 | 13.54 |
| 西部地区 | 1128 | 2096 | 4890 | 8252 | 15740 | 33046 | 58259 | 70307 | 69179 | 13.78 |
| 东北地区 | 1038 | 1970 | 4478 | 8234 | 15255 | 32137 | 52621 | 63126 | 62088 | 13.70 |
| 高低倍数 | 1.12 | 1.24 | 1.49 | 1.66 | 1.61 | 1.47 | 1.41 | 1.44 | | |
| 高低差额 | 127 | 462 | 2174 | 4687 | 8508 | 13639 | 20878 | 26218 | | |

### 2. 八大经济区域工资收入差距

我国八大经济区域(简称八大地带,下同)的工资收入水平在1985~2017年也有了很大的提高,增长速度最快的是东部沿海地区,年均增长

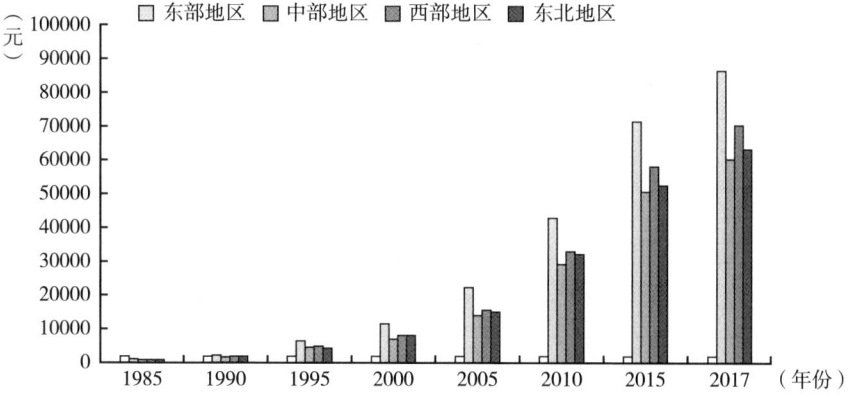

图 2　四大地区职工平均工资水平

14.79%，年均增速最低是大西北地区，为 13.31%（见表 3）。从工资收入差距来看，八大地带间工资收入差距也同样经历了先扩大后缩小的过程，1985 年八大地带间工资收入差距为 1.32 倍，到 21 世纪初期扩大到 1.87 倍，到 2017 年为 1.52 倍。八大地带间工资高低差额也同样是扩大的趋势，从 1985 年的 333 元扩大到 2017 年的 31362 元（见图 3）。可以看出八大地带间的工资收入差距明显大于四大地区间的工资收入差距。

表 3　我国八大经济区域工资收入水平及差距

单位：元，%

| 地区和指标 | 1985 年 | 1990 年 | 1995 年 | 2000 年 | 2005 年 | 2010 年 | 2015 年 | 2017 年 | 1985~2017 年增长额 | 1985~2017 年平均增长率 |
|---|---|---|---|---|---|---|---|---|---|---|
| 东北地区 | 1038 | 1970 | 4478 | 8234 | 15255 | 32137 | 52621 | 63126 | 62088 | 13.70 |
| 北部沿海 | 1149 | 2296 | 5872 | 10419 | 20821 | 43481 | 73830 | 90258 | 89109 | 14.61 |
| 东部沿海 | 1111 | 2338 | 6964 | 12949 | 25341 | 46503 | 75251 | 91659 | 90548 | 14.79 |
| 南部沿海 | 1299 | 2673 | 7573 | 12841 | 21796 | 38145 | 64167 | 76825 | 75526 | 13.60 |
| 黄河中游 | 1066 | 1966 | 4536 | 6931 | 13943 | 30697 | 51177 | 60297 | 59231 | 13.44 |
| 长江中游 | 1028 | 1910 | 4678 | 7375 | 14366 | 29675 | 51697 | 62347 | 61319 | 13.69 |
| 西南地区 | 1058 | 2066 | 4901 | 8327 | 15875 | 32236 | 58460 | 70661 | 69603 | 14.03 |

续表

| 地区和指标 | 1985年 | 1990年 | 1995年 | 2000年 | 2005年 | 2010年 | 2015年 | 2017年 | 1985~2017年增长额 | 1985~2017年平均增长率 |
|---|---|---|---|---|---|---|---|---|---|---|
| 大西北地区 | 1361 | 2372 | 5584 | 9428 | 16652 | 33929 | 61240 | 74191 | 72830 | 13.31 |
| 高低倍数 | 1.32 | 1.40 | 1.69 | 1.87 | 1.82 | 1.57 | 1.47 | 1.52 | | |
| 高低差额 | 333 | 763 | 3096 | 6018 | 11398 | 16828 | 24074 | 31362 | | |

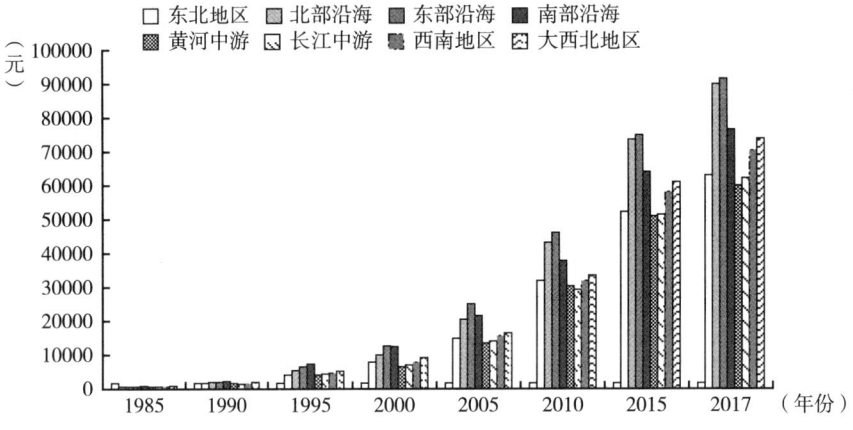

图3 八大经济带职工平均工资水平

## 二 2017年地区工资收入水平及增长情况

### （一）地区工资水平变化情况

2017年全国城镇单位就业人员年平均工资水平为74318元，比上年增长9.99%。高于全社会平均工资水平的地区有8个，23个地区的年平均工资低于全国平均水平。其中年平均工资水平最高的北京市为131700元，最低的河南省为55495元，高低相差76205元，最高是最低的2.37倍，比2016年的2.42倍略有缩小。但地区之间的工资收入差距绝对差额持续扩大，在2016年高低相差70423元的基础上又扩大了5782元。

从2017年各地区平均工资水平排序中可以观察到，北京、上海两个直辖市已经远远偏离相邻的组，以高于12万元的水平大大高于其他地区，这种分布状态也是目前工资水平地区差异的突出表现（见图4）。从地区工资水平排名变化情况来看，2017年，全国有18个地区平均工资水平排名未发生变化，其中有7个位列前10名中。全国平均工资水平排名上升的有5个地区，除了北京之外，其他4个均为中西部地区，其中上升最多的云南省在经过两年连续上升5位的基础上，从2016年的23位上升至目前的13位；全国平均工资水平排名下降的有8个地区，下降幅度为1~2名（见表4）。

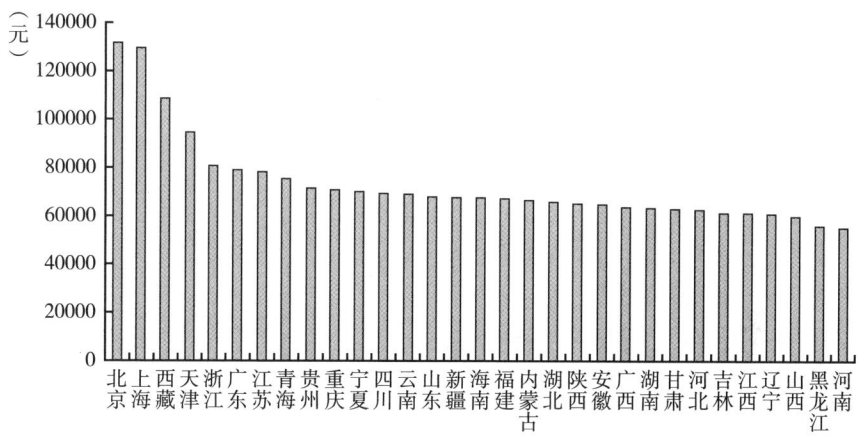

图4　城镇非私营单位就业人员平均工资水平地区排序

2017年各地区平均工资水平排名的总体情况较2016年显示出有以下两个特点。①高工资地区和低工资地区相对较为固定，排在前9位的地区，除了北京和上海在第1和第2名次上发生变化外，其他7个地区没有任何变化，其中6个地区是东部省份、3个为西部省份。同时排在后三位的地区也没有变化，分别是山西、黑龙江和河南，其中河南已经连续7年位居全国地区工资收入水平最后一位。②2017年地区排序变化幅度不大，主要是在排在中低区域的省份发生变化，其中除了云南省升幅较大外，其他大部分地区升降幅度都在1~2位之间，地区总体格局变化不大。

## 表4 地区城镇非私营单位就业人员平均工资水平排序

单位：元

| 地区 | 2017年平均工资 | 2016年平均工资 | 2016年位次 | 2017年位次 | 位次变化 |
|---|---|---|---|---|---|
| 北京 | 131700 | 119928 | 2 | 1 | 升1 |
| 上海 | 129795 | 119935 | 1 | 2 | 降1 |
| 西藏 | 108817 | 103232 | 3 | 3 | 不变 |
| 天津 | 94534 | 86305 | 4 | 4 | 不变 |
| 浙江 | 80750 | 73326 | 5 | 5 | 不变 |
| 广东 | 79183 | 72326 | 6 | 6 | 不变 |
| 江苏 | 78267 | 71574 | 7 | 7 | 不变 |
| 青海 | 75701 | 66589 | 8 | 8 | 不变 |
| 贵州 | 71795 | 66279 | 9 | 9 | 不变 |
| 重庆 | 70889 | 65545 | 11 | 10 | 升1 |
| 宁夏 | 70298 | 65570 | 10 | 11 | 降1 |
| 四川 | 69419 | 63926 | 12 | 12 | 不变 |
| 云南 | 69106 | 60450 | 18 | 13 | 升5 |
| 山东 | 68081 | 62539 | 14 | 14 | 不变 |
| 新疆 | 67932 | 63739 | 13 | 15 | 降2 |
| 海南 | 67727 | 61663 | 16 | 16 | 不变 |
| 福建 | 67420 | 61973 | 15 | 17 | 降2 |
| 内蒙古 | 66679 | 61067 | 17 | 18 | 降1 |
| 湖北 | 65912 | 59831 | 19 | 19 | 不变 |
| 陕西 | 65181 | 59637 | 20 | 20 | 不变 |
| 安徽 | 65150 | 59102 | 21 | 21 | 不变 |
| 广西 | 63821 | 57878 | 23 | 22 | 升1 |
| 湖南 | 63690 | 58241 | 22 | 23 | 降1 |
| 甘肃 | 63374 | 57575 | 24 | 24 | 不变 |
| 河北 | 63036 | 55334 | 28 | 25 | 升3 |
| 吉林 | 61451 | 56098 | 26 | 26 | 不变 |
| 江西 | 61429 | 56136 | 25 | 27 | 降2 |
| 辽宁 | 61153 | 56015 | 27 | 28 | 降1 |
| 山西 | 60061 | 53705 | 29 | 29 | 不变 |
| 黑龙江 | 56067 | 52435 | 30 | 30 | 不变 |
| 河南 | 55495 | 49505 | 31 | 31 | 不变 |

## （二）地区工资水平增长情况

从全国平均工资水平增长情况看，2017年比2016年增长了6749元，高于2016年的增长幅度。全国有8个地区平均工资增长额度高于全国平均水平，除云南和青海两个西部省份外，其他为东部省份；全国有23个地区平均工资增长额度低于全国平均水平。从各地区工资水平绝对额的总体增长情况看，增长额最高的北京增长了11772元，增长额度最低的是黑龙江省，2017年比2016年仅增长了3632元，不足北京增长额度的31%。

从平均工资水平增长速度看，2017年全社会平均工资年均增长9.99%，比"十一五"期间8.93%的增长速度稍有增长，总体上工资水平的增长速度与我国整体经济由高速发展转入中低速发展时期较为吻合。10个地区平均工资增长速度高于全国平均增长水平，其中增速较高的是云南、河北和青海，分别增长了14.32%、13.92%和13.68%，除河北、浙江属于东部地区外，这些增长速度较快的省份大多为中西部地区。另外21个地区平均工资增长速度低于全国平均增长水平，其中增长速度最慢的西藏增速为5.41%；其次是新疆和黑龙江，增速分别为6.58%、6.93%，增速不及前三位的一半。

2017年各地区平均工资水平增长情况较2016年显示以下两个特点。①全国大部分地区呈现较快的工资增长态势。有21个地区工资水平增速比2016年的增长速度有所增加，只有10个地区的工资增速较上年下降；而2016年工资增速较上年增速度下降的就有22个地区。②工资增长速度排序位次的变化较为剧烈。全国除云南、吉林和福建3个省份排序位次没有发生变化外，其他28个地区均有所调整，其中位次上升的有10个地区，下降的有18个地区（见表5）。增速上升的地区均为增速排名较前的地区，其中增长速度上升最大的是山西省，由2016年的3.67%上升到2017年11.84%，增长了8.17个百分点；增速下降的地区多为增速排名较后的地区，增长速度下降最大的是贵州省，由2016年的11.02%下降到2017年8.32%，下降了2.7个百分点。

表5 地区城镇非私营单位就业人员平均工资增速排序

单位：%

| 地区 | 2016年增长率 | 2017年增长率 | 2017年增长率较2016年增长率变化情况 | 2017年排序 | 位次变化 |
|---|---|---|---|---|---|
| 云南 | 15.00 | 14.32 | 降 | 1 | 不变 |
| 河北 | 8.67 | 13.92 | 增 | 2 | 升13 |
| 青海 | 9.00 | 13.68 | 增 | 3 | 升9 |
| 河南 | 9.03 | 12.10 | 增 | 4 | 升7 |
| 山西 | 3.67 | 11.84 | 增 | 5 | 升26 |
| 广西 | 9.24 | 10.27 | 增 | 6 | 升3 |
| 安徽 | 7.19 | 10.23 | 增 | 7 | 升18 |
| 湖北 | 10.05 | 10.16 | 增 | 8 | 降3 |
| 浙江 | 9.99 | 10.12 | 增 | 9 | 降4 |
| 甘肃 | 8.75 | 10.07 | 增 | 10 | 升4 |
| 海南 | 7.05 | 9.83 | 增 | 11 | 升15 |
| 北京 | 7.66 | 9.82 | 增 | 12 | 升10 |
| 吉林 | 8.81 | 9.54 | 增 | 13 | 不变 |
| 天津 | 7.76 | 9.53 | 增 | 14 | 升7 |
| 广东 | 9.94 | 9.48 | 降 | 15 | 降8 |
| 江西 | 10.22 | 9.43 | 降 | 16 | 降12 |
| 湖南 | 11.24 | 9.36 | 降 | 17 | 降15 |
| 江苏 | 8.12 | 9.35 | 增 | 18 | 降2 |
| 陕西 | 8.44 | 9.30 | 增 | 19 | 降1 |
| 内蒙古 | 6.88 | 9.19 | 增 | 20 | 降8 |
| 辽宁 | 7.04 | 9.17 | 增 | 21 | 降6 |
| 山东 | 9.20 | 8.86 | 降 | 22 | 降12 |
| 福建 | 7.54 | 8.79 | 增 | 23 | 不变 |
| 四川 | 8.51 | 8.59 | 增 | 24 | 降7 |
| 贵州 | 11.02 | 8.32 | 降 | 25 | 降22 |
| 上海 | 9.86 | 8.22 | 降 | 26 | 降18 |
| 重庆 | 8.26 | 8.15 | 降 | 27 | 降8 |
| 宁夏 | 8.60 | 7.21 | 增 | 28 | 降12 |
| 黑龙江 | 7.27 | 6.93 | 降 | 29 | 降5 |
| 新疆 | 6.02 | 6.58 | 增 | 30 | 降1 |
| 西藏 | 5.50 | 5.41 | 降 | 31 | 降1 |

## （三）地区城镇私营单位就业人员工资水平及增长情况

个体私营等非公有制经济是社会主义市场经济的重要组成部分，是中国特色社会主义事业的重要建设力量，2017年城镇私营企业就业人员达1.33亿，占城镇私营和城镇非私营就业人员总量的23.9%左右，在促进增长、活跃市场、创造财富、满足群众多样化需求等方面发挥了重要作用。

各地区私营单位就业人员的平均工资水平差距较大。2017年全国城镇私营单位就业人员平均工资为45761元，其中平均工资水平最高的是北京市，为70738元，最低的地区是山西省，为31745元（见图5），高低差额为38993元，高低倍数为2.23倍。同时城镇私营单位就业人员工资水平始终低于城镇非私营单位就业人员的工资水平，2017年全国城镇非私营单位就业人员平均工资水平比私营单位就业人员平均工资水平高出28557元，非私营单位是私营单位就业人员平均工资水平的1.62倍（见表6）。各地区城镇私营和非私营就业人员的工资水平差距也不相同，其中上海二者的差距最大，非私营单位就业人员平均工资水平是私营单位的2.49倍，大大高于全国的平均水平。二者差距最小的是山东省，非私营单位是私营单位的1.31倍。

2017年全国城镇私营单位就业人员平均工资水平为45761元，比2016年增长了2928元，增长了6.84%（见表7）。2017年地区城镇私营单位就业人员平均工资增长水平最高的是海南省，增长率为12.21%，增长水平最低的为内蒙古，仅为1.42%。除去西藏之外的30个地区中，2017年有12个地区城镇私营单位就业人员工资水平年均增长速度高于全国平均水平，增速最快的前五位分别是：海南、广东、上海、河南、吉林，增长速度都在10%以上；18个地区城镇私营单位就业人员平均工资水平增长速度低于全国平均水平，其中排在后三位的分别是：内蒙古、宁夏和辽宁，年均增长速度都在3%及以下。

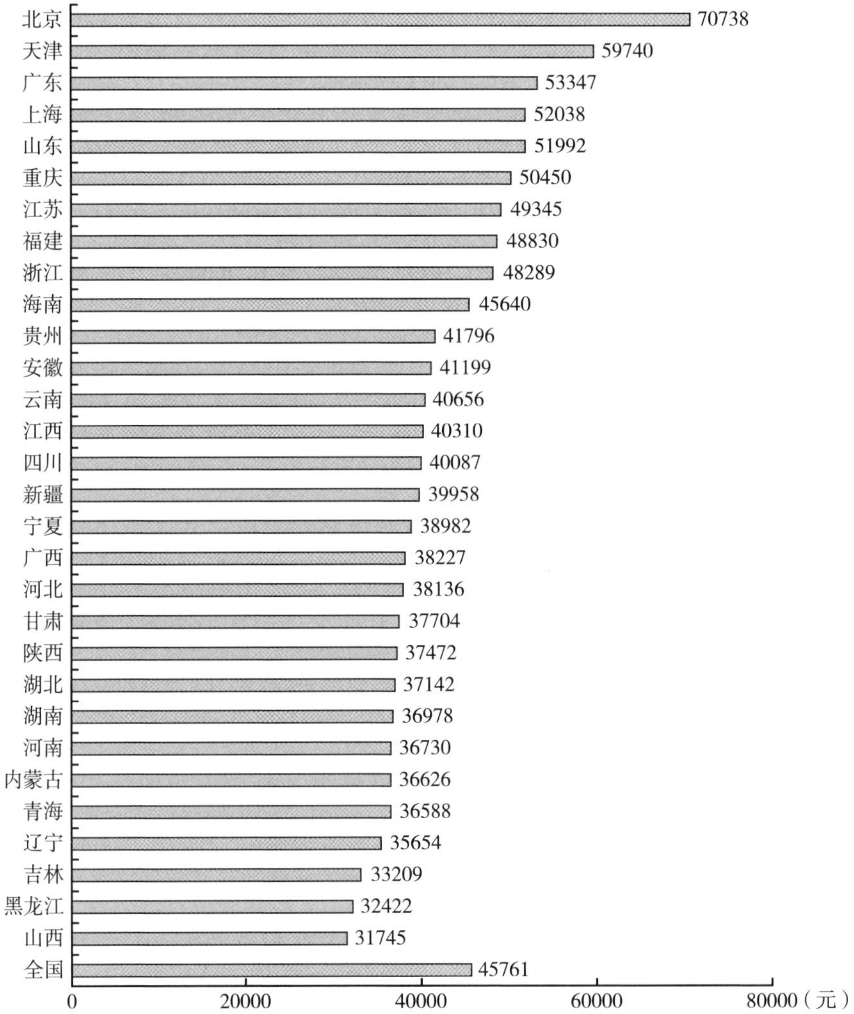
北京
70738
天津
59740
广东
53347
上海
52038
山东
51992
重庆
50450
江苏
49345
福建
48830
浙江
48289
海南
45640
贵州
41796
安徽
41199
云南
40656
江西
40310
四川
40087
新疆
39958
宁夏
38982
广西
38227
河北
38136
甘肃
37704
陕西
37472
湖北
37142
湖南
36978
河南
36730
内蒙古
36626
青海
36588
辽宁
35654
吉林
33209
黑龙江
32422
山西
31745
全国
45761
0
20000
40000
60000
80000（元）

**图5　2017年城镇私营单位就业人员平均工资水平地区排序**

**表6　2017年城镇私营单位与城镇非私营单位就业人员平均工资比较**

单位：元

| 地区 | 私营 | 非私营 | 非私营－私营 | 非私营/私营 | 地区 | 私营 | 非私营 | 非私营－私营 | 非私营/私营 |
|---|---|---|---|---|---|---|---|---|---|
| 全国 | 45761 | 74318 | 28557 | 1.62 | 河南 | 36730 | 55495 | 18765 | 1.51 |
| 北京 | 70738 | 131700 | 60962 | 1.86 | 湖北 | 37142 | 65912 | 28770 | 1.77 |
| 天津 | 59740 | 94534 | 34794 | 1.58 | 湖南 | 36978 | 63690 | 26712 | 1.72 |

续表

| 地区 | 私营 | 非私营 | 非私营-私营 | 非私营/私营 | 地区 | 私营 | 非私营 | 非私营-私营 | 非私营/私营 |
|---|---|---|---|---|---|---|---|---|---|
| 河北 | 38136 | 63036 | 24900 | 1.65 | 广东 | 53347 | 79183 | 25836 | 1.48 |
| 山西 | 31745 | 60061 | 28316 | 1.89 | 广西 | 38227 | 63821 | 25594 | 1.67 |
| 内蒙古 | 36626 | 66679 | 30053 | 1.82 | 海南 | 45640 | 67727 | 22087 | 1.48 |
| 辽宁 | 35654 | 61153 | 25499 | 1.72 | 重庆 | 50450 | 70889 | 20439 | 1.41 |
| 吉林 | 33209 | 61451 | 28242 | 1.85 | 四川 | 40087 | 69419 | 29332 | 1.73 |
| 黑龙江 | 32422 | 56067 | 23645 | 1.73 | 贵州 | 41796 | 71795 | 29999 | 1.72 |
| 上海 | 52038 | 129795 | 77757 | 2.49 | 云南 | 40656 | 69106 | 28450 | 1.70 |
| 江苏 | 49345 | 78267 | 28922 | 1.59 | 西藏 | — | — | — | — |
| 浙江 | 48289 | 80750 | 32461 | 1.67 | 陕西 | 37472 | 65181 | 27709 | 1.74 |
| 安徽 | 41199 | 65150 | 23951 | 1.58 | 甘肃 | 37704 | 63374 | 25670 | 1.68 |
| 福建 | 48830 | 67420 | 18590 | 1.38 | 青海 | 36588 | 75701 | 39113 | 2.07 |
| 江西 | 40310 | 61429 | 21119 | 1.52 | 宁夏 | 38982 | 70298 | 31316 | 1.80 |
| 山东 | 51992 | 68081 | 16089 | 1.31 | 新疆 | 39958 | 67932 | 27974 | 1.70 |

注：西藏数据缺失。

**表7　2017年地区城镇私营单位就业人员工资水平增长情况**

单位：元，%

| 地区 | 2016年 | 2017年 | 2016~2017年增长率 | 地区 | 2016年 | 2017年 | 2016~2017年增长率 |
|---|---|---|---|---|---|---|---|
| 全国 | 42833 | 45761 | 6.84 | 河南 | 33312 | 36730 | 10.26 |
| 北京 | 65881 | 70738 | 7.37 | 湖北 | 34167 | 37142 | 8.71 |
| 天津 | 57216 | 59740 | 4.41 | 湖南 | 34582 | 36978 | 6.93 |
| 河北 | 36507 | 38136 | 4.46 | 广东 | 48236 | 53347 | 10.60 |
| 山西 | 30501 | 31745 | 4.08 | 广西 | 36089 | 38227 | 5.92 |
| 内蒙古 | 36114 | 36626 | 1.42 | 海南 | 40675 | 45640 | 12.21 |
| 辽宁 | 34615 | 35654 | 3.00 | 重庆 | 47345 | 50450 | 6.56 |
| 吉林 | 30184 | 33209 | 10.02 | 四川 | 37763 | 40087 | 6.15 |
| 黑龙江 | 30533 | 32422 | 6.19 | 贵州 | 39058 | 41796 | 7.01 |
| 上海 | 47177 | 52038 | 10.30 | 云南 | 38183 | 40656 | 6.48 |
| 江苏 | 47156 | 49345 | 4.64 | 西藏 | — | — | — |
| 浙江 | 45005 | 48289 | 7.30 | 陕西 | 35676 | 37472 | 5.03 |
| 安徽 | 39110 | 41199 | 5.34 | 甘肃 | 35685 | 37704 | 5.66 |
| 福建 | 46326 | 48830 | 5.41 | 青海 | 34908 | 36588 | 4.81 |
| 江西 | 36868 | 40310 | 9.34 | 宁夏 | 37926 | 38982 | 2.78 |
| 山东 | 48156 | 51992 | 7.97 | 新疆 | 38776 | 39958 | 3.05 |

注：西藏数据缺失。

## 三 地区工资收入差距的影响因素

### (一)地区经济发展水平的不平衡

地区经济发展的不平衡(包括人均 GDP 水平和产业结构等)应该说是造成我国地区工资收入差距的主要原因。我国地域广阔,地区经济发展水平差异较大,2017 年人均 GDP 水平最高的北京市,为 128927 元;而最低的甘肃省只有 29326 元,最高水平是最低水平的 4.40 倍。从区域来看,东部地区 2016 年人均 GDP 约为 160646 元,而西部地区只有 52410 元,前者是后者的 3 倍。工资收入水平是由当地经济发展水平决定的,地区经济发展的不平衡必然体现在工资收入水平的差距上。

### (二)要素禀赋的差异

要素禀赋是指一个地区所拥有的可利用经济资源的总量,包括地理位置、自然资源、基础设施、教育投入、人力资本等,要素禀赋的差异造成地区经济发展水平的不平衡,由此形成地区工资收入差异。任重实证分析显示基础设施和地理位置对城镇居民地区工资差距有一定的影响[1]。他的研究结果显示:基础设施对地区工资差距的平均贡献程度达到约 19%,并且从趋势上看呈现不断上升的特点;同时地理位置对地区工资差距的贡献仅次于基础设施,其平均贡献程度达到近 18%,但呈平缓的下降趋势。基础设施比较好的地区容易产生聚集效应,有利于劳动生产力的提高,从而使工资水平相应提高。汪建新研究结果表明,劳动者受教育年限每提高 1%,地区的平均实际工资水平就会提高 0.1489%,他认为教育可以使劳动者的劳动生产率提高,进而促进工资收入水平的提高[2]。吴向霞认为教育水平对提高工资水平具有十分显著的

---

[1] 任重:《中国城镇居民地区工资差距测度与分解》,《当代经济研究》2009 年第 2 期。
[2] 汪建新、黄鹏:《结构调整、劳动力流动与地区工资差异》,《国际商务研究》2009 年第 3 期。

影响，尤其对发展相对落后的中西部地区贡献率非常大①。戴枫认为各地的要素禀赋差异也对地区差距起到了不同的作用。低技能劳动力②扩大了地区间和地区内的收入差距，中等技能劳动力能够同时缓解地区间和地区内的收入差距，而高技能劳动力能缩小地区间的工资差异③。张文武和梁琦认为人力资本存量是影响地区收入差距的重要因素，各省份人力资本分布不均衡进一步扩大了地区收入差距④。葛晶等通过分析东中西部个人工资非参数核密度估计表明，西部低工资劳动者过多是其平均工资过低的主要原因⑤。

## （三）劳动力流动障碍与市场分割

我国劳动力流动障碍和劳动力市场的分割现象也是造成地区工资收入差距存在的主要原因之一。蔡昉等很多学者提出消除劳动力市场流动的障碍将会在很大程度上缩小地区间工资（收入）差距⑥。汪建新等的研究结果表明劳动力的流动显著地提高了东部（劳动力流入地）和西部（劳动力流出地）地区的平均实际工资水平，但对中部地区并没有任何显著影响⑦。李晓宁等认为由不同区域经济发展政策的非一致性、不同区域产业集聚的就业效应、地方政府限制劳动力流入的地方保护政策等引发的劳动力市场的地区分割，使得劳动力的工资并没有出现地区趋同现象，而是存在显著的地区工资差异，而且他认为即使存在劳动力转移，也不能使工资差距收敛⑧。

---

① 吴向霞：《中国地区间工资差异影响因素研究》，硕士学位论文，浙江工商大学，2015。
② 低技能劳动力为6岁及6岁以上人口中未上过学和小学学历人口的比重；中等技能为6岁及6岁以上人口中初中和高中学历人口的比重；高技能为6岁及6岁以上人口中大专以上学历人口的比重。
③ 戴枫：《要素禀赋框架下的FDI与我国地区收入差距分析——基于动态面板模型的GMM检验》，《国际贸易问题》2010年第5期。
④ 张文武、梁琦：《劳动地理集中、产业空间与地区收入差距》，《经济学》2011年第2期。
⑤ 葛晶、张龙、王满仓：《市场潜能、个人特征与地区工资差距——基于2012中国家庭追踪调查数据（CFPS）的研究》，《世界经济文汇》2016年第4期。
⑥ 蔡昉：《城乡收入差距与制度变革的临界点》，《中国社会科学》2003年第5期。
⑦ 汪建新、黄鹏：《结构调整、劳动力流动与地区工资差异》，《国际商务研究》2009年第3期。
⑧ 李晓宁、姚延婷：《劳动力转移与工资差距同时扩大的"悖论"研究–基于市场分割的视角》，《当代财经》2012年第4期。

### (四)对外开放程度的差异

对外开放程度主要包括外商直接投资和对外贸易两个方面的内容,外商直接投资和对外贸易能够促进地区工资水平的提高,因此 FDI 的区域分布不均衡和对外贸易的地区差异是地区工资差距扩大的主要原因,而加大落后地区特别是中西部地区的外商直接投资和促进贸易发展,在一定程度上能缓解地区工资收入差距。王小勇认为外商直接投资对整体提升工资水平具有促进作用,但对不同区域的影响差异较大,对外商投资集中度较高的东部地区具有显著的影响,而对中西部地区的影响并不显著甚至存在负的影响,因此进一步扩大了地区间的工资收入差距①。孙楚仁验证了外资开放度的确是不同地区间工资差异的影响因素,并且随着外资水平的增加,外资对地区工资差距的影响会逐渐增强②;任重实证分析显示 FDI 密度对地区工资差距有显著的扩大效应,而贡献程度出现快速的下降③;李欣研究表明对外贸易促进了地区工资水平的提高④;赵颖博实证结果显示外商直接投资作为控制变量在模型中与我国地区工资呈正相关关系⑤。

### (五)产业集聚程度的不同

城市经济学认为要素和技术在一个地区的空间集聚将会促进该地区整体

---

① 王小勇:《市场潜力、外部性与中国地区工资差异》,《南方经济》2006 年第 8 期。
② 孙楚仁:《外商直接投资与我国地区工资差异的实证研究》,《世界经济研究》2008 年第 2 期。
③ 1994 年 FDI 对地区工资差距的贡献度为 8.38%,2006 年贡献度仅为 1.63%。原因在于随着经济发展水平的提高和外资规模的持续增加,特别是东部地区土地、劳动力成本的上升,外商直接投资出现向中西部地区转移的趋势,从而有助于延缓地区工资差距的扩大。任重:《中国城镇居民地区工资差距测度与分解》,《当代经济研究》2009 年第 2 期。
④ 李欣运用 1995~2006 年我国 51 个城市的面板数据实证分析结果显示:对外贸易促进了地区工资水平的提高,在没有考虑 FDI 影响的情况下,贸易对工资的影响弹性系数为 0.164,加入 FDI 的影响后,贸易对工资的影响弹性系数为 0.169。且对外贸易对沿海城市的影响大于内陆城市,沿海城市贸易对工资的影响弹性达到 0.319,而内陆城市只有 0.151。但外商直接投资与工资水平呈负相关关系,而且影响不显著。李欣:《技术进步、对外开放与城市工资差距的实证》,《统计与决策》2009 年第 14 期。
⑤ 赵颖博:《外部性对地区工资差异影响研究》,《金融经济》2015 年第 12 期。

劳动生产率的提高，进而导致该地区生产要素回报提高；同时产业集聚带来的劳动力市场的不断成熟、工人熟练程度的提高，以及产业集聚对劳动力需求的膨胀也会提高工资水平，因此产业集聚程度将会影响地区工资水平。蒋含明利用1998～2008年的省际面板数据实证分析结果表明在排除其他因素的影响下，一个地区的企业集聚每上升1%，地区人均工资将提高26%左右[1]。他同时还发现企业集聚对地区工资水平的影响在不同地区存在差异，东部地区效应更强，东中西部地区企业集聚每增长1%，相应地区的工资水平分别增加0.43%、0.21%和0.13%。

## （六）政策体制因素

改革开放之后，邓小平同志提出"两个大局"的战略思想，即首先发展沿海地区，在沿海发展起来之后，沿海再支援内地。因此，我们在改革开放之初确立的是向沿海倾斜的发展战略，即非均衡发展战略。到20世纪90年代后期的西部大开发，再到振兴东北老工业基地，以及协调发展理论和社会主义和谐社会的构建，都反映了中国区域经济发展战略从非均衡发展模式向均衡发展模式的转变。无论是均衡发展还是非均衡发展战略，其间都伴随着政府政策的变化。很多学者认为改革开放以来，地区优惠政策对我国地区工资收入差距产生了一定的影响。张建红认为国家从非均衡发展模式向均衡发展模式的转变，促进了西部地区投资力度的增强，也使得落后地区的教育水平不断得到提高，这一新的地区发展战略对地区工资差距的扩大起到了一定的抑制作用[2]。任重利用中国222个城市的职工平均工资数据，对1994～2006年地区工资差距进行测算，分析优惠政策对地区工资差距的影响。他把优惠政策定义为经济特区、沿海经济开放区和沿海、沿江、沿边开放城市属于我国实施优惠政策的区域，这些区域的企业享受到税收、外汇管理等方

---

[1] 蒋含明：《企业空间集聚与中国地区工资水平差异——基于新经济地理学视角的实证研究》，《财经论丛》2015年第9期。
[2] 张建红、J. Paul Elhorst、Arjen van Witteloostuijn：《中国地区工资水平差异的影响因素分析》，《经济研究》2006年第10期。

面的优惠政策①。研究结果表明,优惠政策对地区工资收入差距有显著的扩大效应。2001 年优惠政策对地区工资差距的贡献度达到 5.39%,但从 2002 年以后优惠政策对地区工资差距的贡献额在明显下降,2006 年贡献度仅为 4.52%。他认为这个结果说明,随着我国改革开放的深入,特别是加入 WTO 以后,优惠政策对区域经济增长和地区工资差距的影响正逐步下降。

## 四 缩小地区工资收入差距的政策建议

近些年来我国出台了一系列改善民生、有助于缩小居民收入差距的政策,工资宏观调控方面也在最低工资、工资支付、农民工工资保障、经营管理者薪酬、工资决定机制和正常增长机制等方面出台了诸多政策和措施,这些都为缩小收入差距或缓解收入差距进一步扩大的趋势产生了积极的效果,这些政策措施应进一步改进完善和监督执行。但由于地区工资收入差距产生的原因较为复杂,其主要根源在于各地区自然禀赋的差异以及外部政策环境的差异造成的经济发展水平的差异,因此单靠出台收入分配政策来调整收入差距是不够的,还必须站在经济发展战略的高度对地区的经济发展政策、规划进行调整,促进各地区间经济社会的协调均衡发展,才能从根本上解决地区工资收入差距问题。

1. 坚持比较优势的经济发展战略。充分发挥不同地区要素禀赋优势,如中部地区可以充分发挥空间区位优势,增大内陆地区和沿海的经济联系并积极承接东部地区制造业转移,为东部地区制造业转换升级提供充足的发展空间。各地区要因地制宜,以自然条件为基础充分发挥不同地区的优势产业条件,加速产业结构调整促进落后地区产业升级,以此促进地区经济的协同发展。

2. 加大对落后地区的政策支持力度。中央政府可选取一些欠发达地区及相关产业进行重点建设,如对经济停滞不前的东北地区加大支持力度,建

---

① 任重:《中国城镇居民地区工资差距测度与分解》,《当代经济研究》2009 年第 2 期。

立中西部和东北部新的经济增长极和经济中心，给予一些优惠政策，形成政策软环境上的增长极，这样不仅能促进其自身经济的快速发展，还会带动周边地区的产业发展。同时鼓励发达地区向落后地区投资，加快发达地区产能的转移，并适当引导投资和产能转移的地区均衡性，以免造成落后地区内部收入差距的扩大。加快中西部地区和东北部地区的城市化进程，最终实现中国区域经济协调发展，缩小地区间收入差距的目标。

3. 加大落后地区教育投入提高人力资本水平。加大对落后地区的教育投入力度，在宏观上给予落后地区更大的教育经费支持；积极促进教育公平，通过政府举办免费或低收费的基础教育、资助低收入者接受更多教育等方式让弱势群体积累更多的人力资本。积极推进现有教育资源的分配结构优化，重视中等职业技术教育，鼓励并扶持用人单位开展员工技能型培训和继续教育，通过加强职业教育、培训等措施来优化中西部和东北部劳动力市场、提升劳动生产率，以劳动生产率的提高带动工资水平的增长。

4. 进一步完善工资宏观调控体系。持续优化工资指导线制度，尝试建立全国或区域性工资指导线协调机制，合理收窄不同区域工资增长基准水平差距，调节不同区域工资收入分配差距。完善最低工资保障制度，引导各地区合理有序地调整最低工资标准，加强地区之间最低工资标准调整的协调，通过最低工资引导经济单位向低收入地区合理流动，提升低收入地区整体工资收入水平。同时还应不断健全工资决定机制和正常工资增长机制，建立健全劳动力市场，通过劳动力健康有序合理的流动，促进均衡的劳动力市场价格的形成，以此缓解工资收入分配差距。

## 参考文献

[1] 钟笑寒：《改革时期中国各地区工资演变》，《清华大学学报》（哲学社会科学版）2005年第3期。
[2] 范剑勇：《产业集聚与中国劳动生产率、工资的地区差异》，上海大学区域与城市研究中心工作论文，2005。

［3］钟笑寒：《劳动力流动与工资差异》，《中国社会科学》2006年第1期。

［4］张建红、J. Paul Elhorst、Arjen van Witteloostuijn：《中国地区工资水平差异的影响因素分析》，《经济研究》2006年第10期。

［5］王小勇：《市场潜力、外部性与中国地区工资差异》，《南方经济》2006年第8期。

［6］刘修岩、贺小海、殷醒民：《市场潜能与地区工资差距——基于中国地级面板数据的实证研究》，《管理世界》（月刊）2007年第9期。

［7］Sylvie Démurger、Martin Fournier、李实、魏众：《中国经济改革与城镇劳动力市场分割——不同地区职工工资收入差距的分析》，《中国人口科学》2008年第2期。

［8］刘修岩、殷醒民：《空间外部性与地区工资差异：基于动态面板数据的实证研究》，《经济学》（季刊）2008年第1期。

［9］童燕、刘修岩：《新经济地理学与地区工资差距——基于中国城市数据的实证检验》，《世界经济情况》2008年第9期。

［10］孙楚仁：《外商直接投资与我国地区工资差异的实证研究》，《世界经济研究》2008年第2期。

［11］任重：《中国城镇居民地区工资差距测度与分解》，《当代经济研究》2009年第2期。

［12］范剑勇、张雁：《经济地理与地区间工资差异》，《经济研究》2009年第8期。

［13］汪建新、黄鹏：《结构调整、劳动力流动与地区工资差异》，《国际商务研究》2009年第3期。

［14］李欣：《技术进步、对外开放与城市工资差距的实证》，《统计与决策》2009年第14期。

［15］戴枫：《要素禀赋框架下的FDI与我国地区收入差距分析——基于动态面板模型的GMM检验》，《国际贸易问题》2010年第5期。

［16］陈博：《市场潜力与地区工资差异——来自中国地级面板数据的实证分析》，《经济经纬》2012年第5期。

［17］唐波、周小敏：《中国省际城镇职工工资收入分布演进的时空特征》，《技术经济》2013年第2期。

［18］吴向霞：《中国地区间工资差异影响因素研究》，硕士学位论文，浙江工商大学，2015。

［19］蒋含明：《企业空间集聚与中国地区工资水平差异——基于新经济地理学视角的实证研究》，《财经论丛》2015年第9期。

［20］赵颖博：《外部性对地区工资差异影响研究》，《金融经济》2015年第12期。

［21］葛晶、张龙、王满仓：《市场潜能、个人特征与地区工资差距——基于2012中国家庭追踪调查数据（CFPS）的研究》，《世界经济文汇》2016年第4期。

# B.9
# 人工成本上升对智能制造发展影响分析

钱　诚*

**摘　要：** 本报告基于对智能制造、人工智能、工业自动化、工业机器人等概念的比较，通过考察国内外关于人工智能对劳动力市场（就业、分配、技能培训）影响的结果，运用文献研究、比较分析和案例分析等研究方法，分析了我国智能制造发展、制造业人工成本变化以及二者之间的相关关系。

**关键词：** 人工成本　智能制造　人工智能

## 一　研究背景

2018年中央经济工作会议提出了2019年的多项重点任务，第一项就是要推动制造业高质量发展，要始终围绕制造强国的理念，不断促进高新技术与新组织形式的有机融合，鼓励新产业集群的科学形成和稳定发展。

全球工业正在步入全新的智能时代。《中国制造2025》提到，我国要以进一步加快新时代信息科学与制造领域的有机融合为重点，并致力于加速智能制造发展，指导我国产业转型升级，实现我国由制造大国向制造强国的转变。

智能制造的发展依赖于当代发达的信息科学，通过运用技术手段将高度

---

\* 钱诚，中国劳动和社会保障科学研究院助理研究员，管理学博士，研究领域为工资收入分配、企业人力资源管理与人才学。

自动化融于每一个工业生产环节，包括设计环节、线下生产环节、管理及应用与服务等。事实上，智能制造技术的信息涉及内容极其广泛，且具有深度自知感，并可以实现智能决策，更加科学合理地控制执行过程。智能制造时代的到来具体体现在机器自动化设计、全自动加工、智能执行、自动规划、高度智能的规划与管理、全自动装配、全自动测量与分析等方面。智能制造往往以全自动车间为主要载体，其关键制造技术依赖高端设备的使用与智能算法的支持与优化，从而实现无须人为干预运行，并可随时在线进行观察。企业的相关部门可以通过改造极大节省人力成本，提高生产效率与生产质量。

生产力决定生产关系。智能制造生产方式将对工业企业劳动用工管理，尤其是将对工业企业人工成本管理产生重大影响。一方面，以工业机器人、3D打印、数控机床和工业互联网等为代表的智能制造将大规模替代人工，先进制造业对一般劳动力的需求将进一步降低，人工成本也将下降。同时，智能制造企业为吸引掌握一定技术和技能的工业人才，将为高端人力资本支付更高的薪酬，从而带来人工成本结构性变化。另一方面，普通劳动力工资水平的不断攀升，社保、福利等人工成本的快速上升将进一步"倒逼"工业企业加快技术升级，加快技术和资本对劳动的替代。

改革开放四十年来，劳动力成本优势一直是我国制造业快速发展的核心竞争力，但近年来国内外经济环境、我国产业结构及劳动力市场等深入变化，工业企业人工成本开始出现较快上升。尤其是2008年金融危机以来，世界经济格局也在发生深刻变革，一些发达国家开始"制造业回归"，越来越多的资本开始涌向周边发展中国家，其他发展中国家的劳动力优势开始显现，在此背景下，"中国制造"能否融入新一轮全球产业革命？智能制造发展对工业企业人工成本管控带来哪些影响和挑战？目前国内大小企业的人力投入不断上升，这对于促进产业转型升级有何影响？这些问题亟须讨论研究。

## 二 中国智能制造发展基本情况

经过几十年的快速发展，我国逐渐建立起门类齐全、独立完整的制造业体系，制造业规模跃居世界第一位。党的十八大以来，党中央、国务院高度重视实体经济发展，我国制造业取得了长足进步，整体实力不断增强，不仅在我国经济和社会发展中起到中流砥柱的作用，也给全球经济带来了积极影响。

但是，与发达国家相比，中国制造业大而不强的问题非常突出。目前，中国的制造业受到"双向挤压"。一方面，发达国家开始加速制造业回归；另一方面，随着中国低成本优势的减弱，越南和印度等东南亚国家依靠资源和劳动力的比较优势，开始抢夺低端制造业市场并发展劳动密集型产业。

2016年，为实施《中国制造2025》和《国务院关于深化制造业与互联网发展一体化的指导意见》，工业和信息化部与财政部共同制定了《智能制造业发展规划（2016—2020年）》。这一规划提出在2025年之前推进智能制造实施的"两步走"战略：第一步，到2020年，智能制造发展基础和支撑能力明显增强，传统制造业重点领域基本实现数字化制造，有条件、有基础的重点产业智能转型取得明显进展；第二步，到2025年，智能制造支撑体系基本建立，重点产业初步实现智能转型。

2017年7月，国务院印发《新一代人工智能发展规划》，提出了2030年中国新一代人工智能发展的指导思想、战略目标、关键任务和保障措施。《新一代人工智能发展规划》给出了我国人工智能发展的目标："到2020年人工智能总体技术和应用与世界先进水平同步，人工智能产业成为新的重要经济增长点，人工智能技术应用成为改善民生的新途径，有力支撑进入创新型国家行列和实现全面建成小康社会的奋斗目标。到2025年人工智能基础理论实现重大突破，部分技术与应用达到世界领先水平，人工智能成为带动我国产业升级和经济转型的主要动力，智能社会建设取得积极进展。到2030年人工智能理论、技术与应用总体达到世界领先水平，成为世界主要人工智能创新中心，智能经济、智能社会取得明显成效，为跻身创新型国家前列和经济强国奠定重要基础。"

在2018年世界智能制造大会上，中国电子信息产业发展研究院和世界智能制造大会组委会联合发布了《2017～2018中国智能制造年度发展报告》。据报道，中国已成为全球最大的智能制造市场。2016年智能制造系统解决方案市场规模达到1060亿元，同比增长18.4%。预计到2020年将达到2200亿元。以工业机器人生产和销售为例，报告显示2017年工业机器人产量超过13万台，同比增长68.1%，市场规模占全球的1/3，并连续五年成为全球最大的应用市场。

## 三 中国制造业人工成本变动趋势

目前，国家统计局等官方机构未公布分行业人工成本的数据，由于企业工资与人工成本之间存在一定的比例关系，我们使用国家统计局分行业城镇单位工资总额数据估算制造业人工成本总额和水平，具体方法包括以下几个步骤。

一是选取员工的劳动报酬，即员工工资总额。统计范围是不同行业城镇单位职工的劳动报酬，来源是国家统计局相关年份的统计年鉴。

二是估算社会保险费用总额，以工资总额为基数，按企业缴纳养老保险比例控制在20%左右，医疗保险比例大约控制在6%，失业保险比例控制在2%，工伤保险比例控制在1%，生育保险比例控制在1%，估算合计缴费比例约控制在30%。

三是估计员工福利开支。根据《企业所得税实施条例》第四十条规定：企业发生的职工福利费支出，不超过工资薪金总额14%的部分，准予扣除。

四是评估员工教育费用。根据《财政部国家税务总局关于企业职工教育经费税前扣除政策的通知》（财税〔2018〕51号），对企业当年提取并实际使用的职工教育经费，在不超过计税工资总额2.5%以内的部分，可在企业所得税前扣除。自2018年1月以来，这一比例已提高至8%，但不会影响2017年的数据。

五是估算其他劳动力成本，包括劳动保护成本，按工资总额的1.5%计算。住房成本估计为住房公积金的5%~12%。其他劳务成本主要指工会经费。《中华人民共和国工会法》规定工会经费占全体员工工资总额的2%。

1. 近三年制造业人均人工成本逐年上升，增速加快

根据估算结果，2017年我国制造业城镇单位人工成本总额约为4.64万亿元（见图1），2016年和2017年增速分别为2.64%和2.24%。2013~2017年保持增长态势。

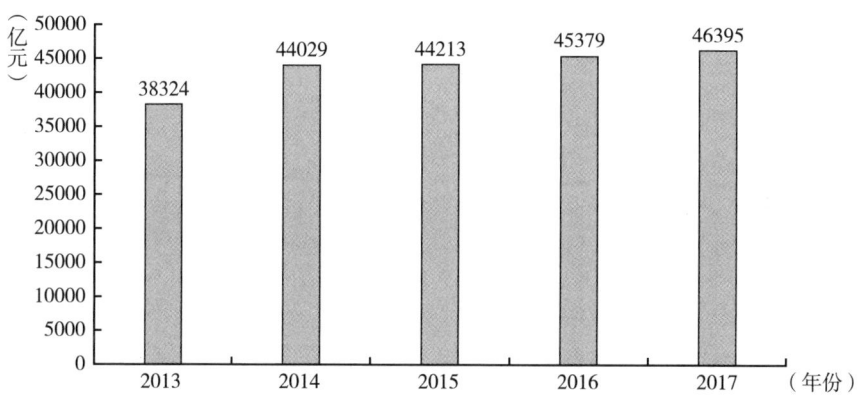

图1 2013~2017我国城镇单位制造业人工成本总额

从制造业就业人数来看，2014~2017年，制造业城镇单位就业人数不断下降，从2014年的5346万人下降到2017年的4635万人（见图2）。

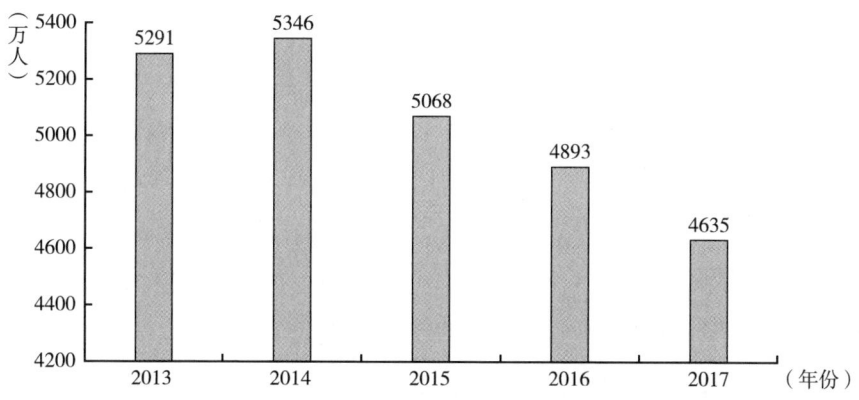

图2 2013~2017年我国制造业城镇单位就业人数

结合制造业城镇单位人工成本总额和就业人数的变化，我们估算2017年制造业年人均人工成本约为100098元（见图3），比2016年增长7.93%，2013~2017年制造业年人均人工成本呈上升趋势，2015~2017年，年增速分别为5.93%、6.31%和7.93%。对比2015年和2016年城镇单位制造业劳动生产率增速10.79%和9.65%，人工成本虽有所上升但增速并不快。

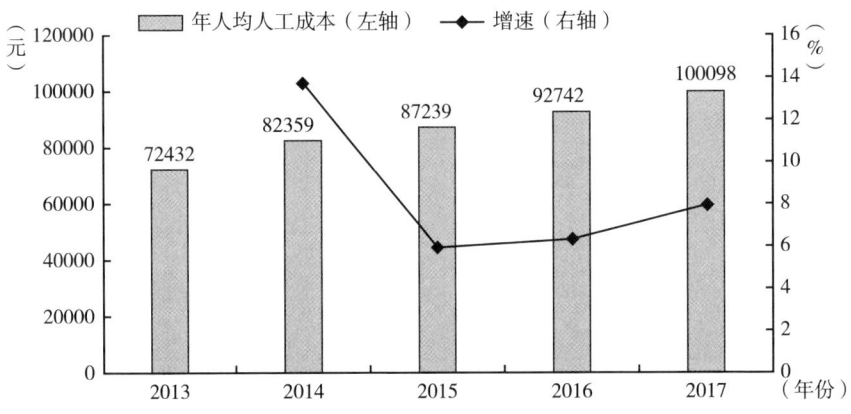

图3　中国制造业人均人工成本水平及其增速

根据美国贸易经济统计机构（Trading Economics）的数据，我国2018年三季度劳动力成本指数比二季度上升0.2个点，达到104.8，创2016年一季度以来新高。2018年劳动力成本指数高于2017年。自2013年以来，劳动力成本指数先降后升，以2016年三季度为拐点呈一条U形曲线。

另据武汉大学质量发展战略研究院联合中国企业调查数据中心联合发布的《中国企业-劳动力匹配调查（CEES）报告》（以下简称《CEES报告》），2014~2015年工龄为两年以上的员工的工资增速为5%~8%，新员工工资增速更快，约为14.5%。技术工人、设计人员和销售人员，工资增速分别为8.8%、7.3%和11.3%，非技工人员工资增速为6.4%。

2. 工资和社保成本增长推动人工成本上升

工资是企业人工成本的主体。国家统计局数据显示，2013~2017年城镇非私营单位人均收入增长速度达到9.61%，其中，2015~2017年工资增速分别为 10.06%、8.93% 和 9.99%。对比"十二五"时期工资增速有所回落，但仍快于同期人均国内生产总值增速（年均 7.99%）。2015~2017 年，城镇私营单位就业人均收入增长速度分别为 8.79%、8.19% 和 6.84%，其中有两年快于当年人均国内生产总值增速。

近年来，很多企业反映社保负担较重，提出企业缴费费率偏高，以江苏省为例，2018 年企业养老保险单位缴费比例为 19%，医疗保险比例为 9%，失业保险比例为 1.5%，生育保险比例为 0.5%，工伤保险费率 0.9%，合计比例达到 30.9%。由于社会平均工资增长较快，推动各地社保缴费基数快速上升。

一些劳动密集型企业反映，近年来工资和社保成本上升过快，导致企业生产经营困难。《CEES 报告》指出，虽然劳动力工资上涨，但企业总成本中的工资比例不高，2013 年和 2014 年为 17%，2015 年为 18%。同时，企业社会保障支出占总费用的比例不高，社会保障支出占总工资的比例为 17%，占总费用的比例只有 3% 左右。

3. 东部沿海地区工资水平高，中西部地区增速快

据国家统计局各省份（不含西藏和新疆）工资情况统计，2017 年北京、上海和天津 3 个省份制造业工资成本位居前三，城镇单位工资水平分别为 106835 万元、105733 万元和 79191 万元，江苏、广东、重庆紧随其后，分别为 72235 万元、66823 万元和 65745 万元。工资水平最低的是河南，为 46854 万元。工资成本差距为 2.28 倍，相比 2015 年的 2.45 倍，差距略有缩小。进入"十三五"时期以来，云南、青海和河北年均工资成本增速位居前三，增速分别为 14.66%、11.32% 和 11.26%。工资增速最慢的是黑龙江，其次是山西，2015~2017 年年均增速分别为 7.1% 和 7.68%。

近年来，相比"十二五"时期，各省份工资指导线调整幅度整体略有回落，中西部地区仍保持较高的增速。根据各地人社部门的公开数据，截至 2018 年底全国有 22 个省份公布了 2018 年企业工资指导线。与 2017 年相比，河南省 2018 年企业工资指导线涨幅居全国之首，陕西、北京、江西、福建、上海、甘肃涨幅超过 8%，除吉林、青海涨幅为 6% 外，其余省份涨幅均超

过7%。从增长上线来看,仍然是以河南最高,除海南之外的其他省份涨幅都在10%以上,而增长下线基本为2%~4%,仅内蒙古在2%以下。

根据部分省份公开发布的劳动力市场价位及人工成本信息,比较各地区人工成本变动情况如下。

东北地区,以大连为例,2016年大连企业平均劳动力成本为77664元,比2015年增加4214元,增长5.74%,企业人工成本占企业总成本的比例为20.04%。其中,职工平均人工补偿50086元,比2015年增加2020元,增长4.2%,职工平均人工补偿占劳动力总成本的64.49%;社会保险费用占劳动力总成本的18.51%;福利费用占劳动力总成本的4.23%;教育费用占劳动力总成本的0.49%;劳动保护费用占劳动力总成本的0.81%;住房费用占劳动力总成本的6.22%;其他劳务成本占劳动力总成本的5.25%。

华南地区,以广州为例,2018年制造业人均人工成本10分位、25分位、50分位、75分位、90分位数分别为3.58万元、5.18万元、7.45万元、11.31万元和16.42万元。结构方面,从业人员劳动报酬、福利费用、教育经费、保险费用、劳动保护费、住房费用和其他人工成本的比例分别为82.12%、4.13%、0.45%、9.51%、0.6%、1.78%和1.41%。从投入产出情况看,制造业人均利润率、人事费用率、人工成本占总成本的比例、百元人工成本销售收入、百元人工成本利润分别为8.71%、23.50%、29.93%、691元、68元。

华东地区,以宁波为例,2018年制造业从业人员人均人工成本为6.69万元,人均人工成本结构中,从业人员劳动报酬、福利费用、教育经费、保险费用、劳动保护费用、住房费用和其他人工成本的比例分别为76.0%、3.2%、0.3%、14.7%、0.4%、4.1%和1.3%。投入产出效率方面,制造业人工成本占总成本的比例、人事费用率、百元人工成本销售收入和百元人工成本利润分别为19.0%、17.0%、600元和396元。

中部地区,以郑州为例,制造业按规模划分的人均人工成本分位数中,大型、中型、小型和微型企业的中位数分别为8.31万元、6.63万元、4.24万元和3.74万元(见表1)。

表 1　郑州制造业人工成本水平

单位：万元

| 类型 | | 人均人工成本水平 | | | | |
|---|---|---|---|---|---|---|
| | | 百分位10 | 百分位25 | 中位数 | 百分位75 | 百分位90 |
| 制造业 | 大型企业 | 4.65 | 5.50 | 8.31 | 13.44 | 20.22 |
| | 中型企业 | 3.56 | 4.41 | 6.63 | 8.83 | 15.80 |
| | 小型企业 | 2.41 | 3.24 | 4.24 | 5.94 | 8.57 |
| | 微型企业 | 2.25 | 2.67 | 3.74 | 4.67 | 5.37 |

## 四　人工成本上升对智能制造发展的影响

近年来，制造业人工成本上升，同时制造业劳动生产率也有明显提高，主要源于制造业整体效益的变化，以及生产方式转变带来的全要素生产率的提高。由于人工成本占总成本的比例相对稳定，人工成本规模和水平的上升反映了制造业产出增加。

根据国家统计局公布的数据，2018年上半年规模以上工业企业利润增长17.2%，工业增加值同比增长6.7%。其中，制造业利润增长14.3%，主营业务收入和成本分别增长9.9%和9.6%。人工成本上升是制造业效益增长和活力提高的体现。

同时，全国各地正在加快新旧动能的转换步伐。战略性新兴产业，高新技术产业和高端装备制造业正在以更快的速度增长，技术含量高、附加值高的工业产品产量增长迅速。质量的提高更多依赖新技术、新产业和新业态，从根本上是全要素生产率提高和结构优化升级的结果。

在国家大力推进智能制造的背景下，工业机器人、工业互联网、3D打印等技术带来新的生产方式变革，传统的劳动要素贡献相对下降。预计随着机器换人的普及，劳动生产率将出现提升，制造业将出现"两高一低"的情况，即人均劳动报酬高、人工成本投入产出率高、人工成本占总成本比例低。

## （一）人工成本上升是制造业智能化的重要原因

人工成本上升和制造业技术革命的拉动促进了工业机器人的快速发展。根据国际机器人协会的统计，2019年工业机器人的增长率将达到17%，到2020年预计产值将达到400亿美元。在自动化生产中，包括装配、包装、焊接、产品检查和涂装环节，工业机器人可以保证更高质量的生产，减少人为错误，满足中小企业不断增长的需求，工业机器更换已成为制造业发展的重要趋势。

为应对人工成本上升，很多劳动密集型制造业企业采取多种方式规避或化解人工成本风险，较为常见的方式包括以下几种：一是转移到工资水平更低的地区，如我国的中西部地区或者东南亚国家；二是减少用工降低人工成本总额，如裁员、轮休、压缩招聘名额等；三是暂停增资计划或下调增资幅度，通过降低人均工资增幅控制成本，有的经营困难企业甚至使用扣发绩效奖，半薪甚至停薪等方式；四是加强用工管理，如通过流程优化、调整组织架构以及劳务外包等，调整人工成本支出结构；五是加快技术升级，如通过引进先进技术、设备和工艺，包括机器换人等生产方式变革，实现减员增效。

绝大部分企业发现，每年的人工成本其实都在增加且增加速度比较快，然而工人并不会接受降薪，因此提高劳动生产率变得十分关键，应提高人工成本投入产出效率，走一条低成本、低风险、高效率的发展之路。给员工培训，并通过培训使得员工掌握更加高超的技术水平，也是提高劳动生产率的良策。但是，一些企业表示培训有时达不到效果，而且一旦员工离职，培训成本就白付了。

还有部分企业认为社保缴费给企业自身带来的压力很大，社会的发展不会允许其降低社保标准，政府制定的相关法律也有明确的规定，不能侵害职工的合法权益。另外，除了工资和社保成本，很多企业表示，由于雇佣的多为外地务工人员，这类员工要为租房和子女上学支付相当多的生活成本，这类成本虽然不是企业直接承担，但对企业工资支付形成一定压力。这类社会成本是城镇化进程中不可避免的。

每年秋收和春节是沿海劳动密集型加工企业主担心的时期，一些务工人员返乡，不仅给生产旺季的企业带来直接损失，还导致用工队伍不稳定，为招新工人企业不得不支付更多的招聘成本，员工离职率高成为一些企业人工成本上升的原因之一。

机器换人的好处是显而易见的，主要体现在：一是可以有效缓解沿海地区招工难的问题；二是可以显著地降低人工成本；三是相比人工，可以明显地提高生产率；四是在很多情况下，可以提升产品质量，减少次品率和原材料浪费；五是能改善生产安全，在一些高危岗位和车间，可避免人员伤亡事故。

事实上，"机器换人"最初的目标并不是降低人工成本，一些企业"机器换人"的选择更多还是出于"人干不了、人干不好、人不想干"的考虑。工业机器人的应用最早是出于生产安全和处理复杂任务等考虑，在劳动强度大、安全风险高、环境污染重、人工成本高的岗位，通过机器替代保障生产安全，同时带来劳动生产率的提高。

近年来，人工成本上升使得更多制造业企业加快智能化、自动化和无人化进程。以富士康为例，富士康将自动化生产分为三个阶段：第一阶段针对工人不愿意做的或者比较危险的工种；第二阶段为整个生产线都将实施自动化；第三阶段是整个工厂实施自动化，仅保留后勤、测试和检查流程等少量的工人。

2015年，富士康在中国各大生产基地已经部署了4万台机器人，仅昆山工厂利用机器人技术就使员工由11万人减少到5万人，富士康在成都、深圳和郑州的生产基地已经进入第二阶段或者第三阶段，有10条全面自动化的生产线。降低人工成本是其大规模部署工业机器人的主要动机。

## （二）智能制造发展影响制造业人工成本

根据调研，我国沿海多个制造业发达的地区都面临劳动力短缺的问题，在工资连续上升的背景下，过去长期依赖的人口红利在不断丧失。与之对应的，国内外消费需求变化很快，尤其是在大规模定制生产、缩短订单周期、产品质量等方面的要求越来越高。在双重压力下,实施智能化改造和发展智能制造成为很多制造业企业转型的方向。

目前,在发达工业化国家,机器换人又掀起新一轮高潮。根据Frey和Osborne的预测,在美国,由于人工智能技术的运用,包含制造业的各行业中,将直接或间接减少40%~50%的就业岗位,人工智能将改变劳动力密集型企业的人工成本优势①。这份报告指出,在未来几十年中,美国近一半的工作都处于"高风险"区。虽然该报告强调,研究只是提出"在技术上可以"由机器执行,而并不意味着实际的工作流失和人员的失业,但这个影响程度已经引起很多经济学家的重视。

2016年,经济合作与发展组织(OECD)发布报告,与上述判断不同的是,美国只有9%的工作面临自动化的高风险。不同于Frey和Osborne的"职业分析法",OECD的研究团队认为,被"自动化"的不是整个工作岗位,而是岗位职责中的一部分,或者说是工作任务,因此,应该以工作任务作为分析单位。对此,OECD将每个工作岗位分解为许多不同的活动,然后看有多少活动可以自动化,研究发现在美国仅有9%的工作属于"高风险"类别,其他OECD国家高风险工作的比例范围也只是6%~12%。

2017年初,普华永道用"工作任务分析法"进行估算:到2030年,美国38%的工作都存在被自动化的高度风险。之后,麦肯锡全球研究院(McKinsey Global Institute)同样使用"工作任务分析法"得出结论,全球大约50%的"工作任务"在技术上已经实现自动化,其中,中国是51.2%,美国为45.8%,到2030年,会有30%的任务和14%的工作被人工智能取代。结合不同研究方法的结果,美国各类工作被自动化的可能性为9%~47%,即便只采用"工作任务分析法",结果仍为9%~45.8%。

由于人工智能对工作的替代分为全部替代和部分替代,因此有专家对两种类型的自动化程度进行了预测,如李开复的团队提出,在未来10~20年,

---

① Frey, C., and Osborne, M., "The Future of Employment: How Susceptible are Jobs to Computerisation?" Working Paper, University of Oxford, 2013.

美国有 40%～50% 的工作岗位是能够被人工智能技术部分取代的，而所有员工工作任务中的自动化比例也会不断增加，这些工作岗位可将人工智能导致的实际失业率减至 25%，甚至更低，如 10% 或 20%。

贝恩咨询公司（Bain & Company）在 2018 年 2 月发布研究结果，通过采取"总体分析法"来理解人工智能对世界经济三大力量的相互作用：人口数量、自动化和分配不均。到 2030 年，雇主对雇员的需求将减少 20%～25%，也就是说美国失业人数将达到 3000 万～4000 万。贝恩咨询公司承认，的确有部分失业人员会步入新的岗位，这些岗位在今天可能很少见（如机器人维修员），但是这种再就业对大规模且呈上升趋势的失业率无法造成实质性影响。这份研究报告认为，如果再将薪水降低的因素考虑进去，那么近 80% 的美国劳动者都将受到影响。

IBM 商业价值研究院估测，到 2020 年，受人才短缺影响，30% 的技术类职业将出现岗位空缺，如果把引进技能培训方案所需的时间考虑在内，这一缺口很可能继续扩大。

麦肯锡公司的《后工业革命时代的中国劳动力》提出，基于目前的技术水平，中国的现有工作内容中 40% 以上、现有工作小时数中 31% 可以实现自动化，制造业对中国劳动力就业的贡献率约为 20%，装配线作业等可预测的体力劳动尤其容易受到自动化影响。到 2030 年，自动化将使中国 1/5 的制造业工作岗位不复存在。如果自动化进程更快，到 2030 年，近 1 亿名劳动者需要更换职业类型。1990 年，近 60% 的中国劳动力从事着农业；到 2015 年，这个比例已经降到了 28%。麦肯锡公司认为，到 2030 年，制造业新增工作岗位将减少 22%。这无疑是一个巨变，但仍不及之前的变化。

当前，就业需求最大的挖掘、电气、信息技术以及传统的纺织行业出现了工业机器人替代工人的现象最多。但短期内，工业机器人完全替代人工作业的可能并不大。机器人虽然生产效率高，具有很多优势，但是在我国，与其实际使用程度并不全吻合。也就是说，工业机器人目前只是在很少的作业线上的局部环节顶替工人，这也会对生产效率和产品的质量有一定的保障，但是我国的制造业劳动力的密度比较高，并不会改变，也不会造成人员的失业。

## 五 未来趋势判断

从中长期看,我国制造业人工成本将进一步上升。根据发达国家工业化经验,一国工业化深入的过程,也是由低收入向中高收入阶段迈进的过程,人工成本上升是完成工业化必然经历的历史阶段。在跨越"中等收入陷阱"阶段,人工成本随着劳动生产率的同步提高具有合理性。

当前,我国经济运行总体来说比较稳定,但是也有一些正常的小波动,经济下行压力在一定程度上变大,存在一些企业经营困难较多的问题。过去依靠低成本、高能耗的生产模式难以为继,内外部市场环境变化导致很多企业产品附加值降低,利润空间缩小,倒逼企业严控成本费用。如珠海市2018年随机调查的140家企业中,约有1/3的企业出现亏损,超过一半的企业利润同比下降。

从市场经济规律看,发达国家工业化进程中人工成本上升是必然趋势,如战后日本经济起飞的1948~1965年,工业部门工资年均增速达到13.59%。对比"十一五"时期、"十二五"时期的工资增长情况,近几年我国工资增速其实是下降的。当前,部分企业反映人工成本压力大,根源不在于成本侧而在收入侧,由于订单减少、产能过剩及营业收入下降,人工成本投入产出效率降低,凸显出人工成本上升过快问题。

当前进一步推动企业人工成本上升的宏观经济因素有以下几个:一是为实现2020年城乡居民人均收入翻番目标,各地将进一步落实居民增收举措,居民各类收入尤其是工资性收入仍将保持中高位增长;二是我国东、中、西"雁阵发展模式"决定了沿海地区"招工难""用工荒"可能长期存在,劳动密集型产业向内陆转移,东部地区的人工成本优势不可持续;三是国家《中国制造2025》的战略愿景对人力资本提出更高要求,劳动者学历、技能和素质的提升将拉动工资收入增长;四是随着我国人力资源市场的发育成熟,工会组织程度和维权意识进一步提高,企业职工工资议价能力将提高。

从短期看,降低企业人工成本仍有一定空间。在全球新一轮产业革命兴起、国内加速新旧动能转换和全面开放新格局的大背景下,降低企业人工成本具备以下经济社会基础:一是我国经济社会发展的基本势头较好,通过实施创新引领和扩大开放,加快新兴支柱产业布局,经济活力不断增强,具备化解人工成本压力的条件;二是劳动生产率的高速增长能够暂时抵消人工成本上升的负面影响,虽然相比东南亚国家,我国劳动力成本优势开始弱化,但短期内我国劳动力数量、素质和效率优势仍较为明显;三是"降成本"政策效应开始显现,如广东、山东等地出台关于降低制造业企业成本支持实体经济发展若干政策措施的要求,在降低社会保险费率等方面推出新举措,这些降低社保成本的措施在短期内将取得立竿见影的效果。

**参考文献**

[1] Acemoglu, D., "Labor – and Capital – Augmenting Technical Change," *Journal of the European Economic Association* 2003 (1): 1 – 37.

[2] Autor, D., H. and Dorn, D., "The Growth of Low – Skill Service Jobs and the Polarization of the U. S. Labor Market," *American Economic Review* 2013 (5): 1553 – 1597.

[3] Brynjolfsson, E., and McAfee, A., *Race Against the Machine: How the Digital Revolution is Accelerating Innovation, Driving Productivity, and Irreversibly Transforming Employment and the Economy* (Digital Frontier Press, 2007).

[4] Ford, M, 2015, *The Rise of the Robots: Technology and the Threat of a Jobless Future* (Basic Books, 2015).

[5] 陈永伟:《人工智能与经济学:近期文献的一个综述》,《东北财经大学学报》2018 年第 3 期,第 6~21 页。

[6] 曹静、周亚林:《人工智能对经济的影响研究进展》,《经济学动态》2018 年第 1 期,第 103~115 页。

[7] 李开复:《AI 未来》,浙江人民出版社,2018。

[8] 腾讯研究院、中国信息通信研究院:《人工智能:国家行动纲领》,中国人民大学出版社,2017。

[9]《国务院关于印发新一代人工智能发展规划的通知》,中华人民共和国中央人民政府网站,http://www.gov.cn/zhengce/content/2017 – 07/20/content_5211996.htm,2017 年 7 月 20 日。

［10］《工业和信息化部财政部关于印发智能制造发展规划（2016~2020年）的通知》，中华人民共和国工业和信息化部网站，http：//www.miit.gov.cn/n1146295/n1652858/n1652930/n3757018/c5406111/content.html，2016年12月8日。

［11］《机器人产业发展规划（2016~2020年）》，中华人民共和国国家发展和改革委员会网站，http：//www.ndrc.gov.cn/fzgggz/fzgh/ghwb/gjjgh/201706/t20170621_851921.html。

［12］《国务院关于印发〈中国制造2025〉的通知》，中华人民共和国中央人民政府网站，http：//www.gov.cn/zhengce/content/2015-05/19/content_9784.htm，2015年5月19日。

# B.10
# 江苏省餐饮行业工资集体协商制度建设分析

王霞 王宏*

**摘　要：** 本报告以江苏省为样本分析了餐饮行业集体协商工作取得的初步成果以及面临的问题。江苏省作为餐饮大省和开展行业集体协商较早的省份，目前存在着地区发展不平衡、主体双方发育不健全、集体协商工作程序待完善和协商质量效果不够理想等问题。为此，需要进一步引导企业树立正确的协商理念，在规范协商主体、把握协商时间、分类分区解决共性建制难题等方面继续发力，实现"扩面"和提质增效的双突破。在行业集体协商主题的确定上应立足于解决本行业劳动者普遍关心和迫切要求解决的问题。

**关键词：** 餐饮行业　行业集体协商　江苏省　工会

餐饮行业是满足人民生活基本需求、拉动内需、促进就业和社会稳定的重要服务行业。餐饮行业企业多为民营企业、小微企业，用工市场化程度高，灵活用工比例高。行业劳动特征是工作时间长、劳动强度大、工资水平低、人员流动性大。从其劳动关系的复杂性和争议多发性来看，餐饮行业开

---

* 王霞，中国劳动和社会保障科学研究院工资收入分配宏观调控研究室主任，研究员，研究领域为工资分配和劳动关系；王宏，中国劳动和社会保障科学研究院工资收入分配宏观调控研究室副研究员，研究领域为工资收入分配。

展集体协商具有很强的必要性,协商的效果也比较明显。

本报告以江苏省为样本,总结了餐饮行业工资集体协商及相关工作的总体情况和成效,剖析了当前存在的问题,对全省餐饮行业进一步推进工资集体协商机制建设的主要思路和重点内容提出了建议。

## 一 江苏省餐饮行业工资集体协商工作现状

江苏省历史文化悠久,餐饮行业发达,是淮扬菜的发祥地和积聚区,也是拥有"中国烹饪大师"称号人数较多的省份。目前全省约有餐饮服务网点 26.6 万个,从业人员 270 万,全省餐饮收入总额位列全国第三,占全省社会消费品零售总额的 1/10 左右。

江苏省是较早开展地市级餐饮行业工资集体协商的省份之一。南京市自 2007 年起、镇江市自 2008 年起、扬州市自 2012 年起连续开展地市级餐饮行业集体协商,克服餐饮行业小微企业多、存活期短、人员流动性高等困难,基本做到协商每年一谈、合同每年一签。

### (一)工会体系建设稳步推进,组织基础较好

江苏省的餐饮行业工会组织基础较好。2004 年江苏省第一家市级餐饮行业工会——南京市饮食服务行业工会联合会成立。2006~2016 年,扬州、镇江、连云港、徐州四市先后成立市级餐饮服务行业工会联合会。各地积极探索联合制、代表制等多种实现形式,依托龙头企业工会、行业协会或区域性工会组织,通过自下而上、自上而下或者二者结合的方式组建了餐饮行业工会组织。目前,全省已建立县级、乡镇街道级、村社级和"一条街"片区级餐饮行业工会组织近 200 家,入会企业 5000 多家,个体工商户 2 万多户,入会职工近 30 万人。

### (二)协商形式积极创新,典型经验丰富

江苏省各地通过探索"上代下""上参下""协商层级上提""签订合

同下移"等工作方式,按需确定协商主体,弥补单个企业工会力量的不足。省内多个市、区县、乡镇(街道)针对区域内餐饮企业发展的实际情况,积极创新、主动作为,形成了一批有特色的典型案例。南京夫子庙地区开创了在风景名胜区开展餐饮行业集体协商的先例。在其2006年开始签订的《工资集体协商协议》中,就设立了"美食创新奖"——对员工创新菜肴获得市以上行业协会评审认可的,给予一年内每月5%以上的工资奖励。为配合政府对烧饼行业的整顿治理,泰兴市黄桥镇行业工会联合会和行业协会分别组织选举职工方和行政方的集体协商代表,就行业最低工资、计件工资结算标准、工资增长幅度、工龄工资标准、弹性休假制度、发放经济效益奖和精神文明奖等议题开展协商。双方共同签署和履行集体合同,减少了同行业企业之间的恶性竞争,也维护了从业人员的合法权益。

### (三)协商内容重点突出,范围不断拓展

餐饮行业工资集体协商的核心内容是职工最关心的工资标准、加班工资、工时休假等问题,各地就此协商了以下支付标准或分配办法。

一是协商行业最低工资标准。如镇江润州区江鲜餐饮行业在广泛调研职工实际工资水平的基础上,确定以不低于当地最低工资标准的130%为行业最低工资标准。

二是协商代表性岗位/工种工资标准。如扬州市餐饮行业协商确定了厨房主管、厨房领班、炉灶、案板、打荷、服务经理餐厅领班、服务员、传菜员、保安、采购员、洗碗工等27个餐饮业代表性岗位的高位数和低位数两级支付标准。多数地区都规定不同规模、不同盈利水平、不同区域的企业的岗位工资可以有所差别。

三是协商根据企业盈利状况确定职工工资的增长幅度。淮安金湖县《2014年度餐饮行业工资专项集体合同》约定,2014年度职工平均工资增幅不低于10%;经济效益情况与往年持平或略有下降的企业,可结合自身实际,职工平均工资增幅不低于8%;企业经营亏损,工资可以零增长。

四是协商确定加班工资支付标准和休息休假安排。《2013年扬州市餐饮

行业工资专项集体合同》约定，餐饮企业安排职工加班，应当以职工月固定工资部分（不低于扬州市最低工资标准）作为基数计算加班费。镇江市江宁街道农家乐餐饮行业针对农家乐旅游餐饮季节性强、需要提供住宿服务等行业特点，通过集体协商确定"按照法律规定发放加班工资，全年安排休息不少于36天"。

五是协商企业暂时停业、职工不在岗等特殊时期的工资支付。《镇江市区餐饮行业工资专项集体合同》明确规定"企业因装修等非职工原因停工、歇业，未超过一个月的，应当视同职工提供正常劳动支付其工资。超过一个月的，可以根据职工提供的劳动，按照双方重新约定的标准支付工资；用人单位没有安排职工工作的，支付标准可交职代会讨论确定，但不得低于当地最低工资标准的百分之八十支付职工生活费"。

在经历2012~2013年全行业"寒冬"之后，餐饮行业人工成本持续较快增长，餐饮企业转型升级深化，市场竞争日趋激烈。餐饮企业普遍认识到正确的经营理念和吸引关键人才是企业生存发展的核心竞争力。反映在工资集体协商的内容上，表现出以下几个积极的变化。

第一个变化，通过协商增强企业工资结构和制度的激励性，留住和激励关键人才。在工资集体合同中鼓励规模较大、效益较好的企业通过设置工龄补贴、全勤奖、绩效奖金、年终奖、创意奖、提成奖励等工资单元，增强了激励性。

第二个变化，通过协商提高职工福利待遇水平，体现人文关怀，增强企业向心力。除餐饮企业特有的免费食宿福利外，不少集体合同还涉及改善食宿条件、提供免费健康体检、参加互助保险、帮助解决子女入托入学和完善女职工福利待遇等。

第三个变化，通过协商鼓励员工参加培训和比赛提升技能，拓展职业发展空间，满足劳动者更高层次的内在需求。针对餐饮业职工流动率高、年轻人多、思想活跃、更加关注个人发展空间等心理特点，部分集体协商成果中约定企业要经常组织职业技能培训或者鼓励劳动者出外参加技能培训和比赛，并通过设置技能津贴、一次性奖励等方式将职工技能水平与工资待遇挂钩。

### （四）协商影响扩大

多数地区的餐饮行业工资集体协商准备充分、数据翔实、内容聚焦，协商成果得到劳动者和企业双方认可，也受到政府有关部门的重视，影响不断扩大。自2014年起，镇江市餐饮行业工资集体协商确定的17个岗位工种价位，被当地人社部门采用，作为全市餐饮行业工资指导价位向社会公布，工资集体协商成果在更大范围内得到应用和认可；为督促企业落实工资集体合同规定、增强协商成效，扬州市财贸工会除将集体合同文本邮寄给餐饮行业企业行政方和职工方外，还在《扬州日报》公示，通过《江苏工人报》、扬州电视台、扬州网以及扬州政府网站报道，请社会各界进行监督，组织有关方面随机抽查集体合同覆盖的餐饮企业，督促企业落实集体合同内容，引导餐饮行业自律。

### （五）质效有所显现

在对江苏省餐饮员工进行的问卷调查中，超六成职工听说过工资集体协商，近55%的职工认为工资集体协商对保护劳动者权益有一定作用；本企业开展过工资集体协商的职工中，64%的人表示工资有所增长；根据对企业方面的问卷调查，近七成企业主认为工资集体合同对维护企业和劳动者双方权益、促进企业发展有一定或很大作用。参加调查的工会干部中，近八成认为餐饮行业工资集体协商在减轻恶性竞争、降低协商成本、维护职工权益、促进企业发展等方面发挥了明显或一定积极作用。

## 二 存在的问题

江苏省餐饮行业工资集体协商工作稳步推进，在降低小微企业协商成本、维护劳动者权益、促进劳动关系和谐稳定、缓解企业用工无序竞争、促进企业健康协调发展等方面发挥了积极作用。但综合分析，依然存在一些问题。

## （一）地区间发展不平衡

江苏省省内苏南、苏北、苏中地区产业结构布局、经济发展水平、城镇化水平和居民收入等方面都有明显差距。而苏南、苏北、苏中地区餐饮行业工会建设和工资集体协商工作的进展也存在较大差别。

## （二）行业协会组织代表性不充分

目前各地餐饮行业协会大多结构松散、覆盖面小，会员大多是具有一定规模、经营状况比较好的企业，不能覆盖数量庞大的小微企业和经营状况一般的企业。

## （三）行业工会组织建设仍待加强

目前存在的江苏省财贸轻纺工会只是省总工会的工作委员会，不具备工会委员会的独立法人资格。省内没有餐饮产业职工自下而上的代表性组织，没有与江苏省餐饮协会相对应的行业职工代表组织，源头维护、顶层参与受到限制。

## （四）集体协商内容有待进一步拓展

一些行业集体合同内容比较简单，仅集中在工资标准、工资增长等基本权益和核心问题上，但在一些关系劳动者切身权益和企业发展竞争力的关键问题上还有遗漏。

## （五）集体协商工作程序待完善

多数地区在工资集体协商的前期准备和协商程序上都比较规范，但协商结束后，一些地区往往忽视了工资集体合同的签字确认以及集体合同审查备案等环节。协商程序上的瑕疵造成协商成果法律效力受到损害，使不诚信企业有了钻空子的空间。

### （六）协商质量和效果不理想

由于协商主体代表性不强，工资集体合同所覆盖的企业和劳动者范围有限，加上集体合同表述不周全，签字确认和备案环节抓得不紧，部分地区还存在"重签约轻落实"情况。合同履约的监督检查机制不健全，少数不诚信企业不遵守集体合同现象也长期存在，餐饮行业工资集体协商工作的质效有待进一步加强。根据员工问卷调查，还有 28.7% 的员工并不清楚企业是否曾经开展过工资集体协商，说明集体协商的知晓率还有待提高。

## 三 充分认识和着力发挥行业工资集体协商的积极作用

建立健全餐饮行业集体协商机制，是适应行业劳动关系复杂性，尊重劳动关系双方主体地位和作用，构建和维护和谐劳动关系，持续增强行业向心力的需要；是发挥市场机制调节作用，建立健全工资决定和增长机制，规范分配秩序，平衡劳动关系双方利益关系的需要；是营造公平统一、规范有序的企业用工环境，提高餐饮企业管理水平，促进江苏省餐饮行业品质提升的需要。

开展行业集体协商，有利于解决江苏省餐饮行业劳动关系运行中面临的普遍性、长期性问题，缓解企业用工无序性竞争和劳动者频繁流动；有利于发挥行业协商优势，解决小微企业组织化程度低、协商能力低、协商成本高等问题；有利于保障中低收入劳动者工资水平在企业经济效益增长的同时同步增长，为行业转型升级和企业创新发展集聚人才；有利于推动形成行业劳动用工基本规范，预防和化解劳动关系矛盾；有利于促进江苏省餐饮企业做精做强，繁荣餐饮市场，为推进"两聚一高"新实践、建设"强富美高"新江苏发挥更加积极的作用。

要立足于劳动者对美好生活的不断追求、立足于餐饮企业的健康持续发展，不断完善餐饮行业集体协商机制、健全集体协商体制、创新集体协商制度，使协商程序规范、协商内容体现职工利益诉求、协商结果公平合理，使多数职工有获得感，实现劳动关系双方基本满意。

## 四 促进江苏省餐饮行业工资集体协商的主要思路

现阶段,江苏省餐饮行业协商处于深化发展的机遇期,需要在提升协商理念和完善协商机制方面有所作为,实现新的突破。

### (一)树立正确协商理念

要尊重职工劳动成果和地位,考虑职工劳动权益,考虑企业的承受力、竞争力和发展后劲,引导双方合理地表达协商诉求;要通过集体协商增进企业和职工的交流与理解,凝聚共识、凝聚人心,强化利益共同体的认识,实现"共建共享"、互利双赢;引导职工诚实守信、爱岗敬业;集体协商工作要支撑行业发展大局,助推《江苏餐饮业品质提升工程(2016～2020)》的落实,企业和工会、职工在标准化、诚信经营、人才培养、服务模式、菜点质量、信息化、食品安全等各方面合力共建。

### (二)健全和规范协商主体

要根据《江苏省加强县以下行业工会建设试行办法》,参照《工会基层组织选举工作条例》的要求,按照联合制代表制的原则,组建行业工会联合会,代表职工参加行业集体协商。职业化工会工作者可作为候选人,依法参选行业工会负责人;未组建行业工会的,所在地的地方总工会或产业工会可代行行业工会职能;地方工会要从人财物方面积极支持餐饮行业建立行业工会组织,指导行业工会依法取得社团法人资格;要推举有文化、善表达、敢说话的职工担任协商代表。要按照江苏省《关于改革社会组织管理制度促进社会组织健康有序发展的实施意见》的要求,加强餐饮行业商(协)会组织建设,充分发挥商(协)会参与行业管理的基础性作用。一业多会的地区要按照覆盖面和有效代表性确定协商主体。商(协)会组织不健全的,可由基层企业负责人推荐和集体研究决定协商代表,首席协商代表由有行业影响的负责人担任。协商代表产生后,应在全行业公示。协商双方可以各自依法聘任律师作为协商顾问。

## （三）扎实开展协商准备

协商代表在协商前应参加培训，了解协商必备知识及相关法律，提高参与协商的能力和水平。市级协商双方要重点了解研究和分析国家收入分配、劳动关系、产业工人队伍建设、集体协商等相关政策，掌握所在地区经济增长、就业、物价等宏观指标变动情况，收集本地区最新的最低工资标准、工资指导线、餐饮业主要工种的工资指导价位信息；县（区）级协商双方要扎实开展协商工作的前期调研，重点了解当前餐饮企业原材料、房屋、能源、人工等成本费用情况；街道、乡镇、社区协商双方要重点收集企业营业额、利润、缺工情况以及职工工资及增长等信息，把握各类职工的生活成本和对工资增长、休息休假、参加社会保险等劳动权益诉求。双方协商代表应在协商会议前进行充分与磋商，制订协商方案，明确协商重点。

## （四）实事求是把握协商时间

企业方和工会方都可以根据需要提出协商要约，另一方按规定应约开展协商。工会组织应主动适时发起要约，根据餐饮企业常规工资调整、召开企业职代会、企业工资预算决策等时间节点合理确定协商时间、周期和节奏，使协商成果更好地与企业管理工作相结合；把握餐饮行业劳动者流动特点，开展冬季或春季要约或协商，吸引劳动者春节后正常回归；对行业章程性、制度性的内容或条款，可以合理确定协商周期或协商条款的有限期；定期征集涉及企业经营管理、职工合法权益、福利待遇等方面的意见，鼓励应急、应事开展协商，以书面形式确认协商成果。

## （五）推行多种有效的协商形式

要区分行业工会健全与否、企业工会健全与否等不同情形，探索不同的协商模式。探索确认加入的方式，未参与集体协商或新成立的餐饮企业可以采用签署认可在有效期内的行业集体协商合同的形式，加入行业协商；提倡行业内规模以上企业在行业集体协商的基础上，按照定额标准不高于、工价标准不低于行业集体合同约定的原则,开展内容更具针对性的二次协商。未成立商(协)会、工会的街道、社区、乡镇,可以采用"行业议事会"等会议协商或者采取其他协商方式,协调处理行业劳动关系突发问题或迫切需要解决的问题。工会组建和协商建制时要同步推进行业职代会工作,落实职工的知情权和履约监督权,为推动餐饮行业工资集体协商搭建民主管理平台。

### (六)分类分区解决共性建制难题

苏北地区要重点提高入会率,健全行业商协会和工会组织网络,完备正常工作条件、保障工作经费,工会脱离商(协)会、龙头企业独立开展工作;在协商内容上,要加大对劳动者基本权益的维护,在依法安排休息休假、加班工资支付、最低工资保障、工资支付保障的问题上形成行业标准。苏中和苏南地区要重点提高餐饮行业集体协商建制率并扩大覆盖面,提高职工参与度和行政方认可度;在协商内容上,要引导和激励更多职工提高技能,培养高技能人才队伍。

### (七)实现"扩面"和提质增效共同突破

发挥行业协商的优势,集中提高集体协商建制率,扩大覆盖面。重点在餐饮门店比较密集的楼宇、街区开展集体协商,探索在商业综合体建立餐饮行业集体协商的模式,鼓励在集中体现旅游特色、食材特色、文化特色的区域开展行业集体协商。要保持行业协商的持续和深化。大力加强集体协商履行和监督检查,严格落实江苏省《集体协商工作质效评价规范》的要求,对集体协商工作质效进行定期"自我体检",按照协商过程和协商成果的评价标准建立餐饮行业集体协商制度;以协商双方知晓度、认可度和满意度为重点,通过无记名民主测评、问卷调查和个别访谈等方式,定期组织开展工资集体协商质效民主评议活动,提高行业协商质量和协商成效,创建餐饮行业集体协商示范点。

## 五 围绕劳动者需求确定协商主题，提高行业集体协商的实效性

行业集体协商的主题应立足于解决劳动者普遍关心和迫切要求解决的问题。江苏省各地餐饮行业要力争在每次集体协商中至少解决一个涉及劳动关系的突出问题；根据地区、规模、效益差别和业态特点等，协商差异化的劳动用工分配制度、办法或标准；量化细化协商内容，协商条款要具有可操作性和可衡量性。协商主题需按照"应谈""可谈""鼓励谈"的项目逐步扩展。

### （一）应当协商行业工资水平的最低标准

餐饮行业可以根据本地区最低工资标准、本行业缺工情况、企业承受能力等因素就本地区行业最低工资标准进行协商。根据具体情况，可按照岗位类别、技能等级确定不同标准。市级行业协商按照不同区域、规模、效益情况细化协商内容；县级行业协商重点按照档次、业态或者按淡、旺季等细化协商内容。协商确定的标准应当科学严谨、口径清晰、易于对照检查。协商确定的行业最低工资标准是协商覆盖范围内企业应当共同遵守的约定标准，不得低于当地政府发布的最低工资标准。

### （二）应当协商人均工资（奖金）的调整幅度

根据餐饮市场景气程度、人员供求情况、企业人工成本投入产出情况、可比企业的付薪水平和政府年度工资指导线，协商确定人均工资（奖金）调整幅度。对生产经营正常和效益较好的企业，重点协商建立工资正常增长机制，使工资调整与企业效益增长同步；对于生产经营困难和效益较差的企业，重点协商建立工资支付和保障机制。对不同区域、规模企业或不同岗位、不同技能水平的职工群体可以确定不同的工资调整幅度。

## （三）可以协商劳动报酬支付基准

可参考本地区政府工资指导线，针对餐饮业不同工种的技术含量、辛苦程度、岗位贡献、求人倍率，综合地区行业差异和企业效益变化，选择代表性工种定期协商确定高、中、低不同档位行业性工资标准。依据江苏省工资支付的相关法规，协商确定企业计发各种劳动报酬的标准或基数。依法保障职工每月（周）休息时长，协商超时劳动计发加班工资的基数或调休办法；协商确定劳动者在年休假、病假、事假等不在岗情况下的待遇标准；团餐、中央厨房等偏标准化的餐饮企业还应协商操作工序的劳动定额、工时工价和计件单价；协商非全日制、季节性等灵活用工的工资支付标准和用工管理办法，协商大型宴会中临时聘用小时工的工资待遇和用工管理办法；协商企业因装修等非职工原因停工、歇业情况下的待遇标准等。

## （四）可以协商差异化的劳动用工分配办法

大中型餐饮企业重点协商建立综合体现技能、贡献、客户评价差别的分配制度，实施菜肴创新奖励制度、技能津贴制度；小微企业重点协商与职工积累贡献挂钩的工龄工资（或积分）制度，与个人业绩表现和团队绩效挂钩的年度、季度奖金分配办法。对厨师等核心技术人员探索实施以技术要素参与收益分配的办法。休闲餐饮、农家乐等特色服务的行业协商内容应在保障职工法定劳动报酬权益、休息休假时间、劳动保护条件的基础上，重点就提升人员素质、服务品质、食品安全和打造品牌等方面加以拓展和深化；对实施"兼岗""通岗""轮岗"等计划的，要充分考虑员工的休息权和健康权，协商建立健全相应的分配制度。

## （五）鼓励协商行业特色福利项目

协商提取和落实职工福利费，建立健全具有餐饮行业特色的福利制度，稳步提高各项社会保险参保率。小微企业除提供食宿条件外，可重点协商开展定期体检、生日贺礼、文体活动、劳保用品、工作服、落实带薪年休假制度等；大中型企业可以协商春节返乡交通费、困难救助慰问金、结婚生子津贴、特定岗位职工高温津贴、参加餐饮业食品安全责任保险等；有条件的企业可以协商为外来务工人员子女在本区入园、入学、住房等方面提供帮助与支持等，协商实施子女高考假、育儿室、孕期营养餐等针对特定职工群体的关爱举措。

### （六）鼓励协商提升职工技能素质

经常性开展技能培训，保证劳动者参加学习培训的时间；规模以上餐饮企业要按规定提取和落实职工教育培训经费，倡导"高技能、高薪酬"，对取得更高技能证书的人员给予奖励，激励职工提高技术等级和劳动技能；通过青年技术练兵、爱岗敬业教育和加强团队建设等多种方式提高职工素质和就业稳定性；建立企业人才库，开展定向培训，储备、培养、开发适应餐饮互联网化和行业经营发展的专门人才。

**参考文献**

[1] 江苏省统计局、国家统计局江苏调查总队：《江苏统计年鉴2017》，中国统计出版社，2017，第115页。

[2]《2016年江苏省餐饮行业发展运行报告》，http：//www.jscyxh.cn/Detail.aspx？id=2009。

# 群 体 篇

Income Groups Reports

# B.11
# 2017年沪深上市公司高管薪酬分析报告

常风林*

**摘　要：** 本报告基于2017年我国沪深A股上市公司高管薪酬数据，在对沪深上市公司高管薪酬整体水平及增长情况进行简要分析的基础上，对不同行业、所有制、企业规模上市公司高管薪酬水平进行简要分析，为企业建立健全高管薪酬激励约束机制、实施市场化对标、完善公司治理提供参考。

**关键词：** 上市公司高管　薪酬　激励约束

---

\* 常风林，中国劳动和社会保障科学研究院企业薪酬室副主任，副研究员，主要研究领域为企业工资收入分配、高管薪酬、公司治理。

# 一 2017年度沪深上市公司高管薪酬整体情况

## （一）2017年A股上市公司高管薪酬水平较快增长

截至2017年底，沪深两市共有上市公司3485家[1]。整体而言，2017年A股上市公司高管总薪酬（总现金收入与股权激励价值之和，下同）较2016年上涨较快[2]；其中，董事长、总经理、副总经理、财务负责人、董事会秘书5类高管职位总薪酬平均值分别为98.5万元、106.3万元、83.8万元、71.0万元、67.8万元，分别较2016年增长8.96%、11.8%、27.7%、15.6%、13.8%，2016年董事长、总经理、副总经理、财务负责人、董事会秘书总薪酬平均值分别为90.4万元、95.1万元、65.6万元、61.4万元、59.6万元（见图1、表1）。

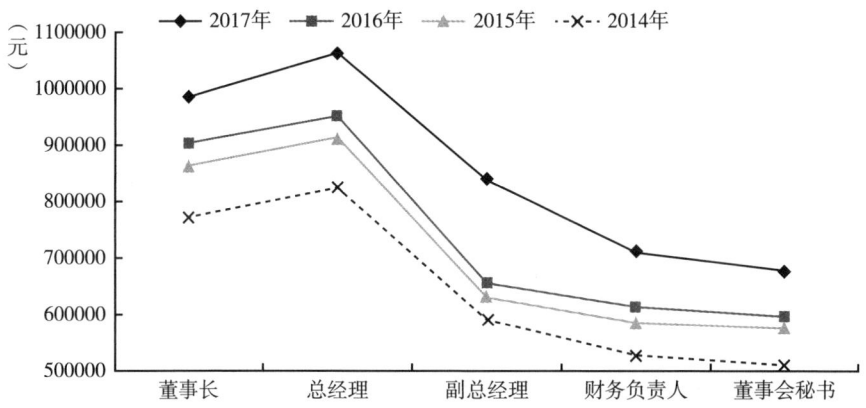

图1 2017年A股全市场高管总薪酬

---

[1] 其中主板1872家，中小企业板903家，创业板710家。2017年沪深两市总市值56.71万亿元。除另有说明外，本报告数据均来自国泰安CSMAR数据库及有关上市公司年度报告数据，同时，部分数据参考借鉴了韦莱韬悦公司《A股上市公司高管薪酬研究报告》和德勤管理咨询公司《2017~2018年A股上市公司人工成本及高管薪酬分析》。

[2] 由于不同年度沪深上市公司数量增减变动等客观因素影响，不同期间纳入沪深上市公司汇总范围的企业不完全相同，因此，年度之间同比增长相关数据的样本口径不完全相同。

另外，2017年A股上市公司高管最高薪酬（各企业薪酬最高的高管获得的薪酬）平均值达111万元，较2016年（102万元）增长8.9%[①]。

表1 2017年A股上市公司高管总薪酬

单位：万元

| 职位 | P10 | P25 | P50 | P75 | P90 | 平均值 |
| --- | --- | --- | --- | --- | --- | --- |
| 董事长 | 26.2 | 40.4 | 64.3 | 106.3 | 181.6 | 98.5 |
| 总经理 | 30.0 | 43.4 | 68.0 | 113.2 | 204.1 | 106.3 |
| 副总经理 | 26.0 | 37.5 | 58.5 | 96.6 | 165.0 | 83.8 |
| 财务负责人 | 21.6 | 32.0 | 49.7 | 79.6 | 134.4 | 71.0 |
| 董事会秘书 | 20.2 | 30.6 | 47.9 | 78.0 | 129.9 | 67.8 |

注：总薪酬＝总现金收入＋股权激励推销价值。

## （二）2017年A股上市公司经营业绩较快增长，与高管薪酬增长基本匹配

2017年，沪深A股上市公司营业收入、净利润平均值分别较上年增长39%、52%（见表2），整体而言，高管薪酬水平增长与经营业绩增长相匹配。

同时，以上市公司员工人事费用率（企业总人工成本占营业收入的比重）来看，2017年沪深上市公司人事费用率平均值为15.1%[②]（见表3），与上年度基本持平，表明在高管薪酬较快增长的情况下，上市公司整体人工成本投入产出率保持基本稳定。

---

[①] 数据来源：德勤管理咨询公司《2017~2018年A股上市公司人工成本及高管薪酬分析》。
[②] 这里的人事费用率＝应付职工薪酬年度累计增加额（含福利）/年度营业收入＝员工人工成本/年度营业收入。德勤管理咨询公司等研究咨询机构使用"支付给职工以及为职工支付的现金/营业收入"作为人事费用率，计算结果为2017年度人事费用率为8.8%，同比下降0.6%。两者计算口径差距较大。

表2　2017年A股上市公司经营业绩及劳动生产率

| 指标 | P10 | P25 | P50 | P75 | P90 | 平均值 |
| --- | --- | --- | --- | --- | --- | --- |
| 总资产（亿元） | 5.84 | 10.21 | 22.19 | 49.53 | 117.99 | 101.41 |
| 总市值（亿元） | 28.20 | 38.61 | 64.49 | 129.52 | 274.90 | 176.83 |
| 营业收入（亿元） | 3.77 | 7.52 | 18.43 | 52.14 | 152.27 | 111.11 |
| 营业利润（亿元） | 0.10 | 0.61 | 1.63 | 4.95 | 14.66 | 12.75 |
| 净利润（亿元） | 0.12 | 0.54 | 1.36 | 4.20 | 11.75 | 10.28 |
| 净资产收益率(%) | 1.0 | 4.0 | 8.0 | 13.0 | 19.0 | 4.0 |
| 每股收益（元） | 0.03 | 0.12 | 0.32 | 0.64 | 1.10 | 0.45 |
| 营业收入增长率(%) | -8 | 5 | 18 | 36 | 66 | 39 |
| 净利润增长率(%) | -60 | -13 | 16 | 61 | 155 | 52 |
| 总资产收益率(%) | 0 | 2 | 5 | 8 | 12 | 5 |

表3　2017年A股上市公司员工人事费用率

单位：%

| 行业 | P10 | P25 | P50 | P75 | P90 | 平均值 |
| --- | --- | --- | --- | --- | --- | --- |
| 全行业 | 4.3 | 7.5 | 12.2 | 18.6 | 26.7 | 15.1 |
| 主板 | 3.7 | 6.4 | 11.2 | 17.4 | 25.9 | 14.4 |
| 中小企业板 | 4.4 | 7.6 | 11.9 | 18.3 | 25.0 | 14.2 |
| 国有控股 | 4.1 | 6.7 | 11.3 | 18.1 | 26.5 | 14.5 |
| 民营控股 | 4.3 | 7.8 | 12.4 | 18.6 | 26.5 | 15.1 |
| 信息技术业 | 6.9 | 11.3 | 16.8 | 24.9 | 36.0 | 20.6 |
| 公用事业 | 4.4 | 6.6 | 10.0 | 15.9 | 19.0 | 11.7 |
| 医疗保健业 | 5.8 | 9.5 | 13.0 | 18.1 | 24.3 | 14.7 |
| 可选消费业 | 4.8 | 7.8 | 13.0 | 19.0 | 25.9 | 14.5 |

续表

| 行业 | P10 | P25 | P50 | P75 | P90 | 平均值 |
|---|---|---|---|---|---|---|
| 房地产业 | 2.8 | 3.9 | 6.3 | 11.3 | 25.9 | 12.5 |
| 日常消费业 | 4.8 | 7.9 | 10.7 | 16.5 | 22.4 | 12.9 |
| 材料业 | 3.2 | 5.0 | 8.2 | 11.8 | 17.0 | 9.3 |
| 金融业 | 7.3 | 15.7 | 22.0 | 37.7 | 53.9 | 39.3 |
| 能源业 | 2.5 | 5.1 | 11.4 | 21.0 | 29.1 | 13.9 |
| 制造业 | 4.7 | 8.3 | 12.7 | 19.0 | 26.0 | 14.8 |

注：员工人事费用率＝应付职工薪酬年度累计增加额（含福利）/年度营业收入＝员工人工成本/年度营业收入。

### （三）上市公司高管与员工分配差距相对稳定

2017年，沪深A股上市公司高管最高薪与本企业员工薪酬差距，即上市公司高管最高薪酬/（本公司支付给职工以及为职工支付的现金/公司职工人数），整体稳定在7倍左右[1]（薪酬分配差距最高为卫生和社会工作行业的16.4倍，薪酬分配差距最低为电力热力燃气和水生产和供应业的4.4倍），分配差距相对适度。

## 二 不同所有制2017年度上市公司高管薪酬

### （一）国有控股上市公司增幅较上年度显著加大

2017年，国有控股上市公司董事长、总经理、副总经理、财务负责人、董事会秘书总薪酬水平平均值分别为92.9万元、95.1万元、78.1万元、69.5万元、66.1万元（见图2和表4），2016年，国有控股上市公司董事长、总经理、副总经理、财务负责人、董事会秘书总薪酬水平平均值分别为

---

[1] 数据来源：德勤管理咨询公司《2017～2018年A股上市公司人工成本及高管薪酬分析》。

78.3、79.9、62.3、59.9、56.3万元。2017年度较上年度分别增长18.7%、18.9%、25.4%、15.9%、17.3%，增幅较上年度显著加大。

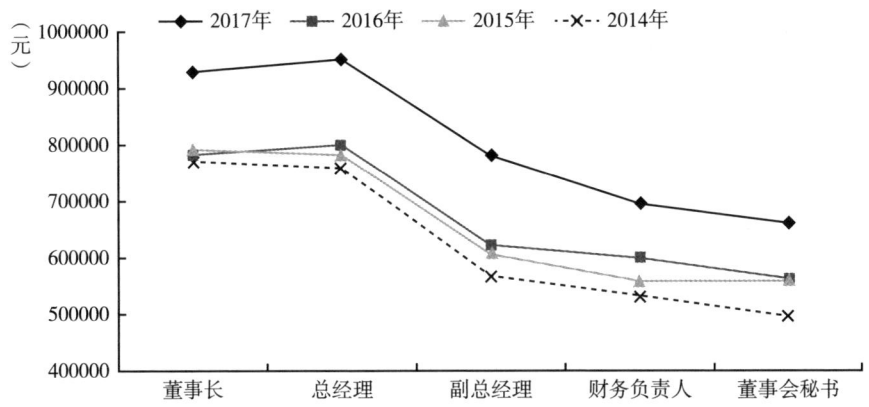

**图2　2014～2017年国有控股高管薪酬比较**

表4　2017年国有控股上市公司高管总薪酬

单位：万元

| 职位 | P10 | P25 | P50 | P75 | P90 | 平均值 |
| --- | --- | --- | --- | --- | --- | --- |
| 董事长 | 26.2 | 42.1 | 64.0 | 101.3 | 179.9 | 92.9 |
| 总经理 | 30.2 | 44.3 | 68.0 | 106.0 | 191.3 | 95.1 |
| 副总经理 | 27.8 | 40.9 | 59.0 | 93.2 | 150.5 | 78.1 |
| 财务负责人 | 23.5 | 36.2 | 52.0 | 81.3 | 124.8 | 69.5 |
| 董事会秘书 | 22.0 | 33.7 | 50.0 | 77.7 | 124.4 | 66.1 |

2017年，A股国有控股上市公司董事长、财务负责人、董事会秘书职位总薪酬高于民营控股上市公司，其他高管职位（总经理、副总经理）总薪酬则均低于于民营控股上市公司（见图3），国有控股上市公司高管之间薪酬差距较小，民营控股上市公司高管之间薪酬差距较大。

可以看出，2017年国有控股与民营控股上市公司之间高管薪酬分配关系与2016年保持基本一致，但2017年总经理职位在国有控股与民营控股上市公司之间的薪酬差距显著缩小。

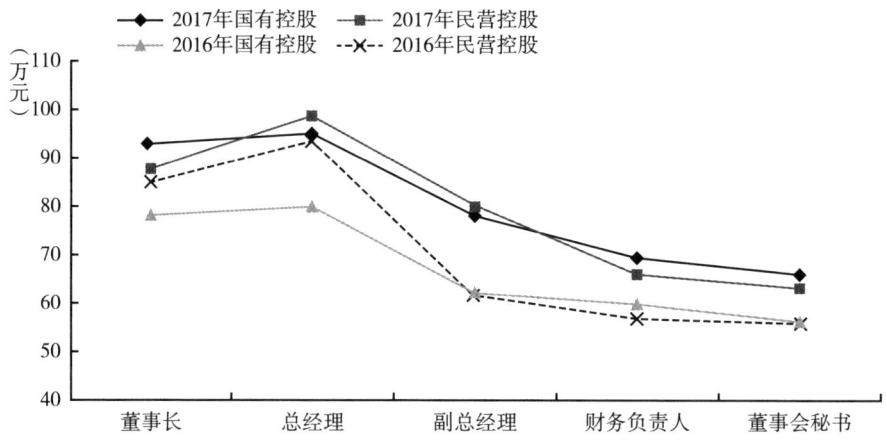

图3 2016~2017年国有控股与民营控股上市公司高管薪酬比较

## （二）民营控股上市公司高管薪酬增速显著快于上年度

2017年，民营控股上市公司董事长、总经理、副总经理、财务负责人、董事会秘书总薪酬水平平均值分别为87.8万元、98.7万元、80.3万元、66.1万元、63.3万元（见图4和表5），分别较上年度增长3.1%、5.6%、31.0%、16.1%、13.1%。2016年，民营控股上市公司董事长、总经理、

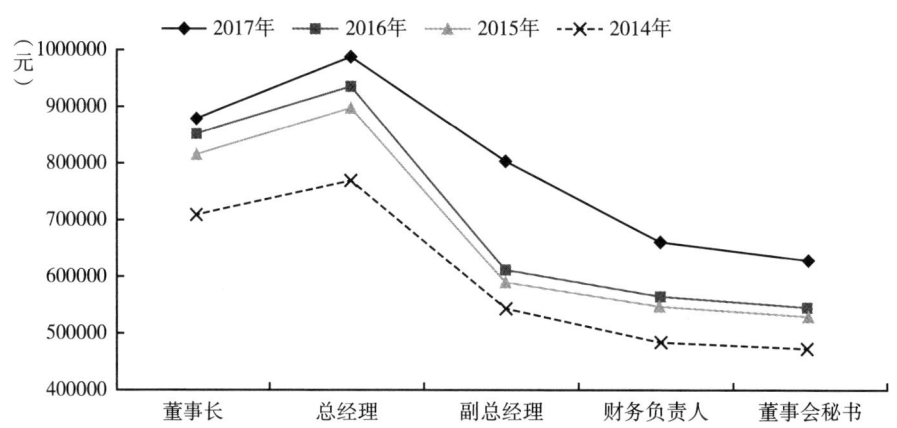

图4 2014~2017年民营控股上市公司高管薪酬增速

副总经理、财务负责人、董事会秘书总薪酬水平平均值分别为85.2万元、93.5万元、61.3万元、56.9万元、55.9万元，分别较上年度增长4.5%、4.2%、3.9%、3.2%、3.0%。除副总经理职位外，其余高管薪酬增速均低于同期国有控股上市公司，且增速显著快于上年度。

表5  2017年民营控股上市公司高管总薪酬

单位：万元

| 职位 | P10 | P25 | P50 | P75 | P90 | 平均值 |
| --- | --- | --- | --- | --- | --- | --- |
| 董事长 | 26.1 | 39.6 | 61.3 | 100.2 | 162.3 | 87.8 |
| 总经理 | 29.6 | 42.0 | 64.9 | 108.9 | 188.1 | 98.7 |
| 副总经理 | 24.5 | 35.2 | 55.7 | 93.0 | 157.9 | 80.3 |
| 财务负责人 | 20.0 | 30.0 | 46.1 | 75.0 | 128.0 | 66.1 |
| 董事会秘书 | 19.4 | 29.1 | 44.8 | 72.9 | 123.8 | 63.3 |

## 三　按行业划分的2017年度上市公司高管薪酬

### （一）2017年金融业、房地产业、信息技术业高管薪酬居行业前三位

2017年，金融业、房地产业、信息技术业高管总薪酬的平均值居各行业排名前三位（见图5），其中，金融业、房地产业高管总薪酬水平显著高于其他行业（与上年度高管薪酬分布情况类似），金融业、房地产业两个行业总经理职位2017年薪酬水平（平均值）突破200万元，分别为241.2万元（见表12）、207.7万元（见表9），信息技术业总经理薪酬平均值也达到120.6万元（见表6）。

同时，2017年，金融业、房地产业高管最高薪酬均值也位列各行业前两位，分别达到279万元、224万元[①]。

---

① 数据来源：德勤管理咨询公司《2017~2018年A股上市公司人工成本及高管薪酬分析》。

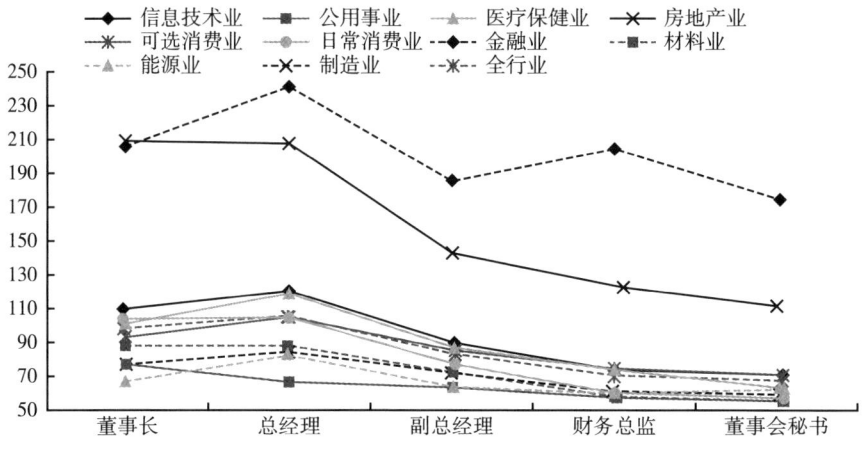

图5 金融、房地产、信息技术业高管薪酬居各行业前三位

## （二）十个行业上市公司2017年高管薪酬情况

信息技术业、公用事业、医疗保健业、房地产业、可选消费业、日常消费业、金融业、材料业、能源业、制造业十个行业上市公司高管总薪酬见表6至表15。

表6 2017年信息技术业上市公司高管总薪酬

单位：万元

| 职位 | P10 | P25 | P50 | P75 | P90 | 平均值 |
|---|---|---|---|---|---|---|
| 董事长 | 26.3 | 40.0 | 60.1 | 108.1 | 181.6 | 109.8 |
| 总经理 | 30.5 | 45.0 | 72.0 | 120.5 | 212.2 | 120.6 |
| 副总经理 | 28.2 | 43.2 | 66.3 | 108.2 | 175.3 | 89.4 |
| 财务负责人 | 25.7 | 36.9 | 55.5 | 85.3 | 134.0 | 73.8 |
| 董事会秘书 | 25.2 | 36.0 | 53.8 | 86.5 | 142.9 | 70.8 |

表7 2017年公用事业上市公司高管总薪酬

单位：万元

| 职位 | P10 | P25 | P50 | P75 | P90 | 平均值 |
|---|---|---|---|---|---|---|
| 董事长 | 37.8 | 50.0 | 63.6 | 91.9 | 134.4 | 77.2 |
| 总经理 | 38.0 | 45.6 | 59.9 | 78.9 | 105.5 | 66.8 |
| 副总经理 | 31.6 | 41.8 | 54.1 | 75.7 | 114.4 | 63.6 |
| 财务负责人 | 23.4 | 36.1 | 46.7 | 62.7 | 101.6 | 57.6 |
| 董事会秘书 | 25.3 | 35.3 | 47.7 | 65.3 | 110.8 | 56.5 |

表8　2017年医疗保健业上市公司高管总薪酬

单位：万元

| 职位 | P10 | P25 | P50 | P75 | P90 | 平均值 |
|---|---|---|---|---|---|---|
| 董事长 | 25.5 | 42.5 | 68.0 | 1132.7 | 188.0 | 101.2 |
| 总经理 | 32.2 | 48.2 | 76.0 | 126.6 | 225.4 | 119.0 |
| 副总经理 | 26.3 | 35.9 | 57.8 | 95.5 | 172.4 | 86.5 |
| 财务负责人 | 22.4 | 30.7 | 49.9 | 82.7 | 140.3 | 74.1 |
| 董事会秘书 | 18.6 | 28.8 | 44.5 | 76.5 | 133.1 | 65.1 |

表9　2017年房地产业上市公司高管总薪酬

单位：万元

| 职位 | P10 | P25 | P50 | P75 | P90 | 平均值 |
|---|---|---|---|---|---|---|
| 董事长 | 32.3 | 61.7 | 101.1 | 236.9 | 619.2 | 209.5 |
| 总经理 | 41.0 | 66.5 | 126.7 | 255.3 | 535.0 | 207.7 |
| 副总经理 | 35.5 | 54.4 | 97.9 | 168.5 | 333.4 | 143.1 |
| 财务负责人 | 28.9 | 44.4 | 74.6 | 140.3 | 309.3 | 123.4 |
| 董事会秘书 | 31.5 | 48.9 | 67.3 | 123.8 | 228.3 | 111.7 |

表10　2017年可选消费业上市公司高管总薪酬

单位：万元

| 职位 | P10 | P25 | P50 | P75 | P90 | 平均值 |
|---|---|---|---|---|---|---|
| 董事长 | 28.1 | 43.8 | 69.3 | 102.0 | 178.0 | 93.6 |
| 总经理 | 30.3 | 43.7 | 72.4 | 116.5 | 194.6 | 105.2 |
| 副总经理 | 26.7 | 38.8 | 59.6 | 96.8 | 168.4 | 84.0 |
| 财务负责人 | 22.8 | 33.1 | 50.9 | 85.6 | 142.4 | 73.9 |
| 董事会秘书 | 20.6 | 30.7 | 49.5 | 82.2 | 134.8 | 70.0 |

表11　2017年日常消费业上市公司高管总薪酬

单位：万元

| 职位 | P10 | P25 | P50 | P75 | P90 | 平均值 |
|---|---|---|---|---|---|---|
| 董事长 | 23.6 | 36.1 | 62.6 | 112.9 | 21.67 | 103.7 |
| 总经理 | 24.1 | 36.2 | 64.9 | 123.5 | 210.1 | 105.1 |
| 副总经理 | 18.0 | 30.5 | 57.4 | 98.5 | 141.9 | 77.8 |
| 财务负责人 | 17.1 | 25.0 | 43.8 | 72.4 | 111.4 | 60.2 |
| 董事会秘书 | 16.1 | 24.0 | 44.0 | 72.7 | 115.5 | 57.7 |

注：日常消费业主要包括：食品饮料、酒类等。

表12　2017年金融业上市公司高管总薪酬

单位：万元

| 职位 | P10 | P25 | P50 | P75 | P90 | 平均值 |
|---|---|---|---|---|---|---|
| 董事长 | 60.0 | 74.4 | 130.1 | 296.0 | 467.0 | 206.6 |
| 总经理 | 54.1 | 91.9 | 184.3 | 321.6 | 517.5 | 241.2 |
| 副总经理 | 57.2 | 81.0 | 152.4 | 263.4 | 345.7 | 185.4 |
| 财务负责人 | 58.2 | 88.1 | 159.7 | 283.6 | 414.5 | 204.5 |
| 董事会秘书 | 53.0 | 81.6 | 134.4 | 258.1 | 359.3 | 175.7 |

表13　2017年材料业*上市公司高管总薪酬

单位：万元

| 职位 | P10 | P25 | P50 | P75 | P90 | 平均值 |
|---|---|---|---|---|---|---|
| 董事长 | 24.4 | 38.3 | 63.6 | 104.9 | 151.3 | 88.3 |
| 总经理 | 27.0 | 40.0 | 63.0 | 101.0 | 164.7 | 88.2 |
| 副总经理 | 22.2 | 33.0 | 51.6 | 85.4 | 139.6 | 73.4 |
| 财务负责人 | 19.2 | 28.0 | 42.0 | 64.2 | 108.9 | 58.8 |
| 董事会秘书 | 17.7 | 26.2 | 41.2 | 63.6 | 105.6 | 56.0 |

*材料行业主要行业包括：化工、原材料等。

表14　2017年能源业上市公司高管总薪酬

单位：万元

| 职位 | P10 | P25 | P50 | P75 | P90 | 平均值 |
|---|---|---|---|---|---|---|
| 董事长 | 23.5 | 39.0 | 58.2 | 90.5 | 117.4 | 68.2 |
| 总经理 | 29.2 | 37.0 | 58.2 | 90.0 | 145.2 | 82.4 |
| 副总经理 | 25.6 | 34.5 | 50.5 | 68.4 | 91.6 | 63.9 |
| 财务负责人 | 22.0 | 29.0 | 43.9 | 64.3 | 93.6 | 61.4 |
| 董事会秘书 | 20.7 | 34.7 | 45.8 | 63.7 | 88.4 | 62.4 |

表15　2017年制造业（整体）上市公司高管总薪酬

单位：万元

| 职位 | P10 | P25 | P50 | P75 | P90 | 平均值 |
|---|---|---|---|---|---|---|
| 董事长 | 26.8 | 37.7 | 58.9 | 91.3 | 140.4 | 77.3 |
| 总经理 | 30.2 | 42.0 | 60.6 | 95.9 | 150.3 | 84.3 |
| 副总经理 | 26.4 | 36.2 | 52.9 | 84.9 | 135.5 | 72.7 |
| 财务负责人 | 20.1 | 31.0 | 48.1 | 71.5 | 110.4 | 60.5 |
| 董事会秘书 | 20.0 | 30.0 | 44.6 | 69.1 | 109.8 | 58.6 |

注：2017年合计929家制造业（工业）上市公司。本表所列出的制造业上市公司主要为工业上市公司。

## 四 按公司规模及业绩表现划分的 2017年度上市公司高管薪酬

2017年，A股上市公司高管薪酬与公司规模及业绩表现之间呈现显著正相关性，上市公司营业收入、市值、净利润规模越大，高管薪酬水平越高。

2017年，A股上市公司营业收入、市值、净利润最大的高管薪酬平均值分别为规模最小的3.4倍（见表16）、5.6倍（见表22）、3.0倍（见表27）。

### （一）按营业收入划分高管薪酬

2017年，以总经理职位为例，将上市公司按营业收入规模大小分为五类，划分为超大型收入、大型收入、中型收入、小型收入、超小型收入五类，总经理薪酬平均值分别为238.0万元、158.0万元、149.1万元、105.5万元、70.2万元（见表16），营业收入规模最大（超大型收入）的上市公司总经理薪酬是规模最小（超小型收入）的3.4倍。超大型、大型、中型、小型、超小型收入上市公司高管总薪酬见表17至表21。

表16 2017年不同营业收入类型上市公司高管总薪酬平均值

单位：万元

| 职位 | 超大型收入 | 大型收入 | 中型收入 | 小型收入 | 超小型收入 |
| --- | --- | --- | --- | --- | --- |
| 董事长 | 258.9 | 167.3 | 144.0 | 99.2 | 62.8 |
| 总经理 | 238.0 | 158.0 | 149.1 | 105.5 | 70.2 |
| 副总经理 | 181.4 | 126.8 | 104.9 | 83.5 | 57.3 |
| 财务负责人 | 183.5 | 107.5 | 88.2 | 69.9 | 50.0 |
| 董事会秘书 | 150.4 | 99.1 | 80.6 | 68.0 | 48.6 |

### 表17　2017年超大型收入上市公司高管总薪酬

单位：万元

| 职位 | P10 | P25 | P50 | P75 | P90 | 平均值 |
|---|---|---|---|---|---|---|
| 董事长 | 63.8 | 75.8 | 122.1 | 283.1 | 655.1 | 258.9 |
| 总经理 | 58.4 | 73.6 | 138.3 | 285.5 | 599.7 | 238.0 |
| 副总经理 | 55.5 | 71.1 | 119.1 | 232.4 | 395.0 | 181.4 |
| 财务负责人 | 54.1 | 73.2 | 115.9 | 222.7 | 415.3 | 183.5 |
| 董事会秘书 | 51.9 | 76.0 | 102.6 | 184.9 | 332.3 | 150.4 |

注：将所有上市公司依照2017年度的营业收入水平排序，按营业收入高低分为五段，划分为超大型收入、大型收入、中型收入、小型收入、超小型收入五类。

超大型收入——营业收入不低于735亿元（735亿~2582亿元），87家上市公司；

大型收入——营业收入142亿元~735亿元，314家上市公司；

中型收入——营业收入64亿元~142亿元，393家上市公司；

小型收入——营业收入11亿元~64亿元，1452家上市公司；

超小型收入——营业收入不高于11亿元，1153家上市公司。

### 表18　2017年大型收入上市公司高管总薪酬

单位：万元

| 职位 | P10 | P25 | P50 | P75 | P90 | 平均值 |
|---|---|---|---|---|---|---|
| 董事长 | 32.3 | 60.7 | 100.4 | 199.8 | 429.0 | 167.3 |
| 总经理 | 44.9 | 63.5 | 98.2 | 171.6 | 369.9 | 158.0 |
| 副总经理 | 43.4 | 58.4 | 91.3 | 152.2 | 264.4 | 126.8 |
| 财务负责人 | 34.2 | 49.4 | 74.1 | 120.0 | 221.3 | 107.5 |
| 董事会秘书 | 30.7 | 45.4 | 68.0 | 120.7 | 200.7 | 99.1 |

### 表19　2017年中型收入上市公司高管总薪酬

单位：万元

| 职位 | P10 | P25 | P50 | P75 | P90 | 平均值 |
|---|---|---|---|---|---|---|
| 董事长 | 29.1 | 47.6 | 88.8 | 159.8 | 297.4 | 144.0 |
| 总经理 | 34.3 | 52.4 | 88.3 | 155.4 | 346.5 | 149.1 |
| 副总经理 | 32.9 | 48.0 | 77.3 | 120.4 | 205.5 | 104.9 |
| 财务负责人 | 25.8 | 40.2 | 60.7 | 104.1 | 167.3 | 88.2 |
| 董事会秘书 | 24.0 | 38.4 | 59.2 | 96.8 | 145.9 | 80.6 |

2017年沪深上市公司高管薪酬分析报告

表20　2017年小型收入上市公司高管总薪酬

单位：万元

| 职位 | P10 | P25 | P50 | P75 | P90 | 平均值 |
|---|---|---|---|---|---|---|
| 董事长 | 29.2 | 44.5 | 70.6 | 111.7 | 180.0 | 99.2 |
| 总经理 | 32.1 | 46.9 | 72.3 | 116.9 | 200.0 | 105.5 |
| 副总经理 | 28.4 | 40.5 | 61.5 | 96.6 | 156.1 | 83.5 |
| 财务负责人 | 23.0 | 34.1 | 50.8 | 78.5 | 129.8 | 69.9 |
| 董事会秘书 | 21.7 | 32.2 | 49.8 | 77.9 | 126.7 | 68.0 |

表21　2017年超小型收入上市公司高管总薪酬

单位：万元

| 职位 | P10 | P25 | P50 | P75 | P90 | 平均值 |
|---|---|---|---|---|---|---|
| 董事长 | 22.9 | 35.0 | 50.1 | 73.6 | 113.9 | 62.8 |
| 总经理 | 24.5 | 36.0 | 51.6 | 79.8 | 129.5 | 70.2 |
| 副总经理 | 21.3 | 29.1 | 42.9 | 66.0 | 106.7 | 57.3 |
| 财务负责人 | 18.1 | 25.7 | 37.9 | 57.8 | 88.6 | 50.0 |
| 董事会秘书 | 17.6 | 25.0 | 37.6 | 55.8 | 89.8 | 48.6 |

## （二）按市值划分高管薪酬

2017年，以总经理职位为例，将上市公司按市值规模大小分为四类，划分为超大型市值、大型市值、中型市值、小型市值四类，总经理薪酬平均值分别为286.6万元、155.0万元、92.4万元、69.5万元（见表22），市值规模最大（超大型市值）的上市公司总经理薪酬是市值规模最小（小型市值）的4.1倍。超大型市值、大型市值、中型市值、小型市值上市公司高管总薪酬见表23至表26。

213

### 表22　2017年不同市值类型上市公司高管总薪酬平均值

单位：万元

| 职位 | 超大型市值 | 大型市值 | 中型市值 | 小型市值 |
|---|---|---|---|---|
| 董事长 | 288.1 | 150.0 | 86.9 | 62.7 |
| 总经理 | 286.6 | 155.0 | 92.4 | 69.5 |
| 副总经理 | 208.4 | 116.9 | 76.3 | 55.7 |
| 财务负责人 | 219.9 | 97.7 | 63.1 | 48.3 |
| 董事会秘书 | 192.7 | 92.1 | 60.3 | 47.2 |

### 表23　2017年超大型市值上市公司高管总薪酬

单位：万元

| 职位 | P10 | P25 | P50 | P75 | P90 | 平均值 |
|---|---|---|---|---|---|---|
| 董事长 | 63.7 | 75.2 | 128.3 | 461.9 | 676.7 | 288.1 |
| 总经理 | 57.4 | 79.6 | 164.6 | 438.8 | 646.4 | 286.6 |
| 副总经理 | 65.8 | 85.9 | 137.4 | 288.9 | 411.1 | 208.4 |
| 财务负责人 | 54.7 | 72.1 | 130.1 | 335.9 | 450.6 | 219.9 |
| 董事会秘书 | 60.1 | 85.1 | 139.7 | 294.3 | 374.6 | 192.7 |

注：将所有上市公司依照2017年底的市值水平排序，按市值高低分为四段，划分为超大型市值、大型市值、中型市值、小型市值四类。
超大型市值——市值不低于1000亿元，77家上市公司；
大型市值——市值100亿元~1000亿元，1067家上市公司；
中型市值——市值50亿元~100亿元，1049家上市公司；
小型市值——市值不高于50亿元，1326家上市公司。

### 表24　2017年大型市值上市公司高管总薪酬

单位：万元

| 职位 | P10 | P25 | P50 | P75 | P90 | 平均值 |
|---|---|---|---|---|---|---|
| 董事长 | 31.9 | 57.7 | 92.2 | 166.7 | 309.7 | 150.0 |
| 总经理 | 41.2 | 60.0 | 95.3 | 177.0 | 311.5 | 155.0 |
| 副总经理 | 36.3 | 53.2 | 83.3 | 142.2 | 234.5 | 116.9 |
| 财务负责人 | 30.0 | 44.5 | 68.0 | 113.7 | 188.8 | 97.7 |
| 董事会秘书 | 27.0 | 42.3 | 65.5 | 110.0 | 180.0 | 92.1 |

表 25  2017 年中型市值上市公司高管总薪酬

单位：万元

| 职位 | P10 | P25 | P50 | P75 | P90 | 平均值 |
| --- | --- | --- | --- | --- | --- | --- |
| 董事长 | 28.0 | 42.6 | 65.8 | 102.1 | 153.4 | 86.9 |
| 总经理 | 31.7 | 46.7 | 70.0 | 107.1 | 165.1 | 92.4 |
| 副总经理 | 28.0 | 39.8 | 59.8 | 90.6 | 143.7 | 76.3 |
| 财务负责人 | 23.0 | 34.3 | 50.6 | 73.8 | 113.3 | 63.1 |
| 董事会秘书 | 21.8 | 32.1 | 48.3 | 70.0 | 112.7 | 60.3 |

表 26  2017 年小型市值上市公司高管总薪酬

单位：万元

| 职位 | P10 | P25 | P50 | P75 | P90 | 平均值 |
| --- | --- | --- | --- | --- | --- | --- |
| 董事长 | 22.5 | 34.7 | 50.4 | 76.3 | 113.2 | 62.7 |
| 总经理 | 24.5 | 35.9 | 51.1 | 79.7 | 128.1 | 69.5 |
| 副总经理 | 21.0 | 29.2 | 43.1 | 65.2 | 101.8 | 55.7 |
| 财务负责人 | 18.0 | 25.5 | 37.1 | 56.4 | 86.4 | 48.3 |
| 董事会秘书 | 17.4 | 24.9 | 36.3 | 53.5 | 86.1 | 47.2 |

### （三）按净利润划分高管薪酬

2017 年，以总经理职位为例，将上市公司按市值规模大小区分为四类，划分为超大型净利润、大型净利润、中型净利润、小型净利润、超小型净利润五类，总经理薪酬平均值分别为 193.2 万元、113.4 万元、90.1 万元、72.6 万元、64.6 万元（见表 27），净利润规模最大（超大型净利润）的上市公司总经理薪酬是净利润规模最小（超小型净利润）的 3.0 倍。超大型净利润、大型净利润、中型净利润、小型净利润、超小型净利润上市公司高管总薪酬见表 28 至表 32。

表27　2017年不同净利润类型上市公司高管总薪酬平均值

单位：万元

| 职位 | 超大型净利润 | 大型净利润 | 中型净利润 | 小型净利润 | 超小型净利润 |
|---|---|---|---|---|---|
| 董事长 | 199.5 | 106.1 | 80.8 | 66.3 | 59.1 |
| 总经理 | 193.2 | 113.4 | 90.1 | 72.6 | 64.6 |
| 副总经理 | 138.9 | 94.5 | 70.6 | 60.5 | 53.4 |
| 财务负责人 | 119.3 | 78.7 | 61.8 | 49.9 | 47.8 |
| 董事会秘书 | 109.1 | 74.8 | 60.7 | 48.9 | 46.0 |

表28　2017年超大型净利润上市公司高管总薪酬

单位：万元

| 职位 | P10 | P25 | P50 | P75 | P90 | 平均值 |
|---|---|---|---|---|---|---|
| 董事长 | 36.6 | 65.8 | 112.5 | 205.8 | 438.0 | 199.5 |
| 总经理 | 44.2 | 66.1 | 110.0 | 206.2 | 424.6 | 193.2 |
| 副总经理 | 42.7 | 61.5 | 95.1 | 169.0 | 283.7 | 138.9 |
| 财务负责人 | 33.6 | 49.6 | 83.9 | 142.4 | 243.9 | 119.3 |
| 董事会秘书 | 31.4 | 49.7 | 79.2 | 129.6 | 218.9 | 109.1 |

注：将所有上市公司依照2017年度的净利润水平排序，按净利润高低等分为五段，划分为超大型净利润、大型净利润、中型净利润、小型净利润、超小型净利润五类。

超大型净利润——净利润不低于6亿元，702家上市公司；

大型净利润——净利润2亿元～6亿元，703家上市公司；

中型净利润——净利润1亿元～2亿元，705家上市公司；

小型净利润——净利润0.4亿元～1亿元，710家上市公司；

超小型净利润——净利润不高于0.4亿元，700家上市公司。

表29　2017年大型净利润上市公司高管总薪酬

单位：万元

| 职位 | P10 | P25 | P50 | P75 | P90 | 平均值 |
|---|---|---|---|---|---|---|
| 董事长 | 31.6 | 48.8 | 79.5 | 127.1 | 194.7 | 106.1 |
| 总经理 | 37.0 | 53.9 | 80.0 | 132.3 | 224.4 | 113.4 |
| 副总经理 | 32.0 | 46.9 | 69.9 | 113.8 | 172.8 | 94.5 |
| 财务负责人 | 28.7 | 40.6 | 58.1 | 90.3 | 144.8 | 78.7 |
| 董事会秘书 | 25.0 | 36.3 | 55.2 | 89.9 | 141.4 | 74.8 |

表30　2017年中型净利润上市公司高管总薪酬

单位：万元

| 职位 | P10 | P25 | P50 | P75 | P90 | 平均值 |
| --- | --- | --- | --- | --- | --- | --- |
| 董事长 | 27.7 | 43.3 | 65.7 | 98.3 | 146.9 | 80.8 |
| 总经理 | 30.0 | 45.6 | 68.8 | 100.9 | 160.7 | 90.1 |
| 副总经理 | 27.0 | 38.2 | 58.0 | 84.6 | 124.6 | 70.6 |
| 财务负责人 | 20.8 | 33.1 | 48.0 | 70.6 | 109.2 | 61.8 |
| 董事会秘书 | 21.3 | 32.0 | 46.3 | 64.9 | 105.1 | 60.7 |

表31　2017年小型净利润上市公司高管总薪酬

单位：万元

| 职位 | P10 | P25 | P50 | P75 | P90 | 平均值 |
| --- | --- | --- | --- | --- | --- | --- |
| 董事长 | 25.7 | 37.1 | 53.2 | 80.1 | 117.4 | 66.3 |
| 总经理 | 27.9 | 38.6 | 55.1 | 85.1 | 129.1 | 72.6 |
| 副总经理 | 23.4 | 32.3 | 46.8 | 69.0 | 108.0 | 60.5 |
| 财务负责人 | 18.2 | 26.3 | 40.0 | 59.2 | 84.1 | 49.9 |
| 董事会秘书 | 19.1 | 26.6 | 38.5 | 56.8 | 83.3 | 48.9 |

表32　2017年超小型净利润上市公司高管总薪酬

单位：万元

| 职位 | P10 | P25 | P50 | P75 | P90 | 平均值 |
| --- | --- | --- | --- | --- | --- | --- |
| 董事长 | 19.1 | 30.5 | 46.6 | 67.7 | 111.2 | 59.1 |
| 总经理 | 22.0 | 32.2 | 47.4 | 72.2 | 122.8 | 64.6 |
| 副总经理 | 20.0 | 27.6 | 41.5 | 60.9 | 99.4 | 53.4 |
| 财务负责人 | 17.9 | 25.0 | 36.7 | 54.1 | 84.7 | 47.8 |
| 董事会秘书 | 15.8 | 23.7 | 34.8 | 53.4 | 86.7 | 46.0 |

## 参考文献

[1] 国泰安CSMAR"公司研究系列"数据库（财务报表、治理结构、民营上市公司等数据库）。

[2] 德勤管理咨询公司：《2017~2018年A股上市公司人工成本及高管薪酬分析》。

[3] 韦莱韬悦：《A股上市公司高管薪酬研究报告》（2017~2018年）。

# B.12
# 北京地区高校毕业生薪酬状况分析

"北京地区高校毕业生薪酬状况研究"课题组*

**摘　要：** 本报告针对2016～2018年北京地区高校毕业生薪酬开展了调查统计，分析了2018年北京地区高校毕业生薪酬情况，近三年北京地区高校毕业生薪酬增长情况，以及北京重点发展行业高校毕业生的薪酬，并结合北京首都功能定位提出加强北京地区高校毕业生薪酬信息公共服务的建议。

**关键词：** 北京地区　高校毕业生　薪酬　重点行业

就业是民生之本，收入是民生之源。高校毕业生是国家宝贵的人才资源。当前，我国每年有八百多万名高校毕业生，促进高校毕业生就业，确保高校毕业生就业形势稳定，是就业工作的重中之重。薪酬是广大高校毕业生实现就业的"风向标"，关乎毕业生的切身利益，也是用人单位吸引优秀毕业生的重要条件，是青年就业市场重要的价格信号。在发达国家，政府部门为监测劳动力市场运行情况，会通过搜集、统计和分析各类毕业生的薪酬数据，为劳动力市场提供信息服务。

北京市人力资源和社会保障局高度重视高校毕业生的就业问题，认真贯彻落实国家关于高校毕业生就业创业的政策，积极为在京高校毕业生就业创造条件，薪酬信息调查监测是其中重要的一项工作。在北京市建立高校毕业

---

＊ 课题组成员：王明山、林革、谭中和、刘洪朗、陈东、刘璟卫、霍东方、赵佳明、李少成龙、赵卿腾、钱诚、鲍春雷。

生薪酬信息发布制度,不仅为高校毕业生在求职择业时提供帮助,为用人单位招收毕业生提供指导,而且是各大院校就业指导工作的内容之一。为社会提供权威、客观、真实的导向信息和依据,是北京市高校毕业生就业公共服务的重要创新举措。

## 一 2018年北京地区高校毕业生起点薪酬情况

2018年,全国普通高校毕业生就业总量压力和结构性矛盾依然突出,全国高校毕业生人数达到820万,就业形势依旧复杂严峻。其中,北京地区高校毕业生约24.1万人,包括研究生8.8万人,本科生12.3万人,专科生3万人。2018年用人单位申报毕业生岗位需求119653人,同比减少2890人,降幅为2.5%。毕业人数与岗位需求量的供需对比,研究生为1:0.74,本科生为1:0.34,专科生为1:0.39。

薪酬调查情况表明以下结论。

一是北京地区高校毕业生起点薪酬水平逐年提高。从近三年高校毕业生起点薪酬水平变化情况来看,呈逐年上升的趋势,2016届、2017届和2018届高校毕业生平均起薪分别为6377元/月、6473元/月和6648元/月,如图1所示。

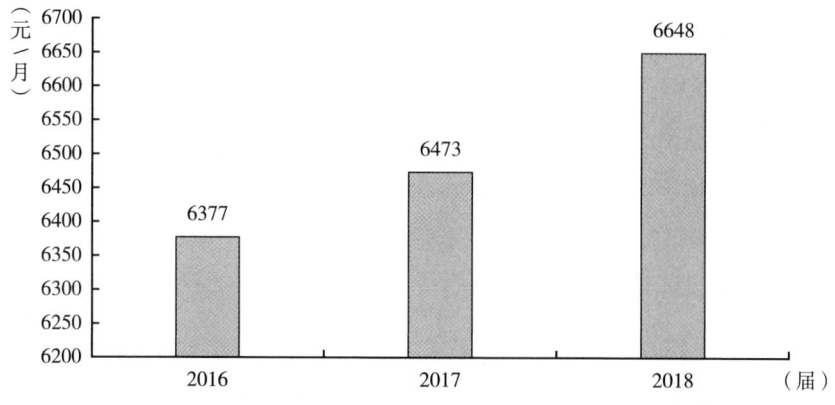

图1 2016~2018届北京地区高校毕业生起点薪酬变化

二是薪酬结构中基本工资比重较高。根据数据测算,基本工资平均约占总薪酬水平的77.3%;其他薪酬形式中,绩效工资、年终奖、津补贴和加班费比较普遍,在基本工资之外的薪酬项目中,绩效工资比重较高(73.5%),股权分红形式并不多见,如图2所示。

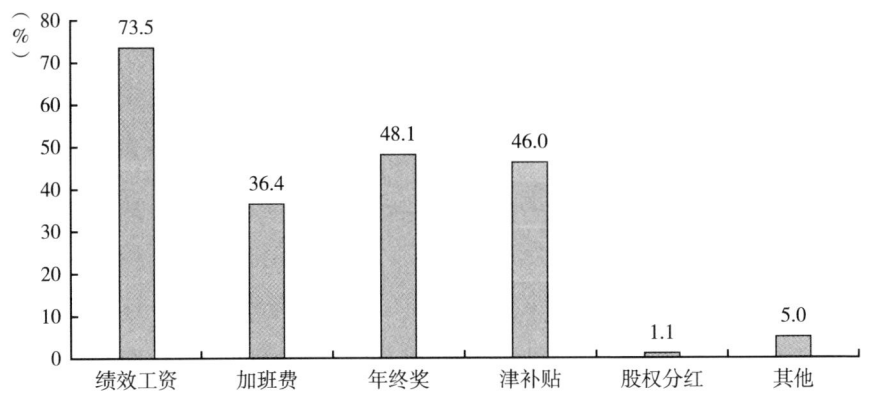

图2 北京地区高校毕业生除基本工资外薪酬的主要构成

三是一流大学建设高校、国外及港澳台地区大学以及一流学科建设高校毕业生起点薪酬水平相对较高。毕业院校类型对起点薪酬水平影响明显。一流大学建设高校、国外及港澳台地区大学以及一流学科建设高校毕业生起点薪酬水平相对较高,平均分别为9079元/月、8817元/月和7595元/月;而普通本科、独立学院毕业生的起薪水平相对较低,分别为5495元/月和5281元/月;高职/高专院校薪酬水平最低,只有4412元/月。不同类型学校毕业生起点薪酬差距明显,如图3所示。

四是北京地区高校毕业生的起点薪酬水平高于外地高校。由于北京地区高等教育资源集聚,对毕业生起点薪酬也产生了明显影响。北京地区高校毕业生的起薪水平要高于外地高校毕业生,二者均值差距达到1271元/月,如图4所示。

五是教育程度越高,起薪水平越高,收入与人力资本投资呈正相关。教育水平对起薪的决定作用明显,学历越高,薪酬水平越高。博士毕业生平均

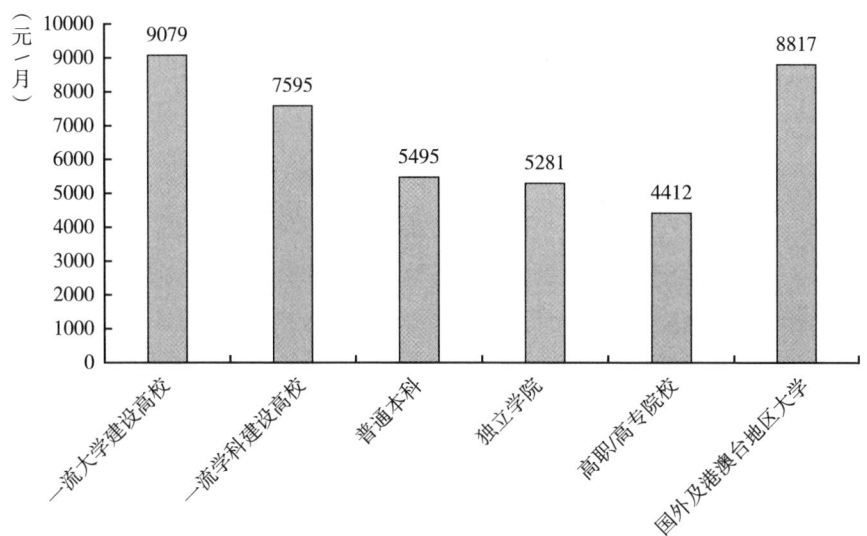

图3 不同类型院校毕业生的平均起薪

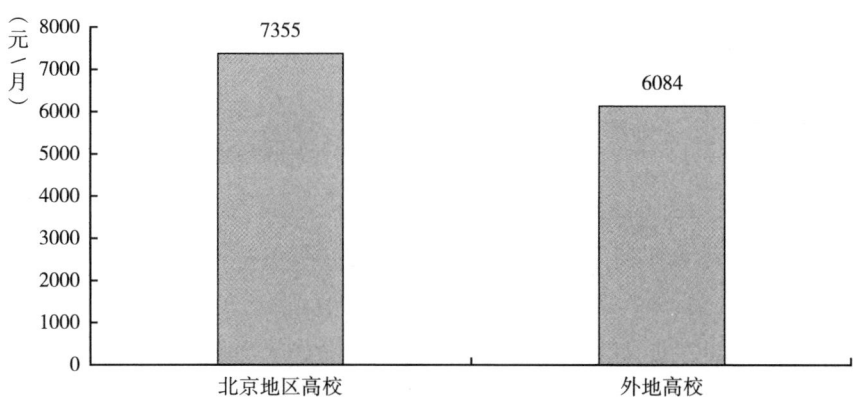

图4 北京地区高校与外地高校毕业生的平均起薪

起薪水平为11054元/月,而高职/高专毕业生起薪水平仅为4521元/月。另外从不同学历水平的薪酬差距来看,与学制时间差距高度相关,说明收入与人力资本投资具有较强的关联性。

六是学校和学历对起薪具有综合影响,教育水平越高,不同类型学校毕

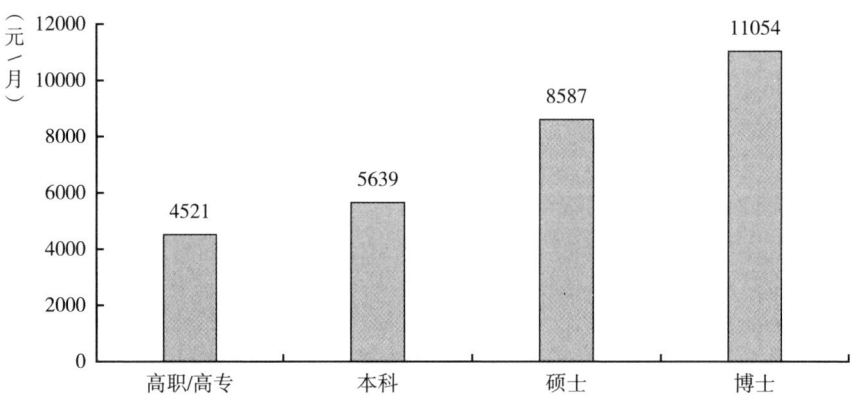

图5 不同教育水平高校毕业生的平均起薪

业生起薪差距越大。从分学校类型、分教育水平的起点薪酬情况来看,一流大学建设高校同时又是博士毕业生的起点薪酬水平最高,为12268元/月;而普通本科学校本科学历的起点薪酬最低,为5304元/月,说明学校和学历对起薪水平有综合影响,如表1所示。比较来看,越到博士阶段,不同类型学校毕业生起薪差距越大。

表1 分学校类型、分教育水平的起点薪酬

单位:元/月

| 院校类型 | 本科 | 硕士 | 博士 |
| --- | --- | --- | --- |
| 一流大学建设高校 | 6928 | 9635 | 12268 |
| 一流学科建设高校 | 6268 | 8209 | 9456 |
| 普通本科 | 5304 | 6734 | 7523 |
| 国外及港澳台地区大学 | 6353 | 9002 | 9928 |

七是工学、理学、法学和经济学专业毕业生起点薪酬水平更高。上述四个专业的起薪水平分别为7344元/月、7273元/月、7116元/月和7005元/月,而农学毕业生起点薪酬最低,为5065元/月,如图6所示。

八是学校类型与专业对起薪水平有交互影响。一流大学建设高校、一流学科建设高校、国外及港澳台地区大学等相关专业的薪酬竞争力更强;而普

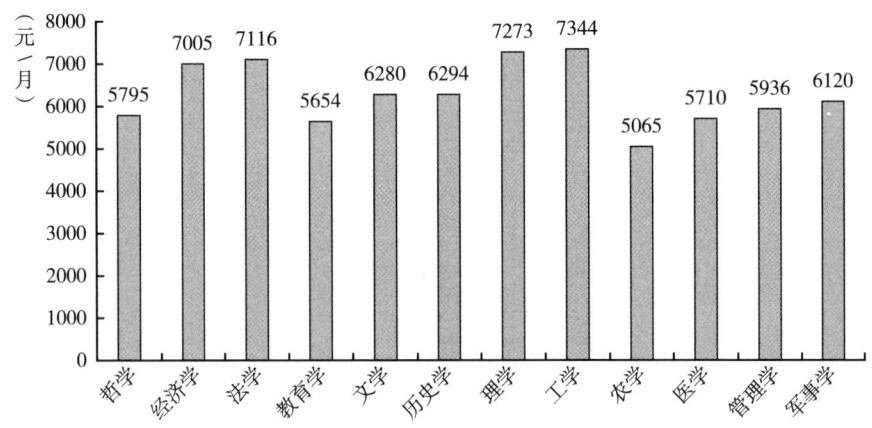

图6 不同专业高校毕业生的平均起薪

通本科、独立学院和高职/高专院校相比而言,在各个专业上的起薪水平都更低,并且不同专业起薪水平的差异相对较低,如表2所示。

表2 分专业、分学校类型的起点薪酬

单位：元/月

| 专业 | 一流大学建设高校 | 一流学科建设高校 | 普通本科 | 独立学院 | 高职/高专院校 | 国外及港澳台地区大学 |
| --- | --- | --- | --- | --- | --- | --- |
| 经济学 | 9040 | 7478 | 5987 | 5188 | 4471 | 8482 |
| 法学 | 8252 | 7183 | 5747 | 6127 | 4114 | — |
| 教育学 | 6986 | 7026 | 5039 | 6177 | 3907 | 8502 |
| 文学 | 7587 | 7070 | 5403 | 5221 | 5190 | 7118 |
| 理学 | 10080 | 7334 | 5896 | 5477 | 4781 | 8272 |
| 工学 | 10157 | 8182 | 5614 | 5001 | 4291 | 9816 |
| 农学 | 6504 | 5672 | 4890 | 4733 | 3981 | 7360 |
| 医学 | 6928 | 6532 | 5041 | 5013 | 4640 | — |
| 管理学 | 7949 | 6952 | 5241 | 5434 | 4988 | 7558 |

注：部分专业样本过少,未列入表中。

九是分行业来看,信息技术和金融行业为高校毕业生提供的起点薪酬水平较高。北京地区高校毕业生起点薪酬的行业分布与北京市在岗职工行业工资分布趋同,排名前两位的行业是信息传输、软件和信息技术服务业和金融业,起薪水平分别是9903元/月和8347元/月,而起薪排名后两位的行业是住宿和餐饮业与建筑业,起薪分别是4818元/月和4845元/月,如图7所示。

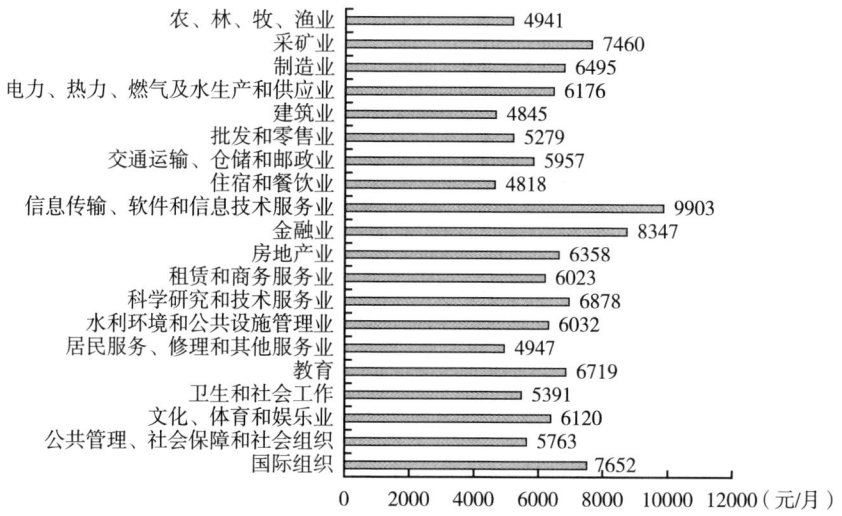

图7 不同行业中高校毕业生的平均起薪

十是私企和外企为高校毕业生提供的起点薪酬水平相对较高。按用人单位的所有制形式进行比较可以看出,进入私营企业和外资企业工作的高校毕业生起点薪酬更高,分别是7756元/月和7994元/月,而国有企业高校毕业生起点薪酬相对较低,为5680元/月,如图8所示。

十一是研发岗位起点薪酬水平最高。按不同岗位类型划分,高校毕业生在研发岗位获得起点薪酬的水平最高,为9907元,远高于其他几类岗位;相比而言,生产岗位的起点薪酬相对较低,仅为4904元,如图9所示。

十二是国有企业中不同岗位的起薪差异相对较低。从总体情况来看,各类企业中都是研发岗位起薪水平最高、生产岗位起薪水平最低,如表3所示。但是通过计算不同岗位的极差和标准差可以看出,在国有企业,不同岗位之间的薪酬差距相对较小,而在私营企业和外资企业,岗位之间的薪酬差距更大。

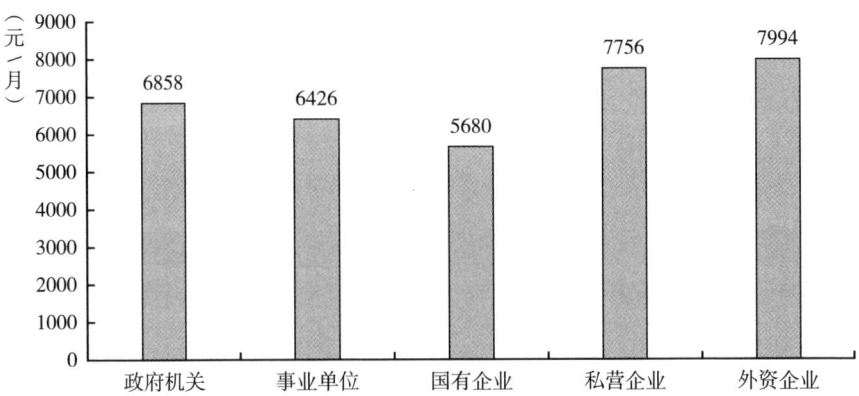

**图 8　不同单位类型中高校毕业生的平均起薪**

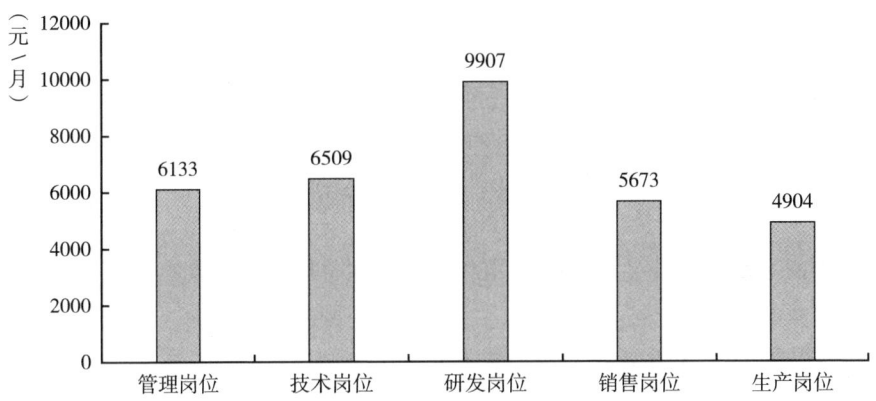

**图 9　不同岗位类型高校毕业生的平均起薪**

表3　分单位类型、分岗位类型的起点薪酬

单位：元/月

| 单位类型 | 管理岗位 | 技术岗位 | 研发岗位 | 销售岗位 | 生产岗位 |
|---|---|---|---|---|---|
| 国有企业 | 5804 | 5435 | 7732 | 5278 | 4721 |
| 私营企业 | 6522 | 7599 | 11110 | 5759 | 5065 |
| 外资企业 | 7277 | 7868 | 10800 | 6409 | 5014 |

十三是薪酬期望与现实有较大差距。尽管高校毕业生起点薪酬在不断增长,但是与其期望薪酬水平还有较大差距。调查显示,高达41.2%的毕业生期望月薪达到10000元以上,如图10所示,而这已经是起薪中90分位的数值。

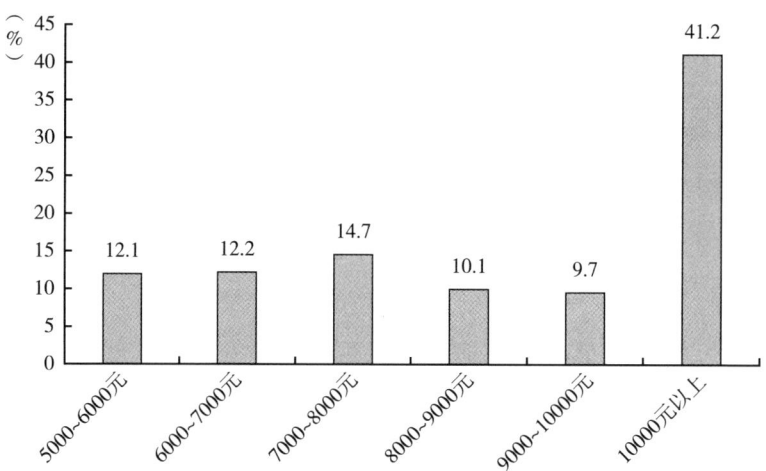

**图10 高校毕业生的期望薪酬**

十四是高校毕业生对薪酬和福利的满意度总体一般。调查显示,高校毕业生对薪酬和福利的满意度评价,选择一般的比重最高,但是选择满意和非常满意的比重要高于不满意和非常不满意的比重,如图11所示。

十五是高校毕业生希望得到更好的工作和发展环境。当前高校毕业生以90后为主,他们不仅对货币性报酬有较高期望,对非货币性报酬的关注度更高。调查显示,高校毕业生希望得到的非货币性报酬包括良好的工作环境(75.3%)、较大的职业发展空间(73.7%)和融洽的人际关系(64.9%),另外很多人对于弹性工作时间的需求也比较强烈(55.1%),如图12所示。

## 二 近三年北京地区高校毕业生薪酬增长情况

根据253家单位提供的薪酬数据,对近三年高校毕业生薪酬变化情况进

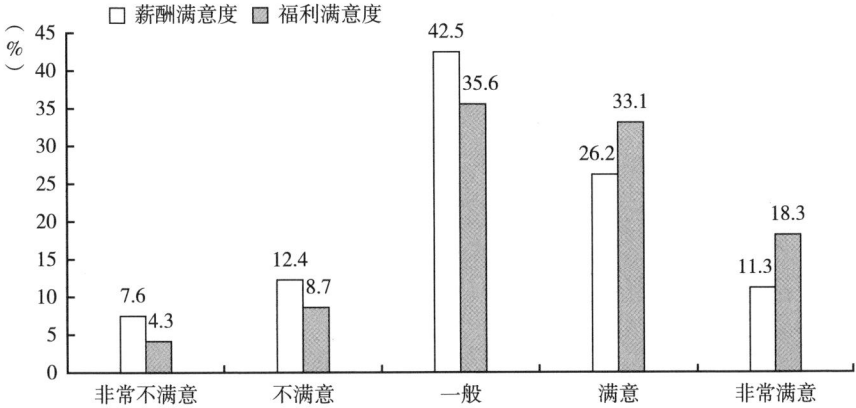

图11 高校毕业生对薪酬和福利的满意度

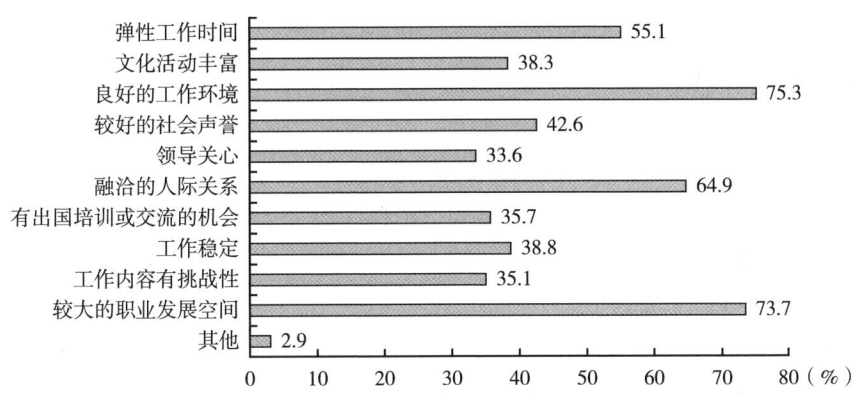

图12 高校毕业生对非货币报酬的关注度

行比较分析,观察高校毕业生在入职一年后和两年后薪酬变化情况,以及不同维度下的薪酬变化差异,结果显示以下结论。

一是高校毕业生工作一年后平均薪酬增长幅度为19.4%。根据用人单位提供的数据,2017届高校毕业生剔除已经离职的人员,留下来的人员薪酬水平上升明显,平均增幅约为19.4%,并且每个分位点上都得到了增长,如表4所示。

表4 2017届高校毕业生薪酬增长情况

单位：元/月

| 分位 | 2017年 | 2018年 |
| --- | --- | --- |
| 均值 | 6504 | 7765 |
| 10分位 | 3100 | 4300 |
| 20分位 | 3240 | 4375 |
| 30分位 | 3950 | 5425 |
| 40分位 | 4500 | 6000 |
| 50分位 | 5150 | 6718 |
| 60分位 | 6000 | 7695 |
| 70分位 | 7500 | 8500 |
| 80分位 | 8500 | 9950 |
| 90分位 | 11056 | 12067 |

二是高校毕业生工作两年后平均薪酬增长幅度为40.7%。2016届高校毕业生剔除已离职人员，留职人员两年平均薪酬增长了40.7%，且每个分位点上的增幅都比较高，如表5所示。

表5 2016届高校毕业生薪酬增长情况

单位：元/月

| 分位 | 2016年 | 2018年 |
| --- | --- | --- |
| 均值 | 6502 | 9150 |
| 10分位 | 3040 | 4300 |
| 20分位 | 3240 | 5460 |
| 30分位 | 3570 | 6121 |
| 40分位 | 4292 | 6765 |
| 50分位 | 4900 | 7630 |
| 60分位 | 6000 | 8600 |
| 70分位 | 7267 | 9850 |
| 80分位 | 8327 | 11496 |
| 90分位 | 10986 | 15052 |

三是不同类型院校高校毕业生工作一年后薪酬增长额度总体差距不大、增幅差距较大。从2017届不同类型院校高校毕业生薪酬变化情况来看，各

类高校毕业生薪酬都有所增长,除了国外及港澳台地区大学毕业生薪酬增长额度相对较小外,其他几种类型高校毕业生薪酬增幅在1100~1500元/月范围内,差距相对较小,但是由于起薪水平的差异,起薪相对较低的薪酬增长幅度更大,如表6所示。

表6 2017届高校毕业生分学校类型薪酬增长情况

单位:元/月,%

| 学校类型 | 2017年 | 2018年 | 增长额度 | 增幅 |
| --- | --- | --- | --- | --- |
| 一流大学建设高校 | 9784 | 10935 | 1151 | 11.8 |
| 一流学科建设高校 | 8285 | 9597 | 1312 | 15.8 |
| 普通本科 | 5429 | 6779 | 1350 | 24.9 |
| 独立学院 | 4252 | 5668 | 1416 | 33.3 |
| 高职/高专院校 | 4400 | 5636 | 1236 | 28.1 |
| 国外及港澳台地区大学 | 9175 | 9893 | 718 | 7.8 |

四是不同教育程度高校毕业生工作一年后薪酬增长额度总体差距不大、增幅差距较大。从2017届高校毕业生薪酬变化情况来看,不同教育水平高校毕业生薪酬增加额度差距较小,增幅在900~1400元/月范围内,但是由于起薪水平的差异,低学历高校毕业生的薪酬增幅更大,如表7所示。

表7 2017届高校毕业生分教育水平薪酬增长情况

单位:元/月,%

| 教育程度 | 2017年 | 2018年 | 增长额度 | 增幅 |
| --- | --- | --- | --- | --- |
| 高职/高专 | 4201 | 5392 | 1191 | 28.4 |
| 本科 | 5249 | 6570 | 1321 | 25.2 |
| 硕士 | 9409 | 10658 | 1249 | 13.3 |
| 博士 | 13196 | 14132 | 936 | 7.1 |

五是教育学专业毕业生工作一年后薪酬增长额度和增幅较高,医学专业相对较低。从2017届不同专业高校毕业生薪酬变化情况来看,教育学专业的薪酬增长额度和幅度都比较高,一年内增加了2177元/月,增幅为

33.6%；医学专业薪酬增加额度相对较低，为650元/月，增幅为7.3%[①]；其他专业薪酬增长的额度差异不大，如表8所示。

表8　2017届高校毕业生分专业薪酬增长情况

单位：元/月，%

| 专业 | 2017年 | 2018年 | 增长额度 | 增幅 |
| --- | --- | --- | --- | --- |
| 经济学 | 7026 | 8286 | 1260 | 17.9 |
| 法学 | 6504 | 7736 | 1232 | 18.9 |
| 教育学 | 6486 | 8663 | 2177 | 33.6 |
| 文学 | 7122 | 8308 | 1186 | 16.7 |
| 理学 | 7324 | 8481 | 1157 | 15.8 |
| 工学 | 6633 | 8029 | 1396 | 21.0 |
| 农学 | 5271 | 6484 | 1213 | 23.0 |
| 医学 | 8883 | 9533 | 650 | 7.3 |
| 管理学 | 5065 | 6524 | 1459 | 28.8 |

注：部分专业样本太少未在表中列全。

六是居民服务业、交通运输业和建筑业等行业中，高校毕业生工作一年后的薪酬增长较快。数据显示，2017届毕业生在不同行业中的薪酬增长情况差异明显，其中增幅最大的是居民服务、修理和其他服务业，增加了3204元/月，增幅为102.6%；第二是交通运输、仓储和邮政业，增加了2271元/月，增幅为51.6%；第三是建筑业，增加了1857元/月，增幅为40.9%，这几个行业的起点薪酬水平相对较低，如表9所示。

表9　2017届高校毕业生分行业薪酬增长情况

单位：元/月，%

| 行业门类 | 2017年 | 2018年 | 增长额度 | 增幅 |
| --- | --- | --- | --- | --- |
| 农、林、牧、渔业 | 4898 | 5872 | 974 | 19.9 |
| 制造业 | 5893 | 7148 | 1255 | 21.3 |
| 电力、热力、燃气及水生产和供应业 | 5429 | 7339 | 1910 | 35.2 |

---

① 医学毕业生的数据主要来自几家医院，待遇水平相对较高，与网络调查相比薪酬水平偏高。

续表

| 行业门类 | 2017年 | 2018年 | 增长额度 | 增幅 |
|---|---|---|---|---|
| 建筑业 | 4542 | 6399 | 1857 | 40.9 |
| 批发和零售业 | 5951 | 6731 | 780 | 13.1 |
| 交通运输、仓储和邮政业 | 4397 | 6668 | 2271 | 51.6 |
| 住宿和餐饮业 | 4480 | 5580 | 1100 | 24.6 |
| 信息传输、软件和信息技术服务业 | 6746 | 7827 | 1081 | 16.0 |
| 金融业 | 8256 | 9150 | 894 | 10.8 |
| 房地产业 | 8630 | 9759 | 1129 | 13.1 |
| 租赁和商务服务业 | 5347 | 6606 | 1259 | 23.5 |
| 科学研究和技术服务业 | 6945 | 8417 | 1472 | 21.2 |
| 水利环境和公共设施管理业 | 5398 | 6427 | 1029 | 19.1 |
| 居民服务、修理和其他服务业 | 3123 | 6327 | 3204 | 102.6 |
| 教育 | 10214 | 12472 | 2258 | 22.1 |
| 卫生和社会工作 | 13343 | 10452 | -2891 | -21.7 |
| 文化、体育和娱乐业 | 5626 | 7332 | 1706 | 30.3 |

注：部分行业样本过少未在表中列出；之所以卫生和社会工作行业薪酬水平出现下降，主要是因为某医院2017届应届生在2018年薪酬水平明显下降，从而对总体产生影响。

七是事业单位高校毕业生工作一年后薪酬增幅相对较低。调查结果显示，高校毕业生入职一年后，在事业单位中薪酬增加相对较低，一年间平均增长457元/月；国有企业、民营企业、外资企业增长额度均在1000元/月以上，尤其是国有企业增加了1669元/月，增幅达31.3%，如表10所示。

表10　2017届高校毕业生分单位类型薪酬增长情况

单位：元/月，%

| 单位类型 | 2017年 | 2018年 | 增长额度 | 增幅 |
|---|---|---|---|---|
| 事业单位 | 10792 | 11249 | 457 | 4.2 |
| 国有企业 | 5336 | 7005 | 1669 | 31.3 |
| 民营企业 | 6038 | 7174 | 1136 | 18.8 |
| 外资企业 | 17764 | 18770 | 1006 | 5.7 |

注：被选中的一家外资企业薪酬水平相对较高，拉高了总体水平。

八是生产岗位一年后薪酬增加幅度较大。数据显示,高校毕业生在生产岗位上薪酬增加额度为2040元/月,高于其他岗位,而其他几类岗位薪酬增长额度基本在1000~1300元/月范围内(除其他岗位),差距不大,但由于销售岗位的起薪水平相对较低,故增幅更高,如表11所示。

表11 2017届高校毕业生分岗位类型薪酬增长情况

单位:元/月,%

| 岗位类型 | 2017年 | 2018年 | 增长额度 | 增幅 |
| --- | --- | --- | --- | --- |
| 管理岗位 | 6202 | 7367 | 1165 | 18.8 |
| 研发岗位 | 10440 | 11669 | 1229 | 11.8 |
| 技术岗位 | 8103 | 9164 | 1061 | 13.1 |
| 生产岗位 | 4547 | 6587 | 2040 | 44.9 |
| 销售岗位 | 3520 | 4739 | 1219 | 34.6 |
| 其他岗位 | 5523 | 7237 | 1714 | 31.0 |

## 三 北京重点发展行业毕业生起点薪酬

《北京城市总体规划(2016—2035年)》要求,北京的一切工作必须坚持全国政治中心、文化中心、国际交往中心、科技创新中心的城市战略定位,促进金融、科技、文化创意、信息、商务服务等现代服务业创新发展和高端发展,优化提升流通服务业,培育发展集成电路、新能源等高技术产业和新兴业态。依据上述内容,本报告提出北京市重点发展行业,并分析重点行业的毕业生起点薪酬情况。

一是金融业硕士及以上学历的薪酬水平相对较高。从不同教育水平的起点薪酬来看,金融业中硕士研究生学历的平均起点薪酬为9715元/月,高于本科和高职/高专学历,博士研究生学历的平均起点薪酬为9488元/月,与硕士研究生学历的薪酬水平接近①,如图13所示。

---

① 博士学历样本仅占3.3%,可能存在偏差。

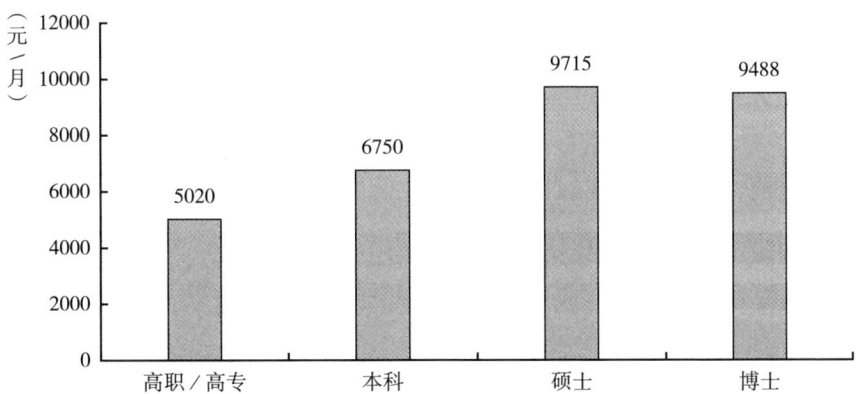

图 13 金融业不同教育水平高校毕业生的平均起薪

二是信息技术服务业起薪水平与教育水平正相关且差距较大。从不同教育水平的起点薪酬来看，博士研究生学历的平均起点薪酬为21076元/月，硕士研究生学历为12720元/月，本科学历为7332元/月，高职/高专学历为5549元/月，起薪水平随着学历的上升显著提升；并且高学历与低学历之间的薪酬差距较大，博士毕业生起薪水平是高职/高专毕业生的近4倍，如图14所示。

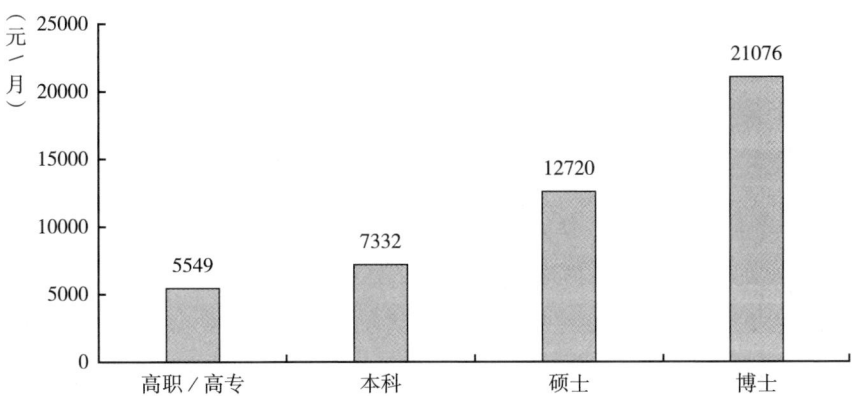

图 14 信息技术服务业不同教育水平高校毕业生的平均起薪

三是高端制造业高校毕业生平均起薪高于传统制造业。高端制造业高校毕业生就业的平均起薪为6372元/月，高于传统制造业的5719元/月，平均高出653元/月，如图15所示。

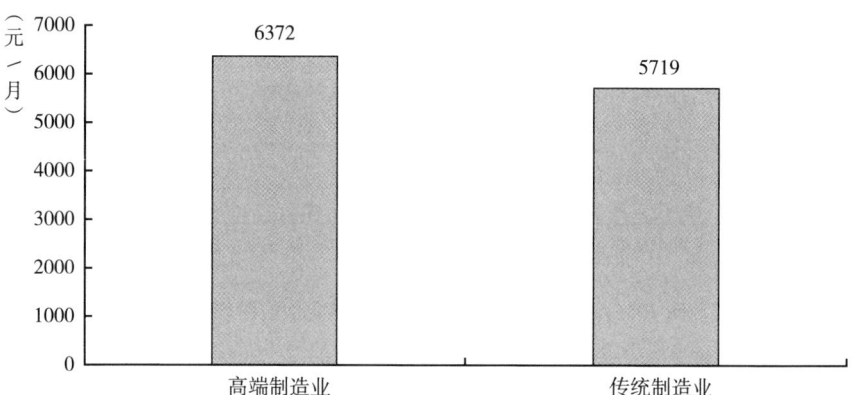

**图15　高端制造业与传统制造业平均起薪比较**

四是科学技术服务业起薪水平与教育水平呈正相关。从不同教育水平的起点薪酬来看，博士研究生的平均起点薪酬为12282元/月，硕士研究生为7390元/月，本科学历为5418元/月，高职/高专学历为4436元/月，起薪水平随着学历的上升显著提升，如图16所示。

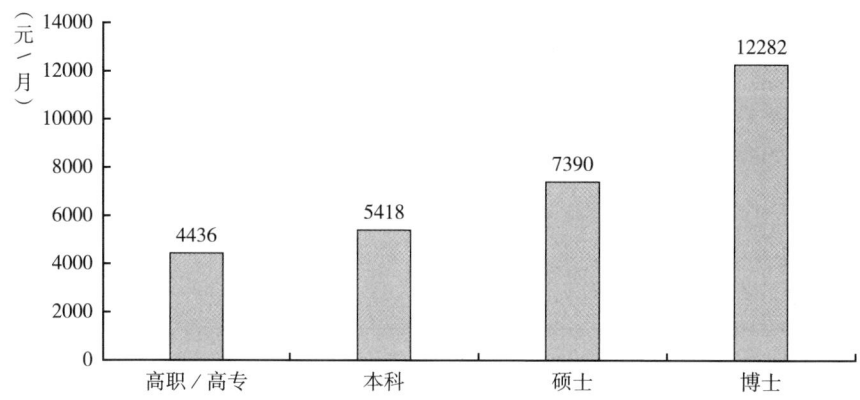

**图16　科学技术服务业不同教育水平高校毕业生的平均起薪**

## 四 加强北京地区高校毕业生薪酬服务工作若干建议

一是紧密围绕首都"四个中心"城市战略定位，以薪酬信息服务为抓手，引导毕业生理性择业有序流动。

近年来，随着京津冀协同发展的不断深入，北京市政府连续多年出台了《北京市新增产业的禁止和限制目录》，目前已更新至2018年版。首都"四个中心"城市战略定位以及有序疏解非首都功能等，对北京地区高校毕业生就业工作提出了更高要求。

首都产业结构调整特别是传统产业疏解转移，对各用人单位的实际需求带来十分明显的影响，北京市"高精尖"产业的发展与北京生源毕业生的供需结构性矛盾也将更加悬殊。在此背景下，受到禁止和限制发展的传统产业相关学科专业高校毕业生就业压力将明显加大，而与"四个中心"建设关系紧密的学科专业，其高校毕业生就业形势有好转。

薪酬是高校毕业生就业的"风向标"，通过调查研究不同产业毕业生薪酬，将有利于引导高校毕业生到京外省份、回生源地就业，缓解就业压力，促进人才合理流动。薪酬信息的发布和宣传，有利于引导北京地区高校毕业生树立正确基层就业观念，结合自身实际选择适合的工作岗位，到西部地区、基层就业。

2018年，受中美经贸摩擦升级、供给侧结构性改革等影响，北京地区就业形势的不确定性、不稳定性因素依然较多，难点和风险不容低估。受产业调整、企业疏解搬迁以及化解过剩产能等多种因素影响，经济性裁员现象增多，短时间内用工岗位减少，职工安置压力增大；伴随着经济转型的升级，劳动力市场冷热不均、供需错位问题进一步凸显，就业结构性矛盾更加突出；随着重大建设项目的落地，农转非劳动力增多，一些地区就业困难加重。

为适应新的城市总体规划关于未来首都发展定位，主动对接"疏解整治促提升"的大局，通过毕业生薪酬数据调查，掌握目前北京高校毕业生薪酬在全国的水平，尤其是重点行业毕业生薪酬定位，为首都优先发展的行业企业提供数据。按照《北京城市总体规划（2016—2035年）》，劳动力流动要有进有出，对不符合首都城市战略定位的产业要陆续调整和退出，相应的毕业生就业也应服务疏解功能。传统劳动密集型产业和生产加工型企业加速外迁，而新兴产业有待发展和培育，全市就业岗位存量减少、增量有限，势必对高校毕业生就业工作带来明显影响。加强与津冀人力资源和社会保障部门的协调对接，完善就业和薪酬信息联合发布机制，将有序引导和支持毕业生到京外地区合理流动。

二是立足高校毕业生就业实际，促进毕业生就业的同时，保障毕业生合法劳动报酬权益。

自2008年金融危机以来，全国高校毕业生就业人数不断攀升，至2018年已超过820万人，青年就业市场供大于求和毕业生就业难的形势越来越严峻。在这种形势下，高校毕业生在就业市场上属于弱势群体，尤其是就业结构性矛盾突出的情况下毕业生就业难，收入低。

近年来，大学毕业生对起点薪酬的预期不断降低，甚至有"大学生零工资就业"的报道，这一方面说明随着求职竞争的加剧，大学毕业生已经逐步理性对待就业与薪酬的关系；另一方面在就业难的大背景下，大学毕业生在一定程度上属于弱势群体，其合法的就业和薪酬权益需要得到保护。目前，毕业生在实习、就业和劳动报酬等方面仍存在问题，需要政府出台相关法律政策予以保障。

三是适应新时代高校毕业生个性化就业需求，设计差异化的就业薪酬服务。

近年来，创新创业成为拉动我国经济发展的新引擎，尤其在互联网、信息技术、共享经济以及服务业等领域，创业公司成为高校毕业生就业的重要方向。在传统的企业薪酬调查中，一些新兴业态的企业，员工劳动关系更加灵活，一些自由职业者，兼职或创客等职业模式开始出现，这些毕业生的薪酬无法按照传统的薪酬统计口径进行调查。而对于很多青年人而言，对创业企业新进毕业生的定薪数据具有迫切的需求，因此，为鼓励和扶持青年创业，应开展对创业企业毕业生薪酬的专项调查，做到毕业生薪酬调查全覆盖，提高薪酬调查的针对性，不断满足不同群体的个性化需求。

贫困大学生在就业过程中面临更多的求职困难。帮扶贫困大学生求职择业，既是当前北京市扶贫攻坚工作的一部分，也是毕业生就业公共服务的重要内容。针对困难家庭离校未就业的高校毕业生，北京市已经通过就业指导、岗位推荐、心理调适服务、推荐就业见习、提供技能培训等方式提供精准帮扶。在薪酬信息公共服务方面，有必要跟踪贫困大学生的薪酬变化趋势，将贫困毕业生薪酬增长情况作为衡量就业质量的重要评价指标，通过这一群体的薪酬发展状况评估，更好地提供岗位、专业和职业匹配，提高精准帮扶的效果。

"00后"是伴随着互联网快速发展成长起来的新一代年轻人，这一群体思想活跃、独立性强、视野宽广、开放自信，有着强烈的学习兴趣、怀疑精神和创造能力。作为进入人力资源市场的新生力量，传统企业人力资源管理方式未必适应这一群体的个性特征，在激励方式上，也应针对性地了解"00后"的发展需求，发挥薪酬以外激励的作用。

四是探索建立北京地区高校毕业生薪酬信息调查统计发布系统，适时发布北京地区高校毕业生薪酬指导价位信息。

基于对国内外高校毕业生薪酬调查的现状分析，在北京探索建立一套服务首都战略发展方向和符合北京就业市场特点的毕业生薪酬调查统计发布体系，具有重要意义。北京地区高校毕业生薪酬调查监测体系是指由北京市政府部门定期组织开展的、覆盖用人单位和毕业生的统计、调查、分析、信息发布和监测等工作的一系列标准和规程。

北京地区高校毕业生起点薪酬调查监测体系，其核心功能在于"调查监测"，具体包含薪酬调查、数据分析、信息发布和动态监控四方面内容。"调查监测"与"监控""调控"等有本质区别，强调了政府部门的公共服务定位，旨在弥补劳动力市场中薪酬信息发布的市场缺位，而不主张政府部门过多干预劳动力市场，影响毕业生薪酬的确定。

由政府主管部门建立毕业生起点薪酬调查、发布和监测制度，为劳动力

市场主体提供更好的公共信息服务,其核心是科学调查,关键在于信息发布服务。该体系的定位是弥补市场在发布毕业生薪酬信息方面的不足,通过政府权威信息发布,为用人单位和毕业生提供免费可信的数据。

薪酬调查监测的实施主体是政府机构,其成员应包括北京市人力资源和社会保障局、北京市毕业生就业服务中心、北京市统计局、国家和北京市相关科研机构,以及专业性较强的第三方机构。政策对象主要包含企业、高校、毕业生及家庭等组织和毕业生个人。

# B.13
# 中国开发区管委会工资分配制度改革实践分析

王学力*

**摘　要：** 改革开放以来，我国出现了数量众多、功能各异的开发区，并已经成为支撑我国经济快速增长和转型发展的重要力量，开发区管委会在开发区的发展中起着重要作用。近年来，一些开发区管委会加大了人事与薪酬制度改革的力度，取得了很好的效果。本报告总结了有关开发区管委会人事与薪酬制度改革的经验，分析了开发区管委会管理的特殊性与人员的劳动特点，剖析了存在的问题，提出了下一步改进完善开发区管委会人事与薪酬制度的政策建议。

**关键词：** 开发区　管委会　薪酬制度　人事制度

## 一　研究的背景

设立开发区是我国改革开放的一项重要举措，自1980年我国批准设立深圳、珠海、厦门、汕头四大经济特区以来，国内陆续出现了以开发区为主体的众多享受各种优惠政策的经济区域。据统计，在高峰时曾经达到6866

---

\* 王学力，中国劳动和社会保障科学研究院研究员，主要研究领域为工资收入分配理论与政策。

个①。各类开发区成为推动我国工业化、城镇化快速发展和对外开放的重要平台,对于促进我国体制改革深化、改善投资环境、吸引投资引导产业集聚、发展开放型经济发挥了重要作用。开发区管委会作为有关生产要素的组织者、协调者、集聚者,在开发区的发展中起着举足轻重的作用。但从我们的调研看,对开发区管委会管理人员的激励还明显不足。为此我们将开发区管委会作为研究对象,研究如何进一步激发开发区管委会工作人员的积极性和创造性,促进我国开发区形成新的集聚效应和增长动力,促进我国经济转型升级。本报告所指的开发区,是由各级人民政府批准设立,为实现特定发展目标和方向,具有明确管辖边界和管理范围,享受特殊政策的区域。

## 二 文献综述

近十几年来,围绕开发区管理机构人事与薪酬制度等改革,部分专家学者和实践工作者进行了一些研究,其重点主要围绕以下方面。一是开发区管理行政机构的法律地位。有学者指出,我国《宪法》及国家、省份出台的法规和政策,没有对开发区的法律地位给予明确。在具有明确的法律地位的地方性政权中也没有开发区这一概念,由于缺乏立法保障,开发区管理机构缺乏相应的法律地位,缺乏明确的行政权力,认为应该朝着开发区政区化的方向进行努力②。有学者提出目前我国没有适用于全部开发区管委会的法律规范。行政组织法对于我国开发区管委会的主体性质没有明确的定义,从而导致开发区管委会的办事能力下降。开发区管委会行使行政权力是为了公共利益,因此,可以引入"公法人"的概念对开发区管委会的地位进行界定③。还有学者提出,开发区管委会负责的公共事务管理职能没有获得法律法规的授权,而且与现行的《土地法》存在着矛盾之处。开发区管委会类似一级政府,事实上也在行使着一级政府的职能,但没有一级政府的行政主

---

① 董继峰:《开发区管理体制改革趋势研究》,《中国机构改革与管理》2016年第3期。
② 徐颖:《浅析开发区的法律地位与开发区的政区化》,《法制博览》2018年第22期。
③ 贾志敏:《论经济技术开发区管委会的法律地位》,《法制与社会》2015年第7期。

体资格①。二是开发区行政管理机构的类型。有专家提出,目前我国对开发区的管理体制大致可以区分为三种类型:政府领导下的公司管理体制、单一的管委会管理体制、开发区与行政区合一型管理体制②。还有学者将国内开发区行政管理体制归纳为四类,包括以天津经济技术开发区为代表的政企合一型,以青岛开发园区为代表的政区合一型,以苏州工业园为代表的政府合作型,以上海漕河泾经济技术开发区为代表的企业主导型③。三是对开发区的人事与薪酬制度改革进行了研究。有学者认为,开发区管理体制和人事管理制度的适配存在先天的不足,开发区人事管理制度仍然沿用多年不变的固有模式运行,制约了开发区新一轮的发展。在某省的321个各类开发区中,行政编制仅占全省开发区编制总数的20.8%,事业编制占71.9%。各开发区的人事管理制度可归并为四种类型,分别为机关型、事业型、企业型、混合型。建议对于特殊岗位的骨干人才,可探索档案身份、档案职级、档案工资等制度,实施岗位绩效工资激励④。有学者指出,开发区管委会行政、事业身份人员参照公务员管理,而不是采用聘任制、合同制或竞争上岗。在薪酬分配上也大多是"吃大锅饭",没有采取年薪制等现代分配方式,缺乏优胜劣汰的奖惩机制。长久下去必然造成开发区人才流失、队伍老化、士气不足、创新动力缺乏等问题,严重制约开发区的进一步发展⑤。有学者建议要改革开发区人员编制管理办法,实行全员聘任制。可以探索不再核定开发区人员编制,实行人员控制数管理。工作人员档案封存,打破身份、职级界限,竞争上岗。每3~5年进行一次岗位竞聘,可竞聘不同岗位,以职设岗、岗位量化、绩效考评、奖优罚劣⑥。

---

① 刘鋆:《开发区管委会法律地位问题研究》,《武夷学院学报》2015年第5期。
② 顾玉琪:《国家级经济技术开发区体制机制创新研究》,《唯实》(现代管理)2018年第11期。
③ 肖庆玲:《我国开发园区管理体制分析及对皖江城市带的启示》,《现代商贸工业》2017年第2期。
④ 张宏伟:《我国开发区人事管理制度研究》,《中国人力资源开发》2016年第13期。
⑤ 李俊:《关于南京开发区管理体制改革的思考》,《改革与开放》2011年第19期。
⑥ 黄敬东、付波:《关于开发区改革发展和体制创新的思考》,http://tangshan.huanbohainews.com.cn/system/2016/11/24/011723122.shtml,2016年11月24日。

总之,理论界及实践工作者大多认识到开发区行政管理体制存在的弊端,提出了许多好的意见和建议,但不够全面和深入。

## 三 我国开发区建设情况

改革开放以来,根据改革发展形势的需要,国家及各省份陆续设立数量众多的各类特殊经济区域,包括国家级经济特区、国家级新区、自贸试验区、国家综合配套改革试验区、国家级金融综合改革试验区、经济技术开发区、边(跨)境经济合作区、海关特殊监管区域、高新技术产业开发区、农产品加工示范集聚区等。目前,我国有国家级经济特区7个①,国家级新区19个②,自贸试验区12个③。国家综合配套改革试验区12个④。2018年2月26日,国家发展改革委等六部委公布了2018年版《中国开发区审核公告目录》,总计包括2543家开发区,其中,从级别看,国家级开发区有552家,省级开发区有1991家。从开发区地区分布看,东部地区有964家,中部地区有625家,西部地区有714家,东北地区有240家⑤。

2017年,全国156家高新区实现了园区生产总值9.54万亿元,占全国GDP(82万亿元)的11.6%。共有11.6万家高新技术企业,实现33.15万亿元的收入,19.7万亿元工业产值,11.87万亿元出口额,出口额占到全国进出口总额的21.4%。2017年的高新区瞪羚企业2576家,高新区独角兽企

---

① 《中国有哪些经济特区》,https://zhidao.baidu.com/question/92251235.html。
② 《国家级新区现状:已获批19个,超10个仍在申报路上》,http://wemedia.ifeng.com/81456795/wemedia.shtml,2018年10月10日。
③ 《自贸区数量增至12个,区域特点都有哪些?》,http://www.sohu.com/a/272265963_99919028,2018年10月30日。
④ 《发改委明确12个国家综合配套改革试验区重点任务》,https://baijiahao.baidu.com/s?id=1599359438600020529&wfr=spider&for=pc,2018年5月2日。
⑤ 《〈中国开发区审核公告目录〉(2018年版)说明》,http://zys.ndrc.gov.cn/xwfb/201803/t20180302_878818.html,2018年3月2日。

业占全国总数的76%，达到了125家①。高新区依靠科技进步和技术创新推进经济社会发展，在引领科学发展、创新发展和可持续发展方面，发挥了重要作用。

另据商务部的统计，2017年，219个国家级经开区实现地区生产总值9.1万亿元，其中，第二产业增加值6.1万亿元，同比增长6.1%，增幅与同期全国平均水平持平，占同期全国第二产业增加值的比重为18%；第三产业增加值2.8万亿元，同比增长17.3%，增幅高于全国同期平均水平（8%）9.3个百分点，占同期全国第三产业增加值的比重为6.7%。实现财政收入1.8万亿元，同比增长15.9%，增幅高于全国同期平均水平（7.4%）8.5个百分点，占全国财政收入的比重为10.3%；实现税收收入1.6万亿元，同比增长12.2%，增幅高于全国同期平均水平（10.7%）1.5个百分点，占全国税收收入的比重为10.9%；实现进出口总额5.6万亿元，同比增长17.5%，增幅高于同期全国平均水平（14.2%）3.3个百分点，占同期全国进出口总额的比重为20.1%②。

## 四 开发区人事与薪酬分配制度改革情况

### （一）国家有关开发区管委会人事制度改革政策情况

在国家及有关部门出台的加快开发区发展的相关文件中，大多对开发区行政管理体制改革提出了原则要求，如表1所示，科技部2002年出台的《关于国家高新技术产业开发区管理体制改革与创新的若干意见》提出，要改革用人制度，高新区管理机构要实行全员聘用制和岗位目标责任制，建立健全岗位考评制度，大力推行"公开招聘、竞争上岗、年度测评、末位淘

---

① 李志远：《高新区管理体制创新对政府改革和行政管理体制改革有借鉴意义》，《中关村》2018年第5期。
② 《商务部召开例行新闻发布会》，http：//www.mofcom.gov.cn/article/ae/ah/diaocd/201805/20180502750497.shtml，2018年5月31日。

汰"等有利于人尽其才的用人机制。要将思想文化建设与健全激励机制有机结合起来,允许高新区在加速发展高新技术产业的同时,积极探索和实行新型分配办法。2016年国务院办公厅印发的《关于完善国家级经济技术开发区考核制度促进创新驱动发展的指导意见》明确要求,要推动国家级经开区构建适应经济转型升级的行政管理体制,促进国家级经开区优化机构设置,提高行政效率。2017年国务院办公厅印发的《关于促进开发区改革和创新发展的若干意见》提出,要促进开发区体制机制创新,完善开发区管理制度和政策体系。

虽然国家相关政策规定提出了深化开发区管委会人事与薪酬分配制度改革的原则意见,但总的来看,细化还不够,可操作性还不强。

表1 国家文件有关管理体制及人事分配制度内容

| 序号 | 法律法规或文件的名称 | 文号 | 管理体制及人事制度改革相关内容 |
|---|---|---|---|
| 1 | 《关于国家高新技术产业开发区管理体制改革与创新的若干意见》 | 国科发政字〔2002〕61号 | 改革用人制度,提高高新区管理干部的思想业务素质。高新区管理机构要实行全员聘用制和岗位目标责任制,建立健全岗位考评制度,大力推行"公开招聘、竞争上岗、年度测评、末位淘汰"等有利于人尽其才的用人机制,不断提高管理队伍的素质与水平。要将思想文化建设与健全激励机制有机结合起来,允许高新区在加速发展高新技术产业的同时,积极探索和实行新型的分配办法 |
| 2 | 《关于完善国家级经济技术开发区考核制度促进创新驱动发展的指导意见》 | 国办发〔2016〕14号 | 推动国家级经开区构建适应经济转型升级的行政管理体制。促进国家级经开区优化机构设置,提高行政效率 |
| 3 | 《关于促进开发区改革和创新发展的若干意见》 | 国办发〔2017〕7号 | 促进开发区体制机制创新,完善开发区管理制度和政策体系<br>完善开发区管理体制。开发区管理机构作为所在地人民政府的派出机关,要按照精简高效的原则,进一步整合归并内设机构,集中精力抓好经济管理和投资服务,焕发体制机制活力 |

## （二）地方出台的有关深化开发区管委会人事制度改革情况

1. 有关地方法规的规定

由地方人民代表大会颁布的条例，作为地方法规，在我国法律体系中具有较高的效力。我们对近年地方出台的开发区条例进行了梳理，其主要内容包括以下方面。

（1）深化开发区行政管理体制

为了加快开发区的发展，有关地区出台的开发区条例中，对深化开发区行政管理体制提出了要求。如2011年6月27日深圳市第五届人民代表大会常务委员会第九次会议通过的《深圳经济特区前海深港现代服务业合作区条例》规定："设立深圳市前海深港现代服务业合作区管理局（以下简称前海管理局）。前海管理局是实行企业化管理但不以营利为目的的履行相应行政管理和公共服务职责的法定机构，具体负责前海合作区的开发建设、运营管理、招商引资、制度创新、综合协调等工作。""前海管理局的机构设置应当遵循精简高效、机制灵活的原则。"2011年11月24日珠海市第七届人民代表大会常务委员会第43次会议通过的《珠海经济特区横琴新区条例》规定："设立横琴新区发展决策委员会（以下简称决委会），决定横琴新区发展中的重大事项。"管委会按照精简、统一、效能的原则设立工作机构。管委会的工作机构行使市一级人民政府工作部门的行政管理权限。

从有关省市出台的规定看，对开发区管委会行政管理体制改革的要求包括：一是机构精简；二是工作高效；三是要求探索市场化管理模式，引入市场机制；四是有的地区提出探索实行企业化管理模式。

（2）关于深化开发区人事与薪酬制度

在有关地区出台的开发区管理条例中，对人事、工资分配制度和绩效考核制度等方面的改革给予了授权或做了规定。如《深圳经济特区前海深港现代服务业合作区条例》对前海管理局进行了充分授权，规定前海管理局可以根据市政府确定的原则自主决定机构设置、人员聘用和薪酬标准。2016年7月22日山东省第十二届人民代表大会常务委员会第二十二次会议通过的《山

东省经济开发区条例》规定:"鼓励经济开发区管理委员会探索建立灵活的用人机制和分配机制,有条件的经济开发区可以实行聘任(用)制、竞争上岗制、绩效考评制。"2018年1月24日江苏省第十二届人民代表大会常务委员会第三十四次会议通过的《江苏省开发区条例》规定:"鼓励开发区创新选人用人机制,支持开发区按照规定实行聘任制、竞争上岗制、绩效考核制。支持开发区探索试行外籍雇员制度,引进需要的外籍专家、技术人员等。""对于开发区管理机构或者其所属事业单位因特殊需要聘用的高层次管理人才和招商人员,可以按照有关规定探索实行年薪制、协议工资制等多种分配形式。"

2. 地方政府出台深化人事与分配制度改革政策情况

近年来,各地区根据新的发展形势需要,加大了开发区管委会人事与薪酬分配制度的改革力度,掀起了新一轮改革高潮。如2017年山西省出台了《关于深化开发区人事和薪酬制度改革实行"三化三制"的指导意见》等一系列文件,在人事与工资分配方面,提出实行"三制",一是实行领导班子任期制。每个岗位任期一般为3年,在同一岗位连续任职一般不超过3个任期。二是除领导班子成员外,全面实行人员聘任制,聘期为3年。三是实行绩效工资制。绩效工资总量由各开发区管委会综合考虑本地区经济发展、财力状况、安全生产、社会稳定、上年度人员工资收入等因素自主核定,总量控制在同级政府无收入全额拨款事业单位绩效工资总量的5倍以内。山东省2017年印发的《关于促进开发区改革和创新发展的实施意见》也提出,要创新用人分配机制。"支持开发区开展人才管理制度改革,积极探索灵活的用人机制和分配机制。开发区管委会可根据实际制定人事和薪酬制度改革方案,经上级党委、政府审核同意后执行。对开发区发展需要的特殊高层次管理人才和招商人员,可以实行特岗特薪、特职特聘。对社会上聘用进入开发区的工作人员,按市场化方式进行管理;对从党政机关或事业单位调入开发区的干部,保留原档案身份。鼓励有条件的开发区探索实行全员岗位聘任制以及绩效工资制。"2011年深圳市印发的《深圳市前海深港现代服务业合作区管理局暂行办法》提出,"前海管理局实行企业化、市场化的用人制度,享有独立的用人自主权","前海管理局实行市场导向的薪酬机制,其薪酬总额由市政府参考市场水平、国内同性质功能区薪酬状况等因素综合确定,并可根据任务完成情况和市场薪酬水平变化情况进行调整"。这些文件的出台,对于激发管委会人员干事创业,调动积极性发挥了重要作用,是我国开发区快速发展的重要保障。

### (三)开发区人事与薪酬分配制度改革情况

为落实中央精神,进一步激发开发区的活力和动力,各开发区根据国家及主管部门改革精神,近年加大了人事与薪酬考核制度的改革力度,通过体制、制度和管理创新,激发干部职工的活力,成为推动开发区快速发展的重要动力。从各地区人事与薪酬制度改革的情况看,其重点主要是围绕以下内容。

1. 改革干部人事制度

各开发区干部人事制度改革的重点是打破人员的身份界限。通过科学设立岗位、组织竞争上岗、实行合同管理,推行岗位聘任制,实现用人机制的转换,从而真正建立起人员能进能出、岗位能上能下的符合新形势要求的新型用人制度,营造出有利于人才脱颖而出的选人用人环境。通过将员工原有身份档案进行封存管理,实现人事管理由身份管理向岗位管理的转变。如2014年,南昌高新区管委会推出了干部人事制度改革方案,将公务员编制和人员身份封存,实行全员聘用、竞争上岗[①]。2017年四川天府新区成都直管区实施深化体制机制改革,把干部人事制度改革作为突破口,在改革中,打破了身份界限、职级界限、部门界限、地区界限,以能级为标尺,构建了"科学合理设岗、全员竞争聘用、项目业绩考核、灵活薪酬激励"的市场化、绩效化选人用人制度[②]。2017年,山西省对转型综改示范区推出"三化三制"改革,实行示范区领导班子任期制、全员岗位聘任制和绩效工资制,

---

① 《南昌市人民政府办公厅关于印发南昌高新技术产业开发区干部人事制度改革总体方案的通知》,南昌市人民政府网站,http://www.nc.gov.cn/ncszf/szfbgtwj/201806/b9ac14d3cbc84d32a77e1cba9989c3f8.shtml,2014年2月12日。
② 《成都天府新区深化人事制度改革 打造机制核心竞争力》,https://cd.qq.com/a/20171018/031783.htm,2017年10月18日。

通过改革，建设专业化、市场化、国际化的管理团队。山西转型综改示范区管委会除领导班子成员外，全面实行人员聘任制，聘期3年①。2018年初，天津开发区制订出台了干部聘任制方案，明确提出打破干部终身制，建立全员聘任、能上能下、能进能出的干部人事制度。聘任制改革后，经工委研究决定，7名正处级领导干部转任副处级领导职务，6名处级领导干部转任非领导职务，1名处级干部提前退休②。深圳前海新区和上海浦东新区的改革力度更大，在人事制度改革上，采取全员聘用、企业化管理、市场化运作的模式。应当说，这些开发区的人事制度改革都取得了非常好的效果，极大地激发了员工的活力和创造力，促进了开发区的发展。

2. 改革薪酬制度

薪酬制度改革是核心。从各地区的方案看，其内容一是改革原有的机关事业单位工资制度，改等级工资为岗位绩效工资，使员工收入与绩效考核结果紧密地联系起来，实现由"铁工资"到"活薪酬"的转变。部分开发区薪酬构成见表2。

表2 部分开发区薪酬构成

| 序号 | 开发区名称 | 改革时间 | 薪酬结构 | 资料来源 |
| --- | --- | --- | --- | --- |
| 1 | 南昌新建区长埭工业园区 | 2016年 | 其中绩效工资按年发放，每月发放3000元生活补贴，年底工资核算后，根据核算出的工资水平给予补齐 | http://www.xinjian.gov.cn/Item/52582.aspx |
| 2 | 阳泉经济技术开发区 | 2017年 | 工资结构由基本工资、津贴补贴、岗位绩效工资和考核绩效工资四部分组成 | http://www.yqnews.com.cn/jjzk/cjts/201801/t20180110_598579.html |

---

① 《关于深化开发区人事和薪酬制度改革实行"三化三制"的指导意见》，https://www.sxjrzyxy.com/Article/18518/0.html，2018年10月15日。
② 《天津开发区改革大动作！工资不封顶 开发区管委会年内迁到于家堡》，天津滨海新区资讯，http://mini.eastday.com/mobile/180330123721227.html，2018年3月30日。

续表

| 序号 | 开发区名称 | 改革时间 | 薪酬结构 | 资料来源 |
|---|---|---|---|---|
| 3 | 广西贺州市工业园区 | 2017年 | 薪酬总收入由岗位基本工资、月绩效和年终绩效构成 | http://www.hzdjw.gov.cn/d/972c4e88-6cf1-4065-861b-4efde5f35cc5.html |
| 4 | 山西省兴县经济技术开发区 | 2018年 | 薪酬收入包括岗位工资、薪级工资、规范后的津贴补贴、基础性绩效工资和业绩性绩效。其中，业绩性绩效工资总额按绩效工资总量的60%核定，包括任务绩效（含招商引资绩效）和服务绩效 | http://www.sohu.com/a/192726397_684895 |

二是较大幅度地提高员工薪酬水平，使员工薪酬收入与劳动付出和市场价值相匹配。2016年，南昌市新建区长堎工业园区干部人事制度改革总体方案规定，改革分配制度，推行绩效工资制，管委会工作人员不再执行公务员或事业单位工作人员工资，改为执行管委会工作人员绩效工资。管委会工作人员的平均收入水平，与管委会主要经济指标增长幅度、完成区委、区政府下达的目标任务挂钩，上下浮动。个人收入水平依据工作业绩、职位责任、现实表现等因素确定，合理拉开了收入档次。管委会工作人员的全年工资收入水平为10万~25万元（均为税后收入）①。2017年，山西转型综改示范区改行绩效工资制。绩效工资总量由各开发区管委会自主核定，总量控制在同级政府无收入全额拨款事业单位绩效工资总量的5倍以内。

## （四）改革绩效考核制度

从我们调研情况看，各开发区都非常重视完善考核制度，将绩效考核制

---

① 《新建区长堎工业园区干部人事制度改革总体方案》，新建区人民政府，http://www.xinjian.gov.cn/Item/52582.aspx，2016年12月21日。

度的改革作为开发区改革的"牛鼻子",下大力气完善考核体系,力求考核的靶向更"精准"。通过完善绩效考核评价机制,发挥绩效考核的激励和导向作用,激励广大干部职工抢抓机遇,破解难题。山西转型综改示范区对部门主要考核任务绩效和服务绩效。陕西西咸新区对部门的考核指标包括共性指标和具体指标。共性指标包括领导班子和干部队伍建设,党组织建设,党风廉政建设,思想政治建设和意识形态工作,行政效能革命,深化改革等内容。具体指标主要包括市考指标和职能工作两方面,其中市考指标全面承接西安市对西咸新区的考核指标,职能工作包括基本工作任务和相关部门分解的工作任务。贵安新区目标绩效管理考核实行1000分制,考核内容由共性工作指标、重点职能指标、专项工作指标和评价指标四部分组成。各开发区通过完善考核制度,激发了员工的活力。

从各开发区人事与薪酬绩效制度改革的情况看,具有以下几个明显的特点。一是注重系统性。多数开发区的改革方案都是将薪酬制度改革与干部人事制度改革和绩效考核制度改革结合在一起,同步部署,同步推进。二是注重与市场的对接。各开发区的改革方案都充分借鉴其他先进开发区改革的经验,在工资水平的确定过程中,充分考虑市场价位的情况,确保薪酬水平有一定的吸引力和竞争力。三是注重稳妥性。在干部人事制度改革中,各开发区大都采取身份封存的办法,解除干部职工的后顾之忧。

## 五 存在的问题

### (一)法律依据不足

开发区管委会是对开发区进行专门管理的机构。从各地情况看,开发区管委会大多作为政府的派出机构,由政府领导,代表政府对开发区的工作实行统一管理,协调有关部门和单位,共同完成特定的目标任务。如2018年5月1日起施行的《江苏省开发区条例》规定:"开发区管理机构作为所在地县级以上地方人民政府的派出机关,在规定的职责范围内行使经济管理权限，提供投资服务。"为此，在设立开发区后，政府在下发管委会主要职责以及内设机构的同时，也会下发人员编制控制数。其中，包括一定数量的行政编制数。但由于行政编制人员属于公务员身份，而国家对于公务员工资制度有明确的规定，因此，在改革中，各地普遍反映管委会工资制度改革缺乏明确的法律依据。如山东泰安高新区在管委会工资制度改革的过程中，管委会一些部门就曾经提出疑义，认为按照《公务员法》的规定，对公务员降低或者提高工资待遇都是不允许的。为了破解这一难题，山东泰安高新区实行双轨制办法，就是公务员的身份可以在原来的轨道上运行，同时，也可以选择身份封存，实行聘任制。也有开发区认为由于国家没有明确的政策，管委会工作人员工资只能按照国家规定的制度执行，不敢越雷池一步。目前国家或一些地方出台的法规或政策虽然也对开发区管委会工作人员的工资收入分配提出了一些改革要求，但由于原则性比较强，在具体操作上，往往难以实施。

## （二）开发区管委会的功能定位不明确

开发区管委会有些是侧重于开发建设、经济发展功能，机构相对精简，人员比较精干；但也有一些还要履行政府相关职能，除了经济职能外，还要负责政治、文化、社会、生态文明和党的建设，行使市级经济社会事务管理职权；也有一些是介于两者之间。因此，各界对于开发区管委会的功能定位存在分歧，有人认为开发区管委会就是政府机关，其工资制度应按照公务员工资和事业单位工资进行管理；有人认为开发区管委会的功能比较特殊，应参考企业进行管理。由于定位不明确，认识不统一，各地区的做法差异比较大，有的完全按照公务员工资制度执行；有的在公务员工资制度上加以改进，使工资收入略有提高；还有的实行事业单位工资制度；也有的参考市场工资价位，实行企业的工资制度。

## （三）薪酬分配不透明

从调研情况看，由于薪酬分配的敏感性，多数地区对开发区管委会人员

的薪酬分配结构、薪酬分配水平、薪酬分配关系等讳莫如深，不愿意公开自己的做法，导致工资分配不透明。工资分配主管部门难以掌握真实情况，不同开发区之间也极易形成攀比。如果工资分配缺乏社会监督，暗箱操作，就容易滋生腐败和影响社会公平，不利于工资分配关系的理顺，也可能引起内部分配的不公平，降低员工的积极性和创造性。

## 六 开发区管委会的主要特性

开发区管委会既有政府部门的特征，但与行政机关又有所区别，有自己的特殊性，只有充分认识开发区管委会的独特性，才能更好地厘清下一步深化改革的思路和重点。

### （一）功能的特殊性

我国的各类开发区在成立之初，应当说都是带有特殊使命的，都是时代发展的印记。最早的深圳、珠海等经济特区的设立，是为了引进境外资金、先进科学技术和企业管理经验。后来全国遍地开花的经济开发区主要是为了引进资金，扩大就业，发展经济。国家级新区，是承担国家重大发展和改革开放战略任务的综合功能区，其设立主要是探索产城如何融合，实现产业化和城镇化的相辅相成、互动发展，从而为新型城镇化探索出新路子。高新技术产业开发区则是以发展高新技术为目的而设置的特定区域。而自由贸易试验区是党中央、国务院在新形势下全面深化改革和扩大开放的战略举措。因此，可以说各个开发区都承担了国家和各级政府赋予的特殊使命，其任务目标具有特殊性、不易实现性、无先例可借鉴等特点。

### （二）机构职能的综合性

从各开发区管委会的机构设置看，大都将开发区作为一个试验田，以改革的精神，对管理体制进行优化，按照机构设置综合、管理架构扁平、运行机制灵活的思路，设置开发区管委的各内设机构。在具体的设置上，多采用

"一人多岗"的人员配置模式,采取"小机构、大服务"的管理模式,实现一个部门相对集中管理一个领域,减少管理层级,避免职能交叉,突出精简高效,体现了大部制、扁平化的特点。在调研中,有的开发区一个部门对应政府十几个部门。因此,一个部门的业务大多都是整合了上级多个部门的业务。

### (三)人员能力的复合性

由于机构职能的综合性,相应要求开发区管委会人员必须是复合型人才,要有多种能力。开发区管理者、建设者要求是知识化、专业化、国际化的复合型人才,有创新思想,有改革精神的人。从开发区管委会人员的来源上看,这些人员大多是从相关单位抽掉的业务骨干,年富力强,有干劲、有冲劲的人员。而且由于工作压力大,任务重,白加黑、五加二,经常加班加点。开发区管理人员的素质有独特的要求,不完全同于政府部门。

### (四)工作条件的艰苦性

开发区大多设立在距离城市中心较远的地方,在设立之初,大多办公条件、生活条件比较艰苦,往返上下班时间较长,笔者调研的几个开发区,员工开车上下班,每月高速费和汽油费要比原来多支出上千元。

## 七 政策建议

在我国的改革开放进程中,开发区在我国经济发展和城市化中的作用有目共睹,也成为我国最有活力的地区。其中管委会管理人员的作用发挥不容忽视。因此,通过人事与薪酬分配制度改革,激发开发区行政管理机构员工的积极性和创造性,具有重要意义,需要有关部门高度重视,精心谋划,积极推进。

### (一)要加强对人事与薪酬制度改革的领导

人事与薪酬制度改革是政策性和专业性均比较强的工作,因此,必

要加强对各开发区管委会人事与薪酬制度改革的领导，由各省市和开发区自主探索人事与薪酬改革向统一领导转变。开发区管委会人事与薪酬制度改革涉及多个部门，事关我国经济转型发展，事关员工积极性的调动，是一项复杂的系统工程，为此，必须加强顶层设计。要由党委政府牵头，组织、人社、编制、商务、财政等多部门参与，共同谋划。要对开发区管委会人事薪酬改革的指导思想、原则、目标、内容、重点、费用来源等方面进行整体设计，最大限度地化解改革的阻力，确保改革的顺利进行。

### （二）注重改革的系统性

薪酬分配表面上看是收入的多与少，高与低，但分配制度改革是否达到效果，能否调动积极性，背后还要做好许多工作。要做好改革的基础工作，否则只能是为薪酬而薪酬，变为单纯地涨工资，难以达到改革的初衷。具体说一是要做好机构和岗位梳理，要优化业务流程，促使机构精简，职责明确；要科学设置岗位，强化岗位管理。二是要做好定编工作，防止人浮于事，确保人员精干。三是做好绩效考核工作，建立科学的绩效考核管理制度，要完善考核指标体系，将管委会员工的利益与开发区的发展紧密联系起来，准确地评价员工业绩。四是做好岗位竞聘工作。要通过竞争上岗、岗位聘任制、任期制等措施，盘活人力资源，激发员工活力。五是要做好社会保险、人事档案等配套改革，去除员工的后顾之忧。

### （三）将激励机制建设作为改革的重点

开发区管委会的管理劳动具有独特性，要素的投入产出比高，因此，若要激发管理人员的积极性和创造性，必须加大薪酬制度改革的力度，发挥市场的基础性地位，将薪酬水平与市场对接，将激励机制建设作为改革的重点。要在充分总结各开发区改革成功经验的基础上，推出具有力度的改革措施，让开发区管委会成为管理技术人才施展才华的舞台。

## （四）注重改革的差异性

我国目前有几千个开发区，其类型多样，功能各异，管理模式也差异较大，因此，在薪酬制度改革上，也不能千篇一律，用一个模式去套用，应注重改革的差异性和制度的适用性。有些人事制度改革适用于人员身份双轨制，有的可能直接按企业化模式更合适。在薪酬制度改革方面，有的采用事业单位薪酬制度更为有效，有的采取与市场直接对接的企业薪酬模式更符合实际，还有的条件不成熟的开发区，在公务员工资制度基础上做一些改进可能更好。因此，要注重发挥各开发区和主管部门的积极性和创造性，在国家确定的框架范围内，允许各开发区根据实际情况创造性地开展人事与薪酬制度改革。

## （五）提高改革的透明性

在人事与薪酬制度的制定过程中，要广泛征求各方面的意见，确保方案的科学合理。在方案的实施过程中，要增加方案的透明性，充分发挥外部和内部的监督作用，对于实施中发现的问题，要及时进行纠正，保证改革的成效。

**参考文献**

[1] 徐颖：《浅析开发区的法律地位与开发区的政区化》，《法制博览》2018 年第 22 期。

[2] 贾志敏：《论经济技术开发区管委会的法律地位》，《法制与社会》2015 年第 7 期。

[3] 刘鋆：《开发区管委会法律地位问题研究》，《武夷学院学报》2015 年第 5 期。

[4] 顾玉琪：《国家级经济技术开发区体制机制创新研究》，《唯实》（现代管理）2018 年第 11 期。

[5] 肖庆玲：《我国开发园区管理体制分析及对皖江城市带的启示》，《现代商贸工业》2017 年第 2 期。

［6］张宏伟：《我国开发区人事管理制度研究》，《中国人力资源开发》2016年第13期。

［7］李俊：《关于南京开发区管理体制改革的思考》，《改革与开放》2011年第19期。

［8］李志远：《高新区管理体制创新对政府改革和行政管理体制改革有借鉴意义》，《中关村》2018年第5期。

［9］黄敬东、付波：《关于开发区改革发展和体制创新的思考》，http：//tangshan.huanbohainews.com.cn/system/2016/11/24/011723122.shtml，2016年11月24日。

# 国际借鉴篇

International Reference Reports

## B.14
## 典型国家科研人员薪酬激励的启示

肖婷婷*

**摘　要：** 本报告通过对典型国家国有科研机构科研人员的基本薪酬、绩效薪酬、科研成果转移转化收入等薪酬激励进行研究，提出完善我国科研机构科研人员薪酬激励的对策建议：一是基于不同的功能定位和学科分类确定差别化的薪酬激励机制；二是改革以职称为基础的薪酬制度，强化岗位、能力和实际贡献的作用；三是深化科研经费管理改革，形成对科研人员的有效激励与约束；四是完善科研人员绩效管理，建立以能力和业绩为导向的绩效评价体系；五是进一步完善成果转移转化机制，保障成果转化顺利进行。

---

\* 肖婷婷，中国劳动和社会保障科学研究院企业薪酬研究室助理研究员，研究领域为收入分配和劳动关系。

**关键词：** 科研人员 绩效 成果转化 薪酬激励

在综合国力竞争日趋激烈的形势下，创新能力不足将对经济社会发展和国家安全构成严重制约。美国、日本、新加坡及欧盟成员国都把科技创新作为国家战略。党的十九大报告也强调了我国要建设创新型国家："从2020年到2035年，在全面建成小康社会的基础上，再奋斗15年，基本实现社会主义现代化。到那时，我国经济实力、科技实力将大幅跃升，跻身创新型国家前列。"构建激励创新的体制机制，发挥科技创新在全面创新中的引领作用，增强自主创新能力，可以为经济社会发展提供持久动力，也是我国科技强国的必由之路。

作为我国科研人员的重要聚集地，事业单位薪酬制度对科研人员存在激励不足的问题。例如，政府和单位之间的薪酬治理关系有待理顺；薪酬水平的决定和增长机制有待完善；薪酬体系对高校和科研机构的行业特点体现不足；存在区域之间、单位之间、不同层次人才之间薪酬差距不合理的现象；绩效工资的激励作用不明显；科研项目经费对科研人员劳务投入的体现不足等。

科研人员薪酬激励问题，事关每位科研人员的切身利益，事关我国创新体制机制构建的成败，深入研究科研人员的薪酬决定机制，合理设计薪酬结构、薪酬水平，对于激发科技人员创新热情、促进社会经济建设具有重要意义。

## 一 典型国家科研人员薪酬结构和确定办法

典型国家科研人员的薪酬结构主要由基本薪酬、绩效薪酬、加班工资、津补贴和退休金构成，一些大学和公立研究机构实行年薪制，而有些实行月薪制。科研人员还有一部分非常重要的收入，即科研成果转移转化收入，但这部分收入往往并不计入科研人员的薪酬调查总额并对外公布。

## （一）基本薪酬的确定

基本薪酬是科研人员薪酬中的保障性部分，相对固定，一般占到总薪酬的60%以上，甚至有些国家科研人员基本薪酬的比例超过80%。基本薪酬水平的确定主要根据经济发展水平和市场调查数据。

基本薪酬的确定主要有两种方式，第一种是基于资历。大学和研究机构里的研究人员基本薪酬是根据学历、资质、工作时间等来确定的。

例如，在加拿大有工会的大学里，教授工资涨幅基本取决于学校所在省份的经济状况和工会与学校之间的谈判情况。在此类大学中，教授工资涨幅主要依靠工龄的累积。比起工龄，教授个人考核成绩所决定的工资涨幅比例只占很小一部分。在这类大学中，各个教授每年的工资涨幅基本相同，一般为每年5%，在3%~7%之间浮动。而个人考核的成绩只影响不高于2%的工资收入。例如，贵湖大学（University of Guelph），根据学校当前政策，考核成绩最高的教授每年只比考核成绩最低的教授多拿2000加元的奖金，而这部分收入不计入当年的工资涨幅。在升职的情况下，教授的基本工资也会有所提升，但幅度很小。比如贵湖大学的助理教授提升为副教授，以及副教授提升为正教授时，年薪涨幅也只有2000加元。

又如，日本产业技术综合研究所基于员工的职位等级划分的基本薪酬标准见表1。

**表1　日本产业技术综合研究所基于员工的职位等级划分的基本薪酬标准**

单位：万日元

|  | 1级 | 2级 | 3级 | 4级 | 5级 |
|---|---|---|---|---|---|
| 事务/技术类职员 | 职员 | 主管/主查 | 室长代理/主干/主查 | 部长/室长 | 部长 |
| 研究类职员 | 研究员 | 研究员 | 主任研究员 | 主任研究员、研究团队负责人 | 研究组长/副研究组长 |
| 薪酬档位 | 5~125档 | 5~125档 | 9~116档 | 17~111档 | 24~110档 |
| 年薪范围 | 163~363 | 222~419 | 330~499 | 398~559 | 471~660 |

资料来源：日本产业技术综合研究所网站。

第二种是基于职位。例如，美国现行的联邦雇员薪酬体系是基于职位建立的，其重要的制度基础是职位分类与评价。1949年出台的《分类法案》（Classification Act, 1949）通过职位分析和因素评价法（Factor Evaluation System）对美国联邦公务员进行了分类和分级，分级的依据是胜任职位所需要的知识、承担的责任、复杂性等九大因素。依据不同的职位分类，联邦公务员被划分入四种工资序列，分别是：GS序列（General Schedule），主要针对专业技术类、科研类、一般管理类等白领职位，覆盖公务员的主体；FWS序列（Federal Wage System），主要针对生产、技术操作类蓝领职位；以及针对行政长官和高级行政长官类的SES序列（Senior Executive Service）和ES序列（Executive Schedule）①。序列内部和不同序列之间的薪酬差异主要体现为职位分类和分级的结果，以此来确保制度的公开性、公正性和公平性。美国公立科研机构的大多数科研职位的工资序列主要属于GS序列、SES序列和ES序列。

美国健康与人类服务部（Department of Health and Human Services, HHS）依据《Title 42法案》（即《公共卫生服务法案》，以下简称"Title 42"）的相关规定和授权而确定的一种特殊薪酬方式。Title 42的设计初衷，是使HHS和其隶属机构能够提供弹性化的薪酬体系，以便与私营部门开展人才竞争，使HHS能够吸引和维系具有杰出科研能力、技术水平和临床技能的员工。美国卫生研究院（NIH）、疾病控制中心（CDC）等隶属于HHS的科研机构均采用了这种特殊的薪酬模式。Title 42的雇佣模式更加灵活，雇佣人员可以不隶属于公务员序列，其所规定的薪酬上限也高出了典型公务员招聘当局规定的限额。在Title 42规定下，HHS的研究机构既可以直接从私营部门或其他外部科研机构聘用人员，也可以将受聘于其他薪酬序列（如GS序列）的联邦政府雇员转换到Title 42序列。

南非科学工业研究理事会（CSIR）的基本薪酬设计是采用海氏岗位价

---

① 李晓轩、黄鹏：《美国国立科研机构薪酬体制与启示》，《科学学与科学技术管理》2007年第S1期，第123～127页。

值评估方法和与 Paterson 职位分级系统（Paterson Grading System）相结合来确定岗位以及岗位薪酬的，将岗位分为行政系列（Fixed Jobs）和研究系列（Career Ladder）。2010~2014 年，所有研究机构的薪酬平均每年增长 9.9%，其中马古苏托理工大学涨幅最高（19.6%），其次是南非大学（14.9%）和林波波大学（13.3%）。瓦尔特西苏鲁大学工资支出增长最低，每年上涨 2.2%。

## （二）绩效薪酬的确定

绩效薪酬是研究人员薪酬中的激励性部分，相对浮动，从典型国家科研人员薪酬比例来看，绩效薪酬的比例一般较小，这可能和科研人员的工作特点存在不确定性、绩效衡量存在较大难度有关。尽管如此，典型国家在科研人员的绩效管理方面仍然开展了多方面的尝试。

第一，要有明确的战略目标和专门的管理机构。例如，美国高校和研究机构一般都有明确的战略目标和人力资源核心价值，主管部门会据此设定对机构的绩效指标。

学校内有负责管理教师的专门机构，一般命名为人力资源部，该部门通常由一名执行副校长协助校长分管。该部门下设薪酬办公室，该机构统筹全校薪酬管理事务。还有相当一部分公立高校对教师系列和职员系列采取不同的管理通道，学校人力资源部门一般只负责管理职员系列，而由副校长办公室之下的学术人事办公室（Academic Personnel Department）负责教师系列的人力资源管理，一般也下设薪酬办公室，或者薪酬委员会，例如，美国加州州立大学系统均采用这种分序列管理的模式。

南非科学工业研究理事会（Council for Scientific and Industrial Research，CSIR）是 1945 年通过议会法案建立的世界级非洲研究和发展组织。其战略目标是开展高质量的相关研究和技术创新，促进工业和科学发展，这一战略目标是通过选择和实施一系列研发计划来实现的。为了提高研究的重点，确保在工业和社会上发挥最大的作用，该组织确定了六个研究领域，包括建筑环境、国防和安全、能源、健康、工业和自然环境，配备了世界一流的基础设施和高技能的员工。为了在这些领域发挥影响力,该组织利用了丰富的多学科科学基础和精通纳米技术,材料科学,合成生物学,光子学和信息通信技术等技术。CSIR董事会人力资源和薪酬委员会作为CSIR人事管理的最高机构,负责讨论和批准CSIR的人力资源政策和战略,批准员工总体的薪酬调整和奖金发放,CSIR人力资源部和其他相关部门负责具体执行。

第二,要有适当的绩效考核周期。一般来说,各国制度化的绩效评价主要有三种:年度评价、晋升和聘任评价以及终身职后评价。对比这三种类型的评价,年度评价最为基础,具体来看是对于短期合同科研人员是否能够继续留任以及能否加薪的重要依据,同时也是促进科研人员发展的重要方式。越来越多的国家和组织摒弃了以月度或季度为周期考核评价周期,而适当拉长绩效考核的周期。

第三,要有全面科学化的绩效考核的流程。越来越多的科研机构重视全面科学化的绩效评估过程,取代原有简化的绩效管理管理流程。一是年度签订绩效计划。它是对战略计划总目标的分解,包括:对机构预算中涉及的所有项目活动阐明绩效目标;确定绩效指标,用来考核产出和结果;描述测量绩效的方法;说明为达到绩效目标拟采取的工作程序、技巧、技术、人力资源、信息和其他资源等;确定赋予管理者的权限和责任等。二是重视绩效面谈。重视沟通的作用。例如,美国国家标准与技术研究院(NIST)规定,一个年度绩效周期内,科研小组负责人在科研人员制订绩效计划、绩效实施和绩效评价结束过程中,至少要和科研人员面对面沟通四次。三是撰写绩效评价报告。将实际完成的业绩与年度绩效计划中的执行目标相比较,对该财年目标完成的成功方面进行总结,对实现的业绩进行评估,并对未达到执行目标的项目进行解释和说明,以及将来完成绩效目标的计划和时间表。如果某个绩效目标是不实际或不可行的,要说明改进或终止目标的计划。

第四,要有精细化的绩效考核指标体系。对于科研人员的绩效考核指标体系分为三大类,一类是以美国为代表的结果导向的、精细化评价标准。例如,美国的项目分级评估法(PART)就是为了进一步整合预算与绩效管理的思想,由总统预算与管理办公室(OMB)在广泛征求国会、学术界、联邦机构和社会公众意见以后于 2002 年 7 月正式发布。

PART 的主要目的是要在机构预算、计划和评价过程的基础上建立一致的评估框架和标准，既强调项目结果，又将预算计划和绩效表现联合起来。PART 是一份由 25 个用 yes/no 回答的问题问卷，每一份问卷都分为 4 个部分，并且每个问题都被赋予相应权重。PART 的 4 个部分包括：①项目的目的和设计（20%），②战略计划（10%），③项目管理（20%），④项目结果（50%）。

OMB 根据被评机构提供支持其回答的相应证据和数据，对该机构给予 0~100 的分数，再将分数转化为 4 个等级的评级。有效为 85%~100%，比较有效为 70%~84%，合格为 50%~69%，低效为 0~49%；结果不可证明。当项目没有可接受的绩效测量指标或是缺乏相应绩效数据时，给出的评级是：结果不可证明。OMB 会根据评估结果给出改进意见甚至提前终止研发合同。

第二类绩效考核不仅关注绩效产出侧，而且关注绩效的投入侧。例如，英国生物技术与生物科学研究理事会（BBSRC）在对较高等级科研人员进行绩效评价时，考虑的科研成果投入侧是"创造与管理创新性、独特性国际研究所需要的资源方面具有显著地、可持续性的表现"，需要提供已获得项目资助的具体情况进行佐证。在科研成果产出方面，评价标准为"从事杰出并具有可持续性的原创性研究，且研究具有国际影响力"，需要提供期刊、著作等进行佐证。除此之外，这类绩效考核还考察被考核者的领导力、经济与社会影响、业务素质和潜能等。

第三类绩效考核是南非科学工业研究理事会在对科研人员绩效考核时，采取的"个人价值矩阵"测评的方法。在绩效的投入侧主要考察两项：①专业资质，即科研人员的学习能力和研究能力；②领导和战略导向能力，主要是指被考核人带领研究团队开展研究的能力，研究水平受同行认可的程度，以及在国家和国际层面对研发趋势的影响。在产出侧主要考察四项：①知识传播情况，包括论文、著作、专利、软件、技术示范、工艺规范、政策指引等研究产出；②人力资本发展情况，包括指导其他研究人员的研究活动和研究职业路径，培养青年研究人员的情况；③影响力情况，指论文被引证、知识产权或产品销售、创办新公司、制定政策或标准等活动产生的影响；④吸引研发资助情况，主要考核其在吸引竞争性研究资助的过程中所起的作用。

另外一些国家或机构则主张采取相对模糊定性的绩效评价办法。这些国家或机构认为，过分强调科研项目的成果和数量，会导致急功近利的短期行为，而更加侧重实绩和质量，如同行评议、签字权等作为绩效评价的主要内容。例如，日本对于科研人员的绩效评价相对简单，且绩效与薪酬增加、职位晋升关系并不密切；英国约克大学，在绩效薪酬和职位晋升评议上都注重同行专家的意见，并且详细规定了各类职称评审同行专家的要求。

第五，绩效评价主体。越来越多的大学和科研机构重视科研项目负责人在绩效考核中发挥的作用。在美国国家标准和技术研究院（NIST），科研人员的绩效考核权被直接下放给科研小组负责人，而部门负责人依据绩效考核结果，对科研人员给予绩效加薪或奖金拥有建议权。为避免权力行使的随意性，NIST建立了绩效奖酬反馈与申诉、异议复议和员工满意度调查等多项机制，加强对负责人权力行使的制约和监督。不过，尽管实行了负责人问责机制，但对依靠个人（小组/部门负责人）评价科研人员绩效和决定科研人员薪酬的做法还是存在普遍的质疑和不满。NIST也在谋求新的制度设计，例如，纳入多个考评者的反馈评价或360度绩效信息收集，以确保绩效信息来源的多样性、客观性和全面性，使绩效评价结果更可靠，更为科研人员所接受。

### （三）科研成果转移转化收入

在美国、加拿大、英国、日本、韩国、以色列、新加坡等国家，科研成果转移转化收入是科研人员的重要收入来源。政府采取积极的措施保障科研人员的利益，促进成果转移转化的效率，包括制定完备的法律制度、设立专门的成果转移转化部门、制定优厚的分成比例和多样化的资本投入。

在法律制度方面，不仅包括国家层面的，还包括各个领域的。从20世纪80年代开始，美国制定颁布了一系列法律法规，其中包括《史蒂文森-

怀勒技术创新法》(*Stevenson - Wydler Technology Innovation Act*, 1980)、《贝赫 - 多尔大学和小企业专利法》(*Bayh - Dole Act Patentand Trademark Law Amendment*)、《联邦政府技术转让法》(*Federal Technology Act*, 1980)、国家竞争性技术转让法(*National Competitiveness Technology Transfer Act*, 1989)、《国家技术转让与促进法》(*National Transfer and Advancement Act*, 1995)、《联邦技术转让商业化法》(*Federal Technology Transfer Act*, 1997)、《技术转让商业化法》(*Technology Transfer Commercialization Act*, 2000)等一系列法律。90年代,美国的科研成果转化率已达到80%[①]。除此之外,美国还详细规定了科技成果的归属权问题,一般科技成果使用权归属模式有3种:归于科研机构、归于联邦雇员、归于合作参与方。法律明确规定了在何种情况下,科研成果的归属权问题,使用权归属标准与条件都不尽相同,以公正公平地维护参与研发的各方利益。

在组织机构方面,为了保障科研成果的转化和技术开发的顺利实施,美国成立了专门的政府机构负责科技成果管理,主要是商务部及其下属的科技管理机构。在哈佛大学、斯坦福大学、芝加哥大学等都有专门负责成果转移转化的部门,并配备相应的专业人才来组织实施。在以色列大学系统内共建有7个技术转移机构,除了海法大学外,其他6所研究型大学均建有自己的技术转移公司(Technology Transfer Company, TTC),他们是独立的营利性组织,全权负责这些大学的知识产权管理、保护和商业化。

各个国家在科研成果转移转化收益分配方面都做了详细的规定,尽管他们各自的收益分成比例各不相同,但都有一个共同点,就是十分重视研究者通过技术转移应得的待遇和利益。例如,剑桥大学规定,对于收益在1万英镑及以下的小额转移收入,将90%的收益归于发明者,对于大于5万英镑以上的项目,也给予发明者33%的收益。

在促进成果转移转化的投资方面,政府会给予一部分支持,并从中获取收益。例如,新加坡政府先后出台了如"革新2020"计划、21世纪科技企

---

① 李晓慧、贺德方等:《美国促进科技成果转化的政策》,《科技导报》2016年第23期。

业家计划等一系列科技支持计划，明确了产业导向政策，不仅可以减免税收，而且政府还会参与投资，甚至是帮助企业补充研发费用，政府也积极促进研发机构与企业的合作共赢。美国很多大学与投资基金合作，拓宽投资渠道，例如，斯坦福大学研发促进基金、哈佛大学生物医学研发促进基金等。

## 二 对我国科研人员薪酬分配政策建议

### （一）基于不同的功能定位和学科分类确定差别化的薪酬激励机制

要引导科研机构明确组织的战略定位。就现代薪酬设计的理念而言，薪酬制度的最终目标是支持组织战略目标的达成，使组织获得并保持竞争优势。高校和科研机构的战略定位，是指高校和科研机构在国家高等教育和科研体系中如何确定自身的地位和核心竞争力。定位与分类密切相关，例如，美国卡内基高等教育分类体系依据培养项目、招生结构、规模与设置等六大分类标准，对美国高校做出详细的划分，该分类标准被广泛应用于高校的战略定位、政府对高校的绩效评估，以及高校薪酬调查中外部比较对象的确定。

科研机构则应通过深化科研管理体制改革，进一步明确科研机构的分类。未来的改革还需要区分基础类研究、应用类研究，以及自然科学、社会科学类研究在薪酬激励上的差异，并同时建立科研人员项目收入的激励约束机制。

通过国家战略分解，明确科研机构使命定位。通过财政投入方向，调控科研机构的研究重点。国家重点保留对基础研究、战略性应用研究领域的投入。其他研究领域可采用政府购买服务或委托民营科研机构的运行模式。部分基础研究也可以借鉴国外模式，与高校进行整合，避免两者的功能重叠。围绕自身定位和战略，高校和科研机构才能构建与之相适应的薪酬策略。

在完善高校和科研机构战略定位的同时，要构建战略评估体系，将评估结果与高校获得的财政拨款相关联。通过对国家发展战略的分解，构建一系列指标体系，综合反映高校和科研机构的运行绩效。不同分类和战略定位下的高校和科研机构，评估指标的权重不同。例如，越是高水平的大学，越强调科学研究和创新层面的评估；越是基础层面的大学，如地方院校，越强调教学、人才培养和社会服务方面的指标评估。

### （二）改革以职称为基础的薪酬制度，强化岗位、能力和实际贡献的作用

打破现有以资历和职称为基础的薪酬体系，探索按照岗位、能力和实际贡献分配薪酬的新制度。比如，高校可以在现有的教学研究岗、研究岗、教学岗的基础上，根据单位战略需求增加"社会服务岗""科研攻坚岗"等细分岗位。同时，创新多元化和灵活的人才聘用方式，如项目聘用、兼职聘用、临时聘用等。在管理体制上，区分教师序列与职员序列的管理机构，在教师人事办公室之外成立职员人事办公室。职员主要是从事日常行政工作的高校办事人员，职员管理与教师管理分离，符合大学"去行政化"的趋势。

科研人员工作的非标准化决定了他们薪酬的多样化。高校和科研机构需要根据不同岗位的特点辅之以差别化的绩效评价体系，例如，对教研系列教师重点考核其教学和学术水平；对研究系列教师重点评价其研究水平和在研究团队中所发挥的作用；对教学系列重点评价其教学工作量、教学质量和教学研究水平。同时，将评价权力下放给学院，不再设立学校统一的标准与尺度，学院根据本院的特点和学科特点，自主设置评审标准。改革现有的绩效指标体系，从单纯地考核数量和规模，转型到综合考核人员的能力和实际贡献，尤其是在科研评价方面，引入国内外同行评议机制，重点评价研究成果对所在学科的贡献。在差别化的薪酬制度方面，实施单位负责人和高层次人才的年薪制，通过严格的年薪合同规范聘期的目标责任和待遇水平，并执行相应的限薪办法。针对一般研究型岗位，可借鉴宽带薪酬技术，减少岗位薪酬的纵向层级，将目前四层13级的纵向岗位分类设置成相互交叉的扁平化岗位结构，形成互有重叠的薪酬宽带，使低层级岗位上的优秀者也能拿到比高层级低端岗位更高的薪酬，从而加大激励作用。针对非教研岗位，则应以

基于岗位的薪酬体系为主,根据岗位分析和评价,结合市场数据确定岗位薪酬水平。

与此同时,建立不同序列人才之间的开放互通机制,以平衡不同类型人才之间的待遇水平和发展机会,人员可以根据其自身情况与特点申请不同的岗位类别,也可以申请在不同类别的岗位之间进行转换。

### (三)深化科研经费管理改革,形成对科研人员的有效激励与约束

近年来,我国科研经费中对人员投入体现不足的问题已经得到政府的充分重视,国务院在2014年印发的《关于改进加强中央财政科研项目和资金管理的若干意见》和2016年印发的《关于进一步完善中央财政科研项目资金管理等政策的若干意见》提出,要提高间接费用比重,加大绩效激励力度,取消绩效支出比例限制;明确劳务费开支范围,不设比例限制。劳务费预算不设比例限制,由项目承担单位和科研人员据实编制。

在今后的改革中,应关注对科研人员激励与约束的并重,使科研项目收入成为科研人员的收入补充,而不是主要组成部分。参照美国联邦政府对公立高校和科研机构中科研收入的管控办法,我国应当在近期设置科研人员从项目收入中提取收入的上限规定。该规定可由人力资源和社会保障部、财政部、科技部、教育部及相关机构联合拟定。具体的上限设定需要体现并区分基础研究、应用类研究,以及自然科学、社会科学类研究在经费管理上的差异,并结合高校和科研机构的平均薪酬水平。

### (四)完善科研人员绩效管理,建立以能力和业绩为导向的绩效评价体系

一方面,要针对不同岗位科研人员制定科学合理的考核办法,可以根据不同类型科研机构的特点和发展方向,设置有针对性的绩效指标,考核各个单位的实际任务完成情况,不仅要关注成果产出,还要关注能力、知识的投入。现有的考核指标主要关注国家社会科学基金课题、专著论文量和级别,还有横向课题的资金量等,这是典型的结果性考核,且容易造成急功近利的

短期行为,应针对基础性研究和应用性研究的不同特点,分别设置考核指标。

另一方面,建议加强科研机构的考核与其绩效工资的联系,目前对单位和个人的考核均没有形成有效的薪酬激励。对于基础性研究人员,绩效薪酬比例较小,绩效周期可以放得更长一些,2~3年为一个考核周期,中间督查,鼓励其以前沿性、引领性研究为主。对于应用型研究可以适当增加经济指标,以年度为考核周期,浮动薪酬部分的比例相对大一些,其绩效薪酬与绩效考核结果的联系更加紧密。基础性研究和应用型研究不能完全割裂开来,也要建立交换交流机制,达到互相促进的目的。

### (五)进一步完善成果转移转化机制,保障成果转化顺利进行

一是完善相关法律法规,明确国家、科研机构、科研人员和企业、中介服务部门在成果转移转化中的责任和义务;二是设置专门的转移转化部门,配备专业人才,负责科技成果产业化培训、工程化验证和应用示范的策划等,促进科研成果转移转化;三是充分利用信息技术,拓展成果转移转化的平台。四是鼓励民间资本积极参与其中,扩宽资金渠道,促进科新技术、新工艺、新结构、新材料、新装备等的推广和应用。

**参考文献**

[1] 曹问:《我国高校工资制度改革的沿革与价值取向》,《重庆理工大学学报》(社会科学版)2014年第5期,第73~77、108页。

[2] 仇勇、李宝元、董青:《我国高校教师的薪酬制度改革研究》,《国家教育行政学院学报》2015年第10期,第84~90页。

[3] 刘维明、张克顺:《高校薪酬制度改革的研究进展》,《首都师范大学学报》(社会科学版)2009年第5期,第146~149页。

[4] 张义芳:《公立科研机构科研人员工资制度的国际比较分析》,《全球科技经济瞭望》2016年第6期,第50~56页。

[5] 王金友、蒲诗璐、王慧敏、李妮:《高校教师岗位分类管理刍议——国外一流

大学的经验和我国高校的实践》,《四川大学学报》(哲学社会科学版)2014年第2期,第127~136页。

[6] 吴建国:《美国国立科研机构经费配置管理模式研究》,《科学对社会的影响》2009年第1期,第23~29页。

[7] 任洪波:《南非公共研究机构绩效薪酬管理——以南非科学工业研究理事会为例》,《世界科技研究与发展》2015年第5期,第635~641页。

[8] 李洪瑞、王哲、李浩:《高校高层次人才薪酬体系的国际比较》,《现代教育管理》2012年第7期,第124~128页。

[9] 李容:《我国公共农业科研机构科研激励制度调查分析——以1338名农业科学家为例》,《科学学研究》2012年第1期,第72~80页。

[10] 李晓轩、王彩燕:《科研事业单位科研人员薪酬制度的演变与特点》,《科学与社会》2012年第2期,第43~50页。

[11] 刘志斌:《浅析中国大学治理模式创新——基于中外高等教育发展对比的视角》,《前沿》2012年第1期,第6~7页。

[12] 李军、阳渝:《大学治理结构面临的问题及目标模式》,《高等农业教育》2006年第12期,第15~18页。

[13] 贺永平、郭平:《"党委领导、校长负责、理事会监督"大学治理模式研究》,《求实》2012年第2期,第284~286页。

[14] 高校教师薪酬调查课题组、王希勤、刘婉华、郑承军:《高校教师收入调查分析与对策建议》,《中国高等教育》2014年第10期,第27~29页。

[15] 卢小君、王涌涛、张国梁:《高水平研究型大学教师聘任评价研究——以"985工程"高校正高级岗位聘任为例》,《国家教育行政学院学报》2012年第9期,第59~64页。

[16] 刘婉华、袁汝海、张岩峰等:《清华大学实施岗位津贴制度的实践和效果》,《中国高教研究》2004年第z1期,第41~47页。

[17] 晁毓欣:《美国联邦政府绩效管理改革三部曲》,《山东财政学院学报》2011年第2期,第46~51页。

[18] International Labour Organization "Global Wagedatabase," http://www.ilo.Org/public/English/prOtectiOn/eOndtrav/pdfy wagedatabase09xls, October 15, 2010.

[19] Allen Gassady, "NIST Personnel Management Project: Design, Implementation and Accomplishments," Gaithersburg: Institute of Standards and Technology, PB91-231555, 1991.

[20] David Robinson, Alternative Personnel Management System (APMS) at the National Institute of Standards and Technology, Federal Register, http://www.nist.gov/ohrm/apms.cfm, June 19, 2012.

[21] UC Berkeley, "Report on the UC Berkeley Faculty Salary Equity Study," http://vpf.berkeley.edu/sites/default/files/Equity%20Study%20Report%20final%201-26-15%20--revised.pdf, January, 2015.

[22] Senate Committee on the Economic Status of the Faculty 2014 Fiscal Year Annual Report, July 1, 2013 through June 30, 2014.

# B.15
# 发达国家工业化进程中的工资增长规律

钱　诚*

**摘　要：** 党的十九大提出从全面建成小康社会到基本实现现代化，再到全面建成社会主义现代化强国的宏伟目标，缩小收入分配差距和扩大中等收入群体是其中重要内容。回顾发达国家工业化进程，完成工业化的同时也是国民收入不断增加，中等收入群体不断扩大，贫富差距不断缩小的过程。对应当前我国工业化发展阶段，本报告基于工业化理论和经济史研究方法，通过考察发达国家工业化进程中的工资增长情况，总结工资增长趋势规律，为研判当前我国工业化进程中工资收入增长的形势提供借鉴参考。

**关键词：** 发达国家　工业化进程　工资增长规律

未来十年是我国跨越"中等收入陷阱"的关键阶段，回顾发达国家工业化进程，完成工业化的同时也是国民收入不断增加，中等收入群体不断扩大，贫富差距不断缩小的过程。美国、日本、德国等发达国家工业化进程中，以及一些新兴经济体经济起飞阶段，工业部门的工资增长速度是怎样的？通过与发达国家同期历史阶段工资变化的比较，将有助于更加客观地看待当前我国劳动力成本迅速上升的情况。

---

\* 钱诚，中国劳动和社会保障科学研究院助理研究员，管理学博士，研究领域为工资收入分配、企业人力资源管理与人才学。

## 一 发达国家的工业化概况

根据联合国统计,截至 2018 年底,世界上共有 232 个国家和地区,其中国家为 195 个,地区为 37 个。按照世界银行的标准,发达国家和地区有 40 多个,其中 OECD 国家和地方 35 个,除去卢森堡、新加坡、中国香港等城市型国家或地区,以及部分石油输出国,在具备一定工业基础的国家中,真正意义上实现工业化的大国不超过 20 个。如果再考虑地区影响力,以 G8 集团(含俄罗斯)为基础,可以认为美国、日本、英国、法国、德国、意大利、加拿大、俄罗斯等为发达工业化国家。

工业革命之后两百多年,仅有为数不多的国家或地区在工业化方面获得了成功,这些国家或地区集中在北欧、西欧、北美和东亚,尽管"亚洲四小龙"(韩国、中国台湾、中国香港和新加坡)和"亚洲四小虎"(泰国、马来西亚、菲律宾和印度尼西亚)经济增长成绩突出,经历了快速的工业化,但自 1997 年金融危机以来,"东亚奇迹"国家工业化步伐放缓,经济总量和人均产值还不能达到完全工业化的标准。

英国最早发起工业革命,是世界上第一个工业化国家,英国的工业化进程起步早、时间长,最早可追溯至 17 世纪,光荣革命之前,英国已经出现了乡村工业化。1776 年,瓦特改良的蒸汽机成功运用到工商业领域,同年,亚当·斯密发表《国富论》,漫长而坚实的英国工业化以此为节点进入加速阶段。蒸汽机的广泛应用标志着工业革命的开始,《国富论》则为英国自由主义经济指明方向。实业家们通过原始工业化阶段培育的市场条件和先进技术实现扩大生产,英国综合国力不断增强。半个世纪之后,英国融入第二次工业革命的大潮,在纺织、铁路、能源、采矿等重要的工业部门在原有技术基础上,率先使用电力和化学。进入 20 世纪,英国进入福利国家阶段,如医疗、教育、失业保险等社会安全网的普遍建立,开始进入后工业社会。

美国工业化的萌芽始于建国前,殖民地时期的对外贸易和工业萌芽,为美国早期的工业化提供了必要的物质基础。北美独立战争为美国资本主义经济迈出从依附走向自立的步伐，奠定了必要的政治和制度前提。1807~1809年颁布的《禁运法案》导致美国航海业和对外商业萧条的同时，也将过剩资金导向了制造业，催生了美国工业化的开始。美国国内外市场的拓展，以及劳动力市场、资本市场和技术市场的对外开放，为美国带来了丰富的劳动力、资本和技术。美国国内市场的扩大，一方面促进了地区的专业化分工，另一方面为工业制品的内销找到了出路。19世纪60年代，美国内战的结束为工业化快速发展创造了更为积极的条件，与此同时，美国在积极吸收欧洲先进工业技术的同时，悄然融入了第二次工业革命的大潮，在电力革命、生产革命等历史机遇下，于20世纪初基本完成工业化。

德国的工业化先于德意志统一。W.G.霍夫曼认为，德国工业化始于19世纪20年代。由于国家尚未统一，工业化进程较慢，1871年，统一的德意志国家诞生，德国开始赶超。19世纪70~90年代，德国驶入工业发展快车道，实现对英国和法国的赶超。1830年，德国农业人口比例超过4/5，1840年德国生铁产量仅相当于法国的1/4和英国的1/7。1870年，德国的工业产值占世界工业产值的比例为13%，同期美国已经达到了23%，而英国为32%。1906年，德国工业产值占世界工业产值的比例已经超过了英国，达到了16%。其间，德国不仅完成了工业化，还成为仅次于美国的世界制造中心，在经济总量上，1913年德国成为世界第二大经济体。

法国工业化起步较早，仅次于英国，起步阶段始于拿破仑时期，18世纪末19世纪初，法国从共和走向帝国，拿破仑奉行经济自由主义原则，同时不排斥实行国家干预。在巩固大革命成果的基础上，拿破仑进一步着手整顿经济秩序，保持经济稳定发展，使法国大革命的经济成果被逐渐制度化。拿破仑时期是法国工业化进展比较快的时期，通过颁布《拿破仑法典》，改革法国的金融制度，成立法兰西银行，实行货币改革和金银复本位制，大力发展科学和教育事业，鼓励工商业发展，加大关税保护等措施，法国工业快速发展起来。19世纪中后期，法国基本完成工业化，法国的工业化走了一条不同于英国，也不同于美国和德国的道路，在发展特征上，进入平稳增长、无起飞阶段，是渐进式的工业化，在结构特征上，二元结构明显，资本主义与封建生产方式并存。法国在20

世纪初跻身世界工业强国,工业产值排名世界第四。

日本的工业化起步晚,但发展快,作为后发工业国家,在国内资源匮乏的情况下,走向对内政府统治和对外侵略扩张的道路。1868年之前,日本处于江户时代,幕府统治下的日本基本处于封建生产模式之下,佩里黑船开国之后,国内外危机加速了幕府的倒台,明治政府上台,开启了明治维新,日本的工业化也始于明治维新,以1868年为起点,日本传统手工业逐渐受到西方大工业的冲击,日本领导人意识到与文明的全面差距,派遣岩仓使出访欧美,引进现代工业,全面欧化。工业化起步之初,日本结合自身的比较优势,优先发展轻工业,纺织业、缫丝业等成为主导部门。19世纪晚期,日本发动中日甲午战争、日俄战争,在大发战争财的同时,为国内工业发展积累了资本,在政府主导下迅速完成西方发达国家两次工业革命。

## 二 发达国家工业化进程的工资增长
### ——以美国、日本为例

### (一)美国工业化进程中的工资增长

美国工业化进程中,劳动力市场的一个突出特点就是劳动力短缺,这一国情至少带来三个方面的影响:一是美国政府通过调整移民政策,增加市场上需要的劳动力;二是工业部门为有一定技能的工人提供有竞争力的工资;三是美国工业化一开始就是资本和技术密集型的,劳动力短缺倒逼企业加快技术升级。

高工资一方面提高了工人的质量,另一方面也倒逼企业家加快技术进步,在追求利润最大化的企业家看来,频繁使用机器,雇用更多高技术工人,才能获得更多的利润。于是,美国工人的高工资和高生产率成为"美国制造体系"的一个重要特征。

美国工业化的成功,一个重要特点不是通过与当时的竞争对手——主要是英国,打价格战,通过降低成本和压低工资来提升竞争力,美国企业的做法是通过提高劳动生产率提升竞争力,这样的做法使得美国制造业工资率在

19世纪初高于英国同行水平，对比来看，美国工人在技能、教育和经验方面比英国不落下风，19世纪初美国轻工业在美国的工业总产值中占70%，美国农业劳动力所占比例，平均每10年下降5.3个百分点。

相比而言，英国使用机器提高效率的压力不像美国同行那样大，因为英国没有像美国那样的未开发领土，英国工人没有更好的选择，更愿意在工厂接受较低的工资。英国企业家有相对充足的产业工人，对升级机器和提升效率的驱动力不那么迫切。19世纪中期的美国像极了工业革命之初的英国，为了节约劳动力成本而不断发明新技术，美国对英国的超越，像极了之前英国对于欧洲大陆的超越。而这两次超越很大程度上源于劳动力禀赋及其价格。

技术革新源于劳动力对资本价格比例的变动，也取决于制造业资本的积累，美国制造业能够选择技术革新之路，还要依靠其雄厚的原始资本积累，他们有更多的钱购买机器，支持发明，挖走欧洲的同行……大量的投资带动了资本市场利率的提高，高利率反过来又吸引更多的资本向制造业集中，这样就形成了高工资、高利率、高产出、高利润的"美国制造体系"。

根据《新帕尔格雷夫世界历史统计》的估算数据，笔者整理了美国1890~1993年制造业小时货币工资指数数据。首先，基于一个长程（long-term）视角观察美国制造业工资变动情况。以1955年为100，考察1890~1990年美国制造业货币工资指数反映的情况，可以得出以下三点判断。

一是长期来看，工资增长具有线性特点，工资指数是一条向右下方倾斜的曲线，即便是在1929~1933年大萧条时期，美国制造业货币工资仍然是增长的；二是工资增长呈现先慢后快的趋势，以1940年为起点，战后美国制造业货币工资曲线更加陡峭，斜率明显大于战前；三是百年间货币工资实现了多次翻番，1990年的工资指数是1890年的60多倍。

其次，按照中国当前工业化处于中后期阶段，截取美国工业化中后期，即1890~1930年制造业货币工资指数变动数据分析，并以三个10年分段考察工资趋势，得出以下结论：一是30年的工资增长趋势中，有个别年份（1918~1922年）指数出现下降，但总体上工资增长仍是常态；二是根据指数得到的30年工资增长率浮动较大，有年份工资增长率较高，有年份工资出现负增长；三是将时期缩小到10年范围，工资指数趋势波动变小，但工资增长率变动变大。

最后，利用1785~1830年美国费城地区手工业者平均货币工资指数数据，分析这一阶段工资增长情况发现：一是工业化初期手工业者工资指数趋势浮动明显，工资指数有升有降，这一阶段工资指数极差，达到54个单位，表明这一时期工资水平变化较大，工资连续增长的时期并不多；二是工资增长率波动也很剧烈，与工资指数对应的，个别年份工资最高增幅超过20%，也有年份不仅回落，还出现较明显的负增长。

1828~1881年，以1830年为100，以伊利运河工资指数为例，其工资指数在半个世纪左右的时间增长了1.5倍，年均增长率约为2%。这一时期的工资增长具有跳跃式增长和阶段平稳性相结合的特点，总体来看，工资是增长的，但呈现阶梯增长的趋势，以1850~1880年的情况为例，在经历了一段平稳增长后，1860年开始工资跳跃，指数增长到200以上，之后小幅下降，1870年之后在200上下徘徊。对比19世纪30年代，工资还是出现了较大幅度的增长。

再结合1860~1880年这20年间制造业熟练工人工资率指数分析。这一组数据呈现的增长趋势与伊利运河资料有明显的不同，直观来看，这一组数据呈现一个倒U形曲线，表明工资增长不是线性的，在经历过一个高峰值后出现向下的拐点。1864年，美国制造业熟练工人经历过一次工资大幅上升，至1872年达到顶点，这近十年的增长将制造业熟练工人维持在一个较高的水平，这一时期也是美国工业化的飞速发展时期。1872年之后，美国制造业熟练工人工资出现下降，但相比19世纪60年代，仍体现出较大幅度的上升。由于数据只限于20年，我们不容易判断这次先升后落的增长是不是一个长波段的一部分，之后的工资指数是否还会经历一个上扬的过程。

根据休斯在《美国经济史》中的数据，1914~1922年，美国制造业工时数不仅没有明显增长，而且在多数年份呈工时不断减少的趋势。与工时变化相反的是，制造业名义和实际小时工资率都出现上升，如果不考虑通货膨胀，名义工资率的上升速度非常可观，从1914年的0.287上升到1920年的0.663，实现了翻番，工资的高速增长与当时美国的经济高速增长相匹配，这个过程与战时经济有关。

工资绝对水平的增长持续到大萧条时期。根据休斯的数据，1929年之后，制造业名义小时工资率开始出现下降，从1929年的0.56美元下降到1933年危机结束时的0.44美元，1934年，制造业小时工资迅速恢复到大萧条前的水平，之后一路增长。

### （二）战后日本经济起飞期间的工资增长

考察《日本历史统计》（*Historical Statistics of Japan*），其第19章"劳动和工资卷"，统计的最早的工资数据可追溯至1948年。比较米切尔《新帕尔格雷夫世界历史统计》（亚洲、非洲卷），其关于制造业货币工资指数的统计起始于1947年。从考察增长的角度，我们认为后者满足研究需要，《日本历史统计》相比而言的一个优势是，其数据更新至2003年，而《新帕尔格雷夫世界历史统计》更新到1993年。

首先，从一个长时段观察，战后日本制造业货币工资持续增长，而且增长不断加快，指数增长可分为两个阶段，1970年之前和1970年之后，1970年之后工资增长更快。工资增长率有两个特点：一是1947~1959年出现一个大幅下降的趋势，之后工资增长率经历了一个先上升后下降的过程，拐点在1973年前后；二是1961年之后的工资增长率有浮动，但除了1973年前后，其他时间浮动幅度不大。

其次，将视野聚焦到日本战后经济起飞和工业化进展最快的20世纪50~60年代和80年代。1952~1971年，制造业货币工资平滑增长，1962年之前增长较缓慢，1962年之后的近10年工资快速增长，势头直至1970年全球石油危机结束。制造业工资增速波动较大，1957~1958年出现增速显著放缓情况。

20世纪70年代滞胀结束后，日本制造业工资平缓增长，水平不断增长，但增长率再也没有恢复到70年代中期之前的速度，增速不断下降，个别年份如1993年开始出现负增长，事实上，进入90年代后，日本经济进入停滞时期，工资增速很直观地反映了这一趋势的开始。

最后，使用《日本历史统计》中关于劳动力与工资的数据分析发现，20世纪90年代至21世纪初日本制造业工资增长较为缓慢，个别年份增速虽有加快，但周期较短，很快就出现向下的波动。1997年亚洲金融危机之后的两年，日本制造业工资水平出现下降。

"国民收入倍增计划"是池田勇人内阁在1960年12月27日的内阁会议上决定的，用来取代1957年岸信介内阁的"新长期经济计划"。日本经济史学家内野达郎在《战后日本经济史》一书中这样评价"国民收入倍增计划"：在三十多年里，日本政府制订的计划有十几个之多，可是绝大部分在国民还没搞清什么含义就销声匿迹了，对国民来说，印象最深的影响最大的只有一个，就是国民收入倍增计划。

尽管后来的一些经济学家认为这个口号有些言过其实，例如，有人认为倍增是靠发行货币实现的。但在日本国民心目中，这项举措对日本经济的提振力是千真万确的。国民收入倍增计划是昭和三十五年（1960年）通过的，此前有"工资倍增政策"和"月薪倍增政策"作为前奏，唤起了国民对增收的信心。国民收入倍增计划的背景是日本作为外向型经济的代表，长期靠压低本国国民工资，维持产品在国际市场上的价格竞争力。日本货卖出去了，可日本百姓没有得到太多收入，甚至间接影响到本国的消费。低工资策略在国际上的评价并不高，以时任西德经济部长艾哈德为代表的西方政要抨击日本的倾销的同时，含沙射影地批评日本压低工资。国外的舆论引起日本政府重视，池田勇人内阁认为，日本经济实力在战后十年得到空前提高，高速增长的背后，应充分挖掘本国消费需求，重新评估日本经济增长潜力和前景，池田内阁的高参下村治也提出，应抓住日本经济振兴时机实现增长转型。

国民收入倍增计划基本思路是：通过加快发展来使国民生产总值翻番，由此增加就业，力争实现充分就业，并大幅度提高国民收入。通过经济高速增长，缩小农业和非农业部门、大企业和中小企业之间以及各地区之间的收入差距，全面提高生活水平，促进国民经济的均衡发展。

国民收入倍增计划包括很多政策内容：一是政府负责充实社会保障，为全民提供国民健康保险和全民补贴制度；二是在发展经济的同时激发民众增收潜力，如提供教育补贴和减税等；三是大力缩小收入差距，尤其是工农之间和地区之间的收入不平衡。当时,池田内阁对倍增计划信心十足,将国民收入倍增计划由最初预定的7.2%增速提高到9%,10年完成翻番目标。

国民收入倍增计划在日本实施的结果是,国民生产总值和国民收入的实际年平均增长率分别达到11.6%和11.5%,超过计划规定的目标;实施计划的第七年,便实现了国民收入增长了1倍;人均国民收入按市场价格计算,从1960年的395美元,增加到1970年的1592美元;10年间实际工资平均增长83%。1970年该计划完成之时,日本的国民生产总值已先后超过法国和德国,仅次于美国跃居世界第二位。但是,通货膨胀、两极分化、大都市人口过密化和农村人口过疏化等问题日益严重。

小林义雄教授在《战后日本经济史》中明确指出,国民收入倍增计划并不是真要实现劳动人民的收入增加,而是垄断资本追求利润最大化,追求资本在国民收入分配中所占比例增加的一个途径,是资本和劳动博弈中的胜利。当然,应该客观评价,国民收入倍增计划确实是战后日本经济腾飞的重要一步。

## 三　对我国的若干启示

一是发达国家工业化中后期的工资水平增长呈线性,多数时期平稳增长,工资增长率波动较大,与本国经济发展周期有显著的同步性。以日本为例,战后日本的工资增长与其经济景气有直接的关联,战后日本制造业工资水平下降以及降幅较大的阶段,正是战后日本经济短暂衰退的1957~1958年,以及1973年前后这两个阶段。

二是工业化长周期(30年以上)和短周期(10年以内)的工资增长,工资增长曲线差异较大。长期视角下的工资曲线多是一条向上倾斜的曲线,一般斜率为正,越接近近现代,曲线越陡峭。短期视角下的工资曲线类型较多,有的呈倒U形曲线,有的出现多个波段,表明相比长期趋势,短期工资增长波动频繁。

三是制造业工资增长率与人均GDP增长率、出口增长率和物价增长率具有同步变动关联性。以 1915~1993 年美国的数据为例,根据不同年份间指数的调整,以对数增长率为研究对象,建立制造业小时工资增长率、工业产出增长率、人均 GDP 增长率、出口增长率和物价增长率之间的关联,发现工资增长率与人均 GDP、出口增长率、物价增长率在 1% 的显著性水平上相关,与工业产出增长率的相关性不显著。

四是在多数时期,发达国家工业化进程中出现不同地区、群体及行业之间收入差距扩大的问题。以美国、德国为例,在工业化前、中、后期,均出现地区间、群体间工资增长不平衡的问题,先发工业化地区和城市首先成为高工资地区,吸引落后地区劳动力流入,进一步扩大城乡、区域及群体之间的工资差距。

五是政府部门不仅是工业化的重要参与者和推动者,也是产业部门工资增长的重要规范者和促进者,这一点有两种体现方式;一种方式是直接通过收入分配政策促进居民工资收入增长,如日本战后的收入倍增计划,德国通过健全社会保障实现收入再分配,美国 1938 年制定发布《公平劳动法案》规定最低工资等;另一种方式是通过规范劳动力市场,保障劳动者合法报酬权益等,间接推动劳动者分享经济发展成果。

六是工资增长及劳动力成本的上升是推动产业升级的重要力量。英国工业革命初期,由于劳动力价格高于欧洲其他国家,选择了走技术密集型的发展道路,站在世界工业革命的潮头。美国受制于劳动力匮乏和高工资水平,在吸引技术移民的同时,企业积极学习先进技术,形成了高工资、高效率的"美国制造体系",福特汽车公司更是发明了 5 美元工作制,将这一体系推向高峰。

**参考文献**

[1] Abramovitz, M (1991), "The Post-war Productivity Spurt and Slowdown: Factors of Potential and Realization," in G. Bell ed., *Technology and Productivity*: *The*

*Challenge for Economic Policy*, OECD, Paris, pp. 19 – 37.

［2］ Ashenfelter O., Layard R., *Handbook of Labor Economics* (North – Holland, Amsterdam, 1986).

［3］ Carter S. B., et al., *Historical Statistics of the United States, Earliest Times to the Present*, millennial edition vol 2/Part B: *Work and Welfare* (New York: Cambridge University Press, 2006).

［4］ Collins W. J., Margo R. A., "Historical Perspectives on Racial Differences in Schooling in the United States," in Hanushek E., Welch F., eds., *Handbook on the Economics of Education* (North – Holland, Amsterdam, 2006).

［5］ Durand J., *The labor force in the United States*, 1890 – 1960 (SSRC, New York, 1948).

［6］ Fogel R. W., Engerman S. L., *Time on the Cross: the Economics of American Negro Slavery* (New York: Little Brown, 1974).

［7］ Galenson D. W., *White Servitude in Colonial British America: an Economic Analysis* (New York: Cambridge University Press, 1984).

［8］ Gordon, R. J., "Does the 'New Economy' measure up to the Great Inventions of the Past?" NBER working paper, w7833, 2000.

［9］ Goldin C., "Labor Markets in the Twentieth Century," in Engerman S., Galllman R., eds, *Cambridge Economic History of the United* (New York Cambridge University Press, 2000), pp. 549 – 624.

［10］ Margo R. A., *Wages and labor markets in the United States*, 1820 to 1860 (Chicago: University of Chicago Press, 2000).

［11］ Margo R. A., "Wages and wage inequality," in Carter S., ed., *Historical Statistics of the United States, millennial edition, Part B: Work and Welfare* (New York: Cambridge University Press, 2006).

［12］ Jorgenson, D. W., et al., "Are tro Spective look at the U.S. Productivity Growth Resurgence," *Journal of Economic Perspectives* 2008 (1): 3 – 24.

［13］ Weiss T., "US Labor Force Estimates and Economic Growth," in Gallman R., Engerman S., eds, *American Economic Growth and Standards of Living Before the Civil war* (Chicago: University of Chicago Press, 1992).

［14］〔美〕阿弗纳·格雷夫、韩毅：《历史制度分析：从经济史视角研究制度问题的新进展》,《经济社会体制比较》2003年第5期。

［15］〔日〕安场保吉等：《日本经济史》,连湘译,生活·读书·新知三联书店,1992。

［16］〔日〕滨野洁等：《日本经济史（1600~2000）》,彭曦等译,南京大学出版社,2010。

[17]〔英〕彼得·马赛厄斯编《剑桥欧洲经济史》(第七卷),《工业经济:资本、劳动力和企业(下册)美国、日本和俄国》,王文捷译,经济科学出版社,2004。

[18]〔英〕彼得·马赛厄斯编《剑桥欧洲经济史》(第八卷),《工业经济:经济政策和社会政策的发展》,王宏伟译,经济科学出版社,2004。

[19] 陈炳才:《工业化市场经济国家工资收入差距的社会比较》,《经济研究参考》1995年第23期。

[20] 陈佳贵:《中国工业化进程报告(1995~2010)》,社会科学文献出版社,2011。

[21] 陈晓律:《世界各国工业化模式》,南京大学出版社,1998。

[22] 陈志武:《量化历史研究》,浙江大学出版社,2014。

[23]〔美〕道格拉斯·C.诺思:《经济史上的结构和变革》,厉以平译,商务印书馆,1992。

[24]〔美〕库兹涅茨:《各国的经济增长》,常勋译,商务印书馆,1999。

[25] 李伯重:《火枪与账簿:早期经济全球化时代的中国与东亚世界》,生活·读书·新知三联书店,2017。

[26] 李利民:《中外工业化进程中的工资水平比较研究》,博士学位论文,福建师范大学,2007。

[27] 厉以宁:《工业化与制度调整西欧经济史研究》,商务印书馆,1999。

[28] 林毅夫:《新结构经济学》,北京大学出版社,2014。

[29]〔美〕罗伯特·C.艾伦:《全球经济史》,陆赟译,译林出版社,2015。

[30]〔美〕罗斯托:《经济成长的阶段》,商务印书馆,2002。

[31]〔美〕罗斯托:《经济增长理论史》,陈春良等译,浙江大学出版社,2016。

[32]〔美〕米耶、〔美〕西尔斯编《经济发展理论的十位大师》,刘鹤等译,中国经济出版社,2013。

[33]〔荷〕麦迪逊:《世界经济千年史》,伍晓鹰等译,北京大学出版社,2007。

[34]〔荷〕麦迪逊:《世界经济千年统计》,伍晓鹰等译,北京大学出版社,2007。

[35] 美国劳工统计局数据库,https://www.bls.gov/。

[36]〔日〕内野达郎:《战后日本经济史》,赵毅等译,新华出版社,1981。

[37]〔美〕帕金斯:《发展经济学》,中国人民大学出版社,2015。

# B.16
# 中等收入群体发展态势国际借鉴

贾东岚*

**摘　要：** 本报告整理汇总境外中等收入群体发展态势，并在深入分析发达国家和新兴国家在培育和扩大中等收入群体的政策措施基础上，提出针对我国扩大中等收入群体的政策启示和建议：一是扩大中等收入群体须以经济发展为基础；二是须市场体制主导与政策适度干预相结合；三是在加快城市化进程中须进一步调整产业结构；四是制定合理的一揽子收入分配政策；五是大力发展教育事业；六是营造有利于中产阶级发展的政治环境。

**关键词：** 中等收入群体　分配政策　国际借鉴

## 一　国际中等收入群体发展趋势

### （一）发达国家中产阶级的萎缩及困境

1. 美国

不少研究显示，近年来美国中产阶级最显著的变化是：总体规模萎缩，而且流失的部分主要来自私人部门的新中产阶级；公共部门的白领雇员呈现

---

\* 贾东岚，中国劳动和社会保障科学研究院助理研究员，研究领域为中外收入分配政策比较。

局部减少、整体扩张的趋势①。根据美联储公布的消费者金融调查,收入排在美国前3%的家庭拥有的财富在全部家庭总财富中的占比从1989年的44.8%提高至2013年的54.4%;而收入排在后90%的家庭拥有的财富占比从1989年的33.2%降至2013年的24.7%。更令美国决策者不安的是,美国中产阶级生活水平已持续下降十余年,这可能会成为破坏未来美国经济增长和社会稳定的危险信号。华盛顿智库美国进步研究中心的研究显示,2000~2012年,美国中产阶级家庭收入中位数下降了8%,而儿童护理、医疗、教育等基本生活保障成本却上涨了超过30%。美国皮尤研究中心2014年进行的一项调查则显示,仅有44%的美国民众认为自己属于中产阶级,远低于2008年调查时的53%②。

2. 日本

日本厚生劳动省报告显示,近年来高收入人群和中产阶层在减少,低收入人群则在增加。日本中产阶层从事的职业比较广泛,既包括大企业的职员或底层管理人员,也包括一些从事农林牧副渔等行业的高收入者。21世纪以来,日本家庭资产持续缩水,负债一路攀升,收入两极化趋势和社会发展不平衡性不断加剧,中产阶级面临着不小的生存危机③。

3. 韩国

韩国快速的经济发展伴随着中产阶级规模的急剧扩大。据统计,1960年韩国中产阶级在总人口中的占比为19.6%,1970年达到29%,1980年为38.5%,1990年为43.7%④。据韩国企划财政部数据,2016年韩国各项收入分配指标回落,经济计量中产阶级比重随之下降。数据显示,2016年中产阶级的占比为65.7%,同比下滑1.7个百分点。韩国中产阶级的占比2011年为64%,2012年为65%,2013年升至65.6%,2014年略降到

---

① 安然:《政府、市场与中产阶级》,北京师范大学出版社,2016。
② 《奥巴马:国情咨文意在夹缝翻盘》,《新华日报》2015年1月。
③ 〔日〕大前研一:《M型社会——中间阶层消失的危机与商机》,中信出版社,2007。
④ Hong, Doo‐Seung, "Social Change and Stratification," Social Indicators Research 2003 (63): 39-50.

65.4%，2015年回升到67.4%，2016年再次回落。分析指出，中产阶级的占比下滑与收入不平等加剧不无关系。韩国社会收入分配指标2011年以来始终向好，2016年则整体下跌。具体来看，基尼系数2011年为0.311，2012年为0.307，2013年为0.302，2014年为0.302，2015年为0.295，2016年升至0.304[①]。2016年基尼系数掉头朝上，说明收入分配不公平程度加剧。2016年将收入在上游20%的家庭的收入除以收入在下游20%的家庭的收入而得出的五分位收入比为5.45倍，2011年（5.73倍）后时隔5年再次增加。五分位收入比越大，收入分配差距越大。收入分配差距拉大主要是低收入阶级因失业、竞争激烈等原因而收入减少。因此，被中产阶级淘汰的低收入群体增加，导致中产阶级比重下滑。

4. 德国

根据柏林世界经济研究所最新报告，由于就业结构发生变化，德国中产阶级的规模在过去20多年里明显萎缩，1991～2013年从60%降到54%。2016年公布的统计显示，1991年，德国的低收入、中等偏低收入、中等收入、中等偏高收入以及高收入者的占比分别为20%、10%、60%、8%以及2%，到2013年这一占比变化为21%、12%、54%、9%以及4%[②]。德国专家认为，中产阶级人数减少的主要原因是低收入人群扩大。在工业领域就业岗位削减的情况下，从事服务业的职工人数增多，但服务业普遍薪酬较少。此外，德国中产阶级越来越老龄化。据统计，在18～30岁的青年中，中等收入者的比例由1983年的69%下降到2013年的52%。

## （二）新兴国家中产阶级的崛起及脆弱

伴随着主要发达国家经济放缓，中产阶级出现逐步减少的趋势，而新兴国家中产阶级的规模则以惊人的速度在发展。很多经济学家预言20年内在

---

[①]《韩国收入不平等加剧　中产阶级比重下滑》，新浪财经网，http://finance.sina.com.cn/roll/2017-06-06/doc-ifyfuzym8163846.shtml，2017年6月6日。

[②]《就业结构变化　德国中产阶级明显萎缩》，新华网，http://news.xinhuanet.com/fortune/2016-05/17/c_1118880496.htm，2016年5月17日。

全球消费力方面,新兴国家中产人群要超越西方同类群体的力度。美国麦肯锡咨询公司预测中国中产阶级将经历两波发展潮,分别为下层中产阶级壮大和上层中产阶级扩容。预测 2025 年前上层中产阶级将超过中国城市人口的一半;对于始于 1991 年经济腾飞的印度,学者预测印度在未来的 20 年里,中产阶级数量将增长到 40% 以上的水平[1]。

巴西在 20 世纪 50~70 年代经济迅猛发展,培育了一批新的中产阶级,而后 80 年代经济明显放缓,直到 90 年代尤其是 21 世纪以后,得益于外部需求旺盛,巴西经济增长步入稳步发展时期。政府通过各种经济和社会政策,致力于减少贫困,提高国民教育水平和劳动收入,收入分配稳定改善,巴西中产阶级规模开始逐步扩大[2]。但 2014 年以来,失业率高涨,商业信心值跳水,巴西正从世界经济的发动机变成一个新兴市场的病夫。政府为了扭转局势,采取了一系列增加财政盈余的措施,主要措施是控制国有银行借贷,削减社会福利和员工福利。但其实,大部分盈余的实现要靠削减公共投资,而巴西的经济发展还需要依靠这笔投资来进行基础设施建设。结果是,紧缩的财政政策和货币政策加剧了经济下行现象。巴西在 2014 年出现了十年来的首次财政赤字。经济危机导致毕业生就业率下降,这使得刚刚发展起来的中产阶级再度陷入贫穷,成为弱势群体。

### (三)中产阶级内部的结构调整与整体升级

20 世纪 90 年代起,美国新经济的崛起创造了不少中产阶级岗位,但是随之而来的是失业风险和就业压力。据统计,1988~1993 年,美国金融、保险和房地产领域的失业人数由 22.1 万增加到 30 万,在失业潮蔓延的过程中,中产阶级的内部结构发生的互动转型或进一步的升级。特别是 2008 年金融危机之后,大企业的裁员风潮迫使中产阶级追随市场需求的变化而调整职业选择;在制造业衰退的同时,资本、技术和信息服务方面却迅速成为产

---

[1] 周晓虹等:《西方中产阶级理论与实践》,中国人民大学出版社,2016。
[2] 苏海南、王宏、常风林:《当代中国中产阶层的兴起》,浙江大学出版社,2015。

业升级的主导力量，并巩固了制造业基础。同时，美国鼓励投资导向型经济，为促进中产阶级的升级起到了刺激性作用，使中产阶级群体从学历、技术和收入方面均得到了全面提升。统计发现，在中产阶级内部的三个收入等级中，中层中产阶级流失最多，一部分上行，一部分下行，下层中产阶级规模整体收缩，而上层中产阶级整体兴起①。

### （四）全球中产阶级未来定位及动向

虽然中产阶级兴起、聚集于发达国家，但必将会向发展中国家扩散。继20世纪70年代日本和韩国中产化后，越来越多的发展中国家出现中产阶级兴起的趋势，这源于世界经济的结构性调整，经济全球化、自由化打破了西方国家的绝对垄断，财富和机遇也更多向新兴经济体转移。世界银行专家霍米·卡拉斯甚至预测，以中国为首的新兴经济体国家的中产阶级数量将大幅增长，并将取代美欧的中产阶级，成为21世纪全球贸易经济增长的主要拉动力量。对于发展中国家而言，中产阶级或中等收入者这个群体在国家发展中的定位依然将是现代社会发展的支柱无疑，但同老牌发达国家相比很多国家的中产化进程与其现代化进程一样不均衡，初始阶段会遭遇瓶颈，必将推动各项改革，最重要的是彻底推进市场化改革、确定现代的生产关系，塑造真正的市场主体和独立的社会主体，将对培育和发展中产阶级群体具有重要意义②。

## 二　国际培育和扩大中等收入群体的政策措施

1.美国

20世纪50~70年代，美国经济繁荣稳定，中产阶级的生活水平、社会地位均有较大提高，人数也逐步增多。这与罗斯福"新政"引发的美国福

---

① 安然：《政府、市场与中产阶级》，北京师范大学出版社，2016。
② 安然：《政府、市场与中产阶级》，北京师范大学出版社，2016。

利制度建立及新的劳工政策不无关系。新政条件下，工人工资有所提高，最低工资和最高工时的规定有利于广大工人阶级收入水平提高，充分就业和经济繁荣也有助于中产阶级群体规模的扩张①。税率的不断攀升征收了富人的更多税收，财富所有权的集中度明显降低，导致贫富差距减小，中产阶级成为社会主体。所以有人说当时的高税收成就了美国的中产阶级社会。而之后的20世纪70年代，美国经济出现滞涨，中产阶级的经济和地位趋于下降。

到80年代后，里根在竞选演讲中提出"为中产阶级而战"或"为中产阶级谋福利"的口号。他在竞选时一再承诺，上台后的首要任务就是为中产阶级"减负"。如1981年2月提出的改革纲领性文件《美国的新开始——经济复兴计划》，确立了削减联邦开支、减税、改革和去除不必要的联邦管制、维持当前货币价值的货币政策等基本框架。其中，包括的减税计划设想在三年内每年将联邦个人所得税税率削减10%，并强调是平等减税，增加国民收入。里根经济学给当时的经济带来活力，但没有达到供应学派预期的增加收入消灭赤字的结果，使美国陷入了巨额财政赤字状态。尽管为中产阶级提出谋福利的口号，实际上美国的种种社会问题却给当时的中产阶级的工作和生活状态造成了严重影响。

90年代克林顿时期，他描述美国中产阶级工作付出比别人多，酬劳比别人少，医疗条件不佳却是世界上最昂贵的②。为此，他提出"第三条道路"③，包括增加收入和减少支出两个方面的措施。1993年和1997年分别提出《综合预算调整法》和《平衡预算法》，提高大公司和高收入者的税率，通过降低国防费用、削减社保、精简政府人员等方面大力节约开支。值得一提的是他主推"新经济"的主要政策内容是科技和教育，发表白皮书提出科技重点由军用转为民用，并充分强调科技在经济发展中的作用。同时，也提出教育应该置于第一优先的位置。1994年《美国2000年教育目标法》得到推行，并由联邦政府向各州拨款直接分配到学校，鼓励和资助学生创新项

---

① 陈宝森：《美国经济和美国政策》，社会科学文献出版社。
② 〔美〕查尔斯·艾伦等：《克林顿传》，威友、李福胜译，新华出版社，1992。
③ 既不是自由主义式的，也不是保守主义式的，是两者的结合，而且与两者截然不同。

目。1996年政府批准了《福利改革法案》，强调福利不是简单的救济，而是要为人们提供由福利走向工作的途径。据统计，1973年中产阶级为支付家庭生活而工作的时间为每周40.2小时，而1999年增加到50.2小时，休闲时间由26.2小时减少到19.8小时①。说明这一时期的中产阶级主要代表群体白领雇员的工人阶级属性日益彰显②。此外，1992年通过的《致美国人民的新契约》也强调要变救济性福利为工作福利，而后1996年批准的《福利改革法案》提出享受福利的资格和条件是参加工作、积极地寻找就业机会。这也为扩大工薪阶层中产规模打下了坚实的基础。研究发现，90年代的美国中产阶级经历了生产率增长和劳动力市场涨薪争抢劳动者的特殊时期，约3/4的中产阶级劳动者的收入增长来源于工资的增长，而不是之前10余年一直以超时工作而增加收入。与此同时，女性员工劳动参与率也在2001年前后达到了顶点③。

2000年以后，小布什时期也曾效仿里根总统将减税作为经济政策的核心，但相关机构统计发现受益者主要是最高10%的收入群体。与此同时，中产阶级工资收入增长放缓，但该群体也不再基于超时工作来增加收入。此时女性劳动参与率已经很高，并相比过去几十年平均工时增加了很多。据统计，2007年的年工时要比1975年多558小时，相当于多工作14周（40小时）。统计数据显示，20世纪70年代以来，美国贫富差距正在急剧加大。从1979~2005年，美国最富裕的1%人群的税后收入增长了176%，最富裕的20%人群收入增长了69%，而占比为60%的中等收入群体收入只增长了20%④，最底层群体收入增加得更少。所以财富两极分化的局面愈演愈烈。

到了奥巴马时期，他同样也多次呼吁为提高中产阶级收入的出台政策。在2013年1月在华盛顿举行的第二次就职演说中提到，"我们认为，美国的繁

---

① 甄炳禧：《美国新经济》，首都经济贸易大学出版社，2001年。
② 赵竹茵：《中国中产阶级发展问题研究》，博士学位论文，武汉大学，2014年。
③ "Raising Wages and Rebuilding Wealth," Center for American Progress, https://www.americanprogress.org/issues/economy/reports/2016/09/08/143585/raising-wages-and-rebuilding-wealth/, September 8, 2016.
④ 贾东岚：《国外工资收入分配政策》，社会科学文献出版社，2018年。

荣必须依靠中产阶级的广泛肩负"。他于 2015 年 1 月 20 日发表国情咨文演讲，首次旗帜鲜明地提出"中产阶级经济学"的执政理念和以向富人增税、为中产阶级减税为核心的一揽子经济政策方案，包括堵塞税收漏洞、将最富有阶层的资本利得税从 23.8% 提升至 28%、对大型金融公司借贷征收新费用等举措为美国政府未来 10 年增加 3200 亿美元收入，以便支持政府对中产阶级的各种税收减免措施，希望以税收为杠杆缩小美国近年来日益扩大的贫富差距。他提出，首先，要增强工薪家庭的安全感，减轻民众养育子女、上大学、医疗、住房和养老的负担。其次，帮助美国人增强自身技能。奥巴马表示，联邦政府向国会提交的新方案将减轻美国人偿付学生贷款的压力，并使美国人能够享受到两年免费进行社区大学教育。最后，增强美国经济的竞争力和吸引力，奥巴马呼吁国会通过一个跨党派的基础设施建设计划和尽快批准《贸易促进授权法案》，从而改善美国的基础设施状况，加速美国与亚洲、欧洲完成新的贸易协定谈判，帮助美国中小企业出口以促进经济和贸易发展。

经历了 2008~2009 年的次贷危机，美国中产阶级的收入急速下降，根据美国国税局的数据，若将通胀因素计算在内，1988 年美国纳税人平均年薪为 3.34 万美元（约 22 万元人民币），但到了 2008 年，他们的平均收入不但没有增长，甚至还略有下降，为 3.3 万美元（若扣除通胀的因素，可谓收入显著下降）。与此同时，占美国人口 1% 的富人，即年收入达 38 万美元（约 247 万元人民币）以上的人群，20 年来收入增长 33%。美国中产阶级在过去的这次金融危机中遭受了巨大打击，留在他们身后的是一连串的房屋止赎、无数的失业和遭受摧残的健康[1]。之后，随着经济的逐步复苏，中产阶级收入逐步缓升。数据显示，美国 2016 年中产阶级的实际收入刚刚恢复到 2000 年的水平[2]。

1967~2011 年美国中产阶级实际收入变动情况见图 1。

---

[1] 陈思进：《美国模式正在消灭中产阶级——〈看懂财经新闻的第一本书〉选载十》，http://p.t.qq.com/longweibo/index.php?lid=18416664915119111773。

[2] "Raising Wages and Rebuilding Wealth," Center for American Progress, https://www.americanprogress.org/issues/economy/reports/2016/09/08/143585/raising-wages-and-rebuilding-wealth/, September 8, 2016.

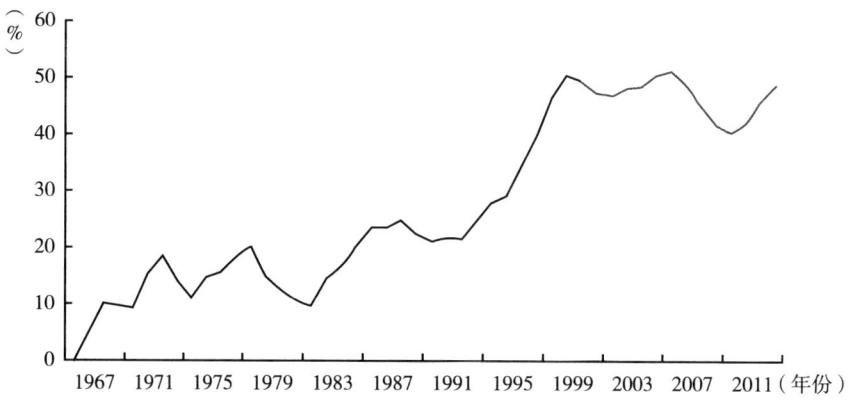

**图1 1967~2011年美国中产阶级实际收入变动情况**

注：2001年中产阶级实际收入停滞不前，在大衰退中急剧下降；其间60%有孩子的黄金年龄家庭实际收入累计增长。

资料来源：Raising Wages and Rebuilding Wealth, Center for American Progress。

2. 日本

很多学者认为日本的中产阶级社会模式很特殊，其他国家中产阶级社会模式形成中均有政府的干预，但日本的中产阶级是自发形成的。日本终身雇佣制和年功序列工资制度促进了工薪阶层的平等，因此日本贫富差距不是很明显，中产阶级成为社会的主流。

日本中产阶级的发展与20世纪60年代的国民收入倍增计划的实施和推动紧密联系。1960年时任首相池田勇人宣布启动为期10年的"国民收入倍增计划"（以下简称"倍增计划"），目标是"国民生产总值和国民收入年平均增长速度为7.8%，人均国民收入年均增长6.9%"。具体措施包括政府加大公共事业投资、产业升级和产业重组、扶持中小企业、重视教育与振兴科技等。倍增计划实施的十年间，一系列政策措施的综合结果是经济总量提前翻番，在倍增计划实施的第7年实现国民收入翻番，国民生产总值跃居世界第二；人均国民收入从395美元增加到1592美元，实际工资平均增长83%；失业率保持在1.1%~1.3%的低水平[①]。倍增计划促进了日本经济的

---

① 张宇轩、林瑞馥：《日本国民收入倍增计划及启示》，《广东商学院学报》2011年第3期。

腾飞和人民生活水平的提高，更重要的是"将经济发展目标确立在全民收入增长基础上，用国民收入增长带动经济总量的增长，而不是将经济增长作为第一目标"①。在十年收入倍增的同时，日本在促进社会公平方面也取得了令人瞩目的成就。1960~1970年日本实际工资平均增长83%，人均可支配收入比基期实际增加65%。60年代中后期日本劳动者报酬占比提高近4个百分点，达到45%左右，处于当时OECD国家前列。日本促进低收入群体收入增长、缩小差距、培植中等阶层的做法包括：一是针对农村和农业劳动者，相继出台《农业基本法》《农业现代化资金助成法》等一系列法规，加大对三农政策倾斜；二是针对城镇劳动者群体引入最低工资制保障低工资群体权益②；三是通过普及义务教育、加大教育投入和提高专业技术培训，提高国民基本素质和劳动技能，通过提高劳动者劳产率提高劳动者收入，同时通过教育缩小劳动者的收入差距；四是通过扶持中小企业发展、产业秩序重组等措施，消除产业之间、地区之间和大小企业之间的双重结构，从而缩小国内工资差别；四是扩展社会保障体系，完善养老保险金，提高健康保险付给率。随着社会财富的增长和国民生活水平的提高，在日本自认为"中产"的人数一直保持在90%左右，形成了"一亿国民皆中产"的"平等社会"。20世纪70年代后期日本经历了石油危机、经济增长放缓。到20世纪80年代后期除了少数拥有高额资产的极富裕人员外，大部分日本人的生活水平停滞不前。到了90年代日本泡沫经济崩溃，股市大量缩水，企业破产、劳工失业等问题不断出现，经济进入低增长甚至负增长时代，绝大多数产业出现大面积亏损。拥有全职、稳定工作的员工，不断被低薪的非正式员工所取代，许多工人被迫接受非法的加班工作，也拿不到加班费。公有企业被私有化，社保、教育等预算都被大幅削减③。而近年来对于日本工作人员而言，财富分配已变得越来越不平等。越来越多的日本人意识到，他们并非生

---

① 张宇轩、林瑞馥：《日本国民收入倍增计划及启示》，《广东商学院学报》2011年第3期。
② 《日本的启示：国民收入倍增计划造就日本黄金时代》，http://news.ifeng.com/history/1/200703/0318_335_89552_3.shtml，2007年3月18日。
③ 苏海南、王宏、常风林：《当代中国中产阶层的兴起》，浙江大学出版社，2015。

活在一个中产阶级社会,而是生活在一个中产阶级日益缩小、贫富差距不断扩大的"不均衡社会"中,越来越多的日本人开始出现这种"沉没"的感觉①。

3. 亚洲四小龙

韩国、新加坡、中国香港、中国台湾这四个东亚国家和地区发展和培育中产阶级的途径不一样,这些国家和地区采用先经济后社会的模式,利用相对较短的时间实现了政治平稳的前提下从落后到发达的经济转型。这几个国家和地区主要是先建立了威权主义政权,然后实现高速经济发展,等社会发展到一定阶段,积累了一定的财富后,国家和地区再搞社会制度建设②。亚洲四小龙主要是在政府扶持下,和平而且稳定的基础上出现了一定规模的中产阶级。这些国家和地区的发展模式主要基于市场经济与政府支持保障结合条件下快速发展,如韩国政府与企业联盟形成大企业集团,中国台湾扶持战略性企业的同时鼓励中小企业发展,中国香港则在崇尚自由市场的基调上,政府也不失保障市场正常运行的责任,新加坡尽管国有企业庞大,但是企业运作也是遵循市场规则而进行竞争和发展起来的。这四个国家和地区在经济发展的过程中,均提倡脑力劳动创造财富和实现梦想,并在经济发展的基础上逐步实现民主,同时社会平等和人群流动也促进了本国或本地区中产阶级的发展。

4. 巴西

20世纪30年代以后长达50年的时间里,巴西基本保持了较快的经济增长速度。1960年,巴西中产阶层规模达到就业人口的18.2%③。20世纪80年代以后巴西经济增长明显放缓,同时出现收入差距扩大、犯罪率上升、社会不稳定因素增加等现象。进入20世纪90年代尤其是21世纪以后,政府通过各种经济和社会政策,致力于减少贫困,提高国民教育水平和劳动收

---

① 《中产阶级社会的四大模式之二日本模式》,http://blog.sina.com.cn/s/blog_593f952701001587.html。
② 郑永年:《全球化中的东亚模式》,《金融博览》2012年第8期。
③ 苏海南、王宏、常风林:《当代中国中产阶层的兴起》,浙江大学出版社,2015年。

入,收入分配稳定改善,巴西中产阶级规模开始逐步恢复,达到30%以上。这些经济和社会政策包括:一是通过最低工资标准等手段调控工资分配差距;二是运用税收手段调节收入差距;三是促进就业,鼓励中小企业发展;四是通过教育扶贫政策减轻低收入家庭负担,提高人口素质;五是推行公平、一体化的社会保障制度;六是加大政府开支,实行多种贫困救济计划。

## 三 对我国的启示

### (一)扩大中等收入群体须以经济发展为基础

从大多数国家的中产阶级培育、发展、衰退、更新换代等实践中可以发现,中产阶级的规模、生活状态,特别是这一群体的收入状况与经济周期存在着正相关性。从美国数据看,20世纪90年代,收入中位数持续上升,而在2008年金融危机期间则明显下降,而且由于房价下跌、中产阶级的净资产也比危机前缩水了近40%,近几年以来美国经济逐步复苏,中产阶级实际收入得以逐步回升。

### (二)市场体制主导与政府适度干预相结合

就多数国家中产阶级发展过程看,中产阶级的每一个重大变化,从规模扩张到结构更替,从功能完善到人格发展,都是由市场体制主导的,中产阶级是市场的主体,也是国际竞争的主体,只有在现代市场体系下,中产阶级才能成为独立强大的群体。当然,政府在发展过程中的扶植、保护机制不可缺失。换句话说,中产阶级是随着现代生产关系的确立和完善自然兴起的阶层,它培育和发展于市场体系之中,由市民社会来支撑和规范,并借政府干预来维持和调整。

### (三)在加快城市化进程中进一步调整产业结构

城市化速度的快慢和程度的高低,与中等收入群体或中间阶层的扩大与否关系密切。同时，国外中产阶级的发展历程表明，二战后中产阶级尤其是新中产阶级的增长与第三产业即服务业的快速发展密切相关。中国需加快城市化进程，切实加强工业化对农村的反哺，缩小城乡差距，为中等收入群体占主导地位打下坚实基础。城市化进程要求第二、三产业不断提供更多、更新、更丰富的产品和服务，从而创造出大量的中产阶级职位，这样降低传统产业从业人员的占比，提高第三产业人员的占比，才有可能进一步扩大中产阶级或中等收入群体规模。

### （四）制定合理的一揽子收入分配政策

很多国家或地区在发展过程中，为了刺激经济和提升国民收入，普遍推行了相应的收入分配制度，例如，对富人征收较高的税负，大力扶持中小企业，减轻普通工薪阶层的税负负担，引导形成相对合理的国民收入分配格局。国家应通过健全法制和有效的税收体制以及完善全面的社会保障体系，在保护下层收入群体的经济利益的同时，使国民财富合理而有效地向中等收入群体流动，逐步形成中等收入群体占主导地位的橄榄形收入分配格局。

### （五）大力发展教育事业

扩大中等收入群体收入的关键因素在于发展教育事业。各国（地区）的经验表明，在社会经济发展到一定程度以后，政府普遍面向全体社会成员推行义务教育提高人口素质，积累人力资本，提高国家整体的创新能力。尤其是新兴市场经济国家或地区，工业化主要从承接发达国家的制造业开始起步，除了加大教育投入，注重基础教育外，也注重强化技能培训，提高国民素质与生产率。例如，中国台湾提出"双轨的人力开发制度"，把职业训练摆在和教育同等重要的位置。我们国家要有效扩大中产规模，积极发展高等教育，优化专业结构的同时，也要优化和平衡教育资源，大力发展义务教育、农村教育和职业教育。

### （六）营造有利于中产阶级发展的政治环境

中国社会正处于市民社会建设初期，中产阶级在政治生活领域没有常态化的参与机制①。国家应为中产阶级的发展创造良好的制度环境,从国家与社会关系的维度进一步扩大市民社会的空间,形成以中产阶级为主体的市民社会,为中产阶级发展成为行动的阶级积蓄力量。同时,需要加强政治民主的建设,扩大中产阶级的政治参与渠道,推进政治民主化进程。

---

① 赵竹茵:《中国中产阶级发展问题研究》,博士学位论文,武汉大学,2014。

# Contents

## I  General Report

B.1  Status Quo and Trend of Wage Income Distribution Reform
and Development in China　　　　　　　　　　*Tan Zhonghe* / 001

**Abstract**: Wage is the most important source of income for the majority of laborers and their families, and wage distribution has a dominant position in the national income distribution. In the recent years, the wages of various laborers in China have been growing steadily and the overall growth rate is in line with GDP growth rate as well as the increase of labor productivity. Laborers have better shared the fruits of social and economic development, and the economic and material foundation of people to live a better life is being constantly reinforced. However, the new era still faces the demand to further regulate the pattern of wage income distribution, and the income gap between groups, regions and industries is still unreasonable. Some laborers, especially front-line laborers and low-income laborers, have slow wage growth. The incentives for scientific and technical talents are insufficient, and the contradiction between the urgent need for laborers to faster increase their wages and the continuous increase in labor costs of enterprises has become increasingly prominent. In terms of each factor distribution, due to the strong trend of capital and the insufficient distribution of labor factors, it is necessary to continuously deepen the reform and improve and perfect the wage distribution system which will adapt to the socialist market economy system in the new era.

**Keywords**: Wage; Distribution According to Performance; Factor Distribution; Minimum Wage

# Contents

## Ⅱ  Law & Policy Reports

**B. 2**  State-owned Enterprise Wage Decision Mechanism Design

*Xu Yingjie* / 027

**Abstract:** Under the background that there are still some problems to be solved in the wage determination mechanism of state-owned enterprises, and the classification reform of state-owned enterprise has become the basic idea of the reform of state-owned enterprises, the perspective of designing the wage determination mechanism of state-owned enterprise based on the classification of state-owned enterprise is put forward. Based on the re-understanding of the wage determination mechanism of state-owned enterprise and the re-deconstruction of the contents of the wage determination mechanism of state-owned enterprise, the reconstructing thinking and basic reconstructing logic of the wage determination of state-owned enterprise is put forwards. Matching with the sixteen categories of the state-owned enterprise which are divided based on the two dimensions of market concentration and ownership structure, the sixteen types of wage determination mechanism are proposed.

**Keywords:** State-owned Enterprises; Wage Determination Mechanism; Classification Perspective

**B. 3**  Exploration and Construction of A "Two-synchronization" Long-term Mechanism

*Liu Junsheng* / 046

**Abstract:** Deepening the salary system reform of China have important significance to the construction of "two synchronization" long-term mechanism. This thesis is basing on the catching and understanding the rich connotation of "two synchronization" and intrinsic mechanism, proposing the 3 evaluation

methods and principles, such as the growth rate adjustment method, elastic value evaluation, comparative evaluation, and evaluating systematically according to the current situation of "two synchronization" of China, analyzing the existed issues and the causes. Meanwhile, by referencing the experience of distribution regulation and reform of the developed country and district, the suggestions of the salary system and related matching system reform of China are proposed regarding the construction of "two synchronization" long-term mechanism, which can be referenced and learned by relevant department.

**Keywords**: Resident Income; Economic Growth; Labor Remuneration; Labor Productivity; Salary System Reform

B.4  Report on Analysis of Policy Related to Expanding Middle-income Groups    *Wang Hong* / 066

**Abstract**: In this report, through repeated comparison and calculation it is put forward that the national absolute standard for middle-income groups in China is that the per capita annual disposable income is 31000 - 78000 Yuan, and that the annual wage income per each wage laborer should reach 50000 - 125000 Yuan (it is the absolute price in 2015). The middle income standards in megalopolises such as Beijing and Shanghai are determined as twice as the national standard. The size of middle-income groups in China is continuously expanding, currently accounting for approximate 25% of gross population and mainly concentrating in towns. Compared with the developed countries, the size of middle-income groups in China is smaller, the income level is not high, the pressure from expenditure is larger, the income source is single, the stability is weaker; and the distribution is unbalanced between urban and rural areas, industries and groups. The reasons to restrict the growth and development of middle-income groups are complex. It is necessary to advance the construction of factor market and property income distribution system through increasing the labor remuneration and resident income ratio, perfect the staff wage growth mechanism, promote the reform of the distribution system of government enterprises, and encourage the exploration of participation and distribution methods of technology and skill factors, improve the quality of laborers and human capital, and make better use of the underpinning, guidance and regulation functions in the field of primary distribution and redistribution, and guide and promote the development and expansion of middle-income groups.

**Keywords:** Middle -Income Groups; National Income; Primary Distribution; Redistribution

B. 5 Coordination and Promotion of the Supporting Reform of Wage Income Distribution, Employment and Social Security

*Tan Zhonghe* / 080

**Abstract:** The reform of wage income distribution is actually the intersection of income distribution, employment and social security reform. The complexity and importance of such three reforms are finally reflected in the holistic income distribution reform. The specific single reform in employment and social security, such as employment policy, basic endowment insurance and unemployment insurance, could be integrated together. Employment and social security as the important people's livelihood, and the reform of income distribution are the deep constraints of such two reforms. In this report, the history and evolution of wage income distribution, employment and social security reform since the founding of New China, especially since reform and opening up are summarized, the internal mechanism and relation of such three reforms are analyzed, and the imbalance and discordance in such three reforms are indicated. Aiming at the contradictions and problems in such three reforms, the policy proposals based on the reform of wage income distribution and deepening the reforms of employment and social security are put forward, mainly including: increasing the proportion of labor remuneration, achieving fully stable employment; deepening the recognition of employment status and wage income, taking income as an important standard to measure the employment; meanwhile, reforming the social security payment base, closely monitoring the income from wage and salary, taking the full-caliber resident income as the base to change the "voluntary insurance participation" of endowment insurance and medical insurance for residents into the policy measures such as compulsory insurance participation by law.

**Keywords**: Wage Income Distribution; Employment; Social Security; Supporting Reform

### B. 6 Assessment of the Influence of Minimum Wage Standard Adjustment on Enterprise Affordability    *Hu Zongwan* / 108

**Abstract**: This report evaluates the affordability of the minimum wage adjustment in 2018 through macro-statistics and related micro-survey data. On the basis of comprehensive analysis of macro-statistical data and micro-questionnaire survey results, the evaluation conclusion of the adjustment of the national minimum wage standard in 2018 has been formed. The evaluation concludes that the possible negative impact of the minimum wage adjustment in 2018 on the overall affordability of enterprises is controlled, but it has a greater impact on labor-intensive enterprises, showing regional and industrial differences. Based on the evaluation results and the trend of macroeconomic, enterprise profit and price changes in 2019, this paper puts forward the general suggestion that the minimum wage standard should be adjusted more carefully in 2019.

**Keywords**: Minimum Wage; Evaluate; Enterprise Affordability

# Ⅲ  Region & Industry Reports

B. 7   Analysis of Labor Costs in Some Cities of China (2014~2016)

*Di Huang* / 129

**Abstract**: In this report, several typical cities in eastern, central, western and northeast China are selected, and a comprehensive and systematic analysis of change in labor cost level, labor cost structure, labor cost index and labor cost input & output from 2014 to 2016 is made. The change in the labor costs of each city and its major industries, especially the change in the labor cost of manufacturing industry, is emphatically analyzed, and the labor costs of different-scale enterprises in individual cities are also analyzed. According to the analysis, it is found that: the gap of labor cost levels and labor compensation levels between cities has been widened; the gap of labor cost levels and input & output between industries has been widened; the gap of labor cost levels of manufacturing industries between cities has been widened; compared to other cities, the per capita labor cost levels in Beijing and Shanghai are higher, but the labor cost input & output effects are better and the relative labor cost levels are lower.

**Keywords**: Labor Cost; Remuneration for Labor; Manufacturing Industry


B. 8   Report on Analysis of Wage Income Gap Among the Regions of China

*Sun Yumei* / 150

**Abstract**: Based on the national statistical data, the change of wage income gap in China since reform and opening up is analyzed and the current situation of wage income gap between regions in 2017 from multiple perspectives including the wage income level, wage growth rate, urban private-owned enterprises and urban non-private-owned enterprises is analyzed in detail in this report. The study results show that since reform and opening up, the wage income gap between regions of China has been wavelike widened gradually, presenting a centralized and solidified tendency in high-wage regions and low-wage regions. The reasons for regional wage income gap are related to the imbalance of economic development, the difference in factor endowment, the labor flow barriers and market segmentation, the degree of opening up, the degree of industry agglomeration and the policy system between different regions. For the alleviation of regional wage income gap, the effective measures are must be taken at the height of economic development strategy to promote the coordinated and balanced development of economy and society between regions, so that the problem of regional wage income gap could be solved fundamentally.

**Keywords**: Region; Wage Income Gap; Factor Endowment

B.9 Analysis of the Impact of Rising Labor Costs on the Development of Intelligent Manufacturing Industry  *Qian Cheng* / 171

**Abstract**: Based on the comparison of concepts such as intelligent manufacturing artificial intelligence, industrial automation and industrial robot, through the investigation of the influence of domestic and international artificial intelligence on the labor market (employment, distribution, skill training), the development of intelligent manufacturing in China and the change in labor costs of manufacturing industries of China as well as the correlation between both are analyzed in this report by the utilization of study methods such as literature research, comparative analysis and case analysis.

**Keywords**: Labor Cost; Intelligent Manufacturing, Artificial Intelligence

B. 10 Analysis of Construction of Collective Wage Negotiation System in Food and Beverage Industry of Jiangsu Province

*Wang Xia, Wang Hong* / 187

**Abstract:** Taking Jiangsu Province as a sample, this study analyzed the preliminary results of collective bargaining in catering industry and the problems to be solved. As a major catering province and an earlier province to carry out collective bargaining on industry-level, Jiangsu Province has some problems, such as unbalanced regional development, imperfect development of both bargaining-parties, imperfect working procedures of collective bargaining and unsatisfactory quality and effect of collective bargaining. Therefore, we need to guide enterprises to establish a correct negotiation concept, and continue to work hard in standardizing the negotiation subject, grasping the negotiation chance, classifying and partitioning to solve the common system problems, so as to achieve the double breakthroughs of "enlarging the scope" and improving the quality and efficiency. The determination of the subject of collective bargaining in the industry should also be based on solving the problems that workers generally care about and urgently need to solve.

**Keywords:** Catering Industry; Industial Collective Bargaining; Jiangsu Province; Labour Union

## Ⅳ Income Groups Reports

B. 11 Report on Analysis of the Executive Compensation of Listed Companies in Shanghai and Shenzhen in 2017

*Chang Fenglin* / 200

**Abstract:** Based on the data and a brief analysis of the overall level and growth of top executives compensation of China's A-share listed companies in 2017, this paper briefly analyzes top executives compensation level of listed

companies in different industries, ownership and scales, so as to provide a reference for enterprises to establish and improve the incentive and restraint mechanism of top executives compensation, to implement market-oriented standards and to perfect corporate governance.

**Keywords**: Top Executives; Compensation; Incentive and Restraint

B.12　Analysis of the Salary of College Graduates in Beijing

*Research Group* / 218

**Abstract**: We analyze the salary of college graduates in Beijing in 2018, the salary growth of college graduates in the past three years by surveys and statistics on the salary of college graduates in Beijing from 2016 to 2018 and we propose to strengthen the public service of college graduates' salary information in Beijing.

**Keywords**: Beijing; College Graduates; Salary; Key Industries

B.13　Analysis on the Reform and Practice of the Salary Distribution System of Administration Committee of Development Zones in China　*Wang Xueli* / 239

**Abstract**: Since the reform and opening up, numerous development zones with different functions have emerged in China, which have become an important force supporting China's economic growth and transformation and development. The administrative committee of the development zone plays an important role in the development of the zone. In recent years, some management committees of development zones have strengthened the reform of personnel and salary system and achieved good results. This study summarizes the experience of the reform of personnel and salary system of the administrative committee of the development zone, analyzes the particularity of management of the administrative committee of the development zone and the labor characteristics of the personnel, analyzes the existing problems, and puts forward policy Suggestions for the further improvement of the reform of personnel and salary system of the administrative committee of the development zone.

**Keywords**: Development Zones; Management Committee; Wage Distribution; Personnel System

# V  International Reference Reports

B. 14  Enlightenment from Salary Incentives of Typical National Researchers  *Xiao Tingting / 257*

**Abstract**: Through the studies on the salary incentives such as basic salary, performance salary, and income obtained from transfer and transformation of the scientific achievements of scientific researchers in the typical state-owned scientific research institutions, some measures and suggestions on how to perfect the salary incentives of scientific researchers in China are proposed in this report. Firstly, the differentiated salary incentive mechanism should be determined based on the different functional orientations and discipline classifications; secondly, the title-based salary system should be reformed to enhance the roles of positions, abilities and actual contributions; thirdly, the management and reform of scientific research funds should be deepened to form the effective incentives and constraints on scientific researchers; fourthly, the performance management of scientific researchers should be perfected to establish the ability & performance-oriented performance evaluation system; fifthly, the achievement transfer and transformation mechanism should be further improved to ensure the smooth achievement transformation.

**Keywords**: Scientific Researchers; Performance; Achievement Transformation; Salary Incentives

B.15 Law of Wage Growth in the Industrialization Process of
Developed Countries  *Qian Cheng* / 272

**Abstract**: At the 19th National Congress of the Communist Party of China, the magnificent goal from building a moderately prosperous society in all respects to the basic realization of modernization and then to building a powerful socialist modernization country in all respects was put forward, in which narrowing the income distribution gap and expanding the middle-income groups were important. Through retrospection of industrialization process of developed countries, the completion of industrialization is also a process in which national income is continuously increased, middle-income groups are continuously expanded and the gap between rich and poor is continuously narrowed. Corresponding to the current stage of industrialization development in China, this report is based on industrialization theory and economic history methodology. In this report, the law of wage growth trend is summarized through investigation of wage growth in the industrialization process of developed countries, providing references for studying and judging the current situation of wage income growth in the industrialization process of China.

**Keywords**: Developed Countries; Industrialization; Law of Wage Growth


B.16 International Reference for the Development Trend of
Middle-income Groups  *Jia Donglan* / 284

**Abstract**: This report summarizes the development trend of overseas middle-income groups. Based on an in-depth analysis of the policy measures of developed and emerging countries in cultivating and expanding middle-income groups, this paper proposes policy implications and suggestions for expanding middle-income groups in China: First, expanding middle income group must be based on economic development. Second, it must combine market system leadership with appropriate policy intervention. Third, it is necessary to further adjust the industrial structure in the process of accelerating urbanization. Fourth, formulate a reasonable package of income distribution policies. Fifth, vigorously develop education; The sixth is to create a political environment conducive to the development of the middle class.

**Keywords**: The Middle Class; Distribution Policy; International Reference

社会科学文献出版社　皮书系列

## ❖ 皮书起源 ❖

"皮书"起源于十七、十八世纪的英国，主要指官方或社会组织正式发表的重要文件或报告，多以"白皮书"命名。在中国，"皮书"这一概念被社会广泛接受，并被成功运作、发展成为一种全新的出版形态，则源于中国社会科学院社会科学文献出版社。

## ❖ 皮书定义 ❖

皮书是对中国与世界发展状况和热点问题进行年度监测，以专业的角度、专家的视野和实证研究方法，针对某一领域或区域现状与发展态势展开分析和预测，具备原创性、实证性、专业性、连续性、前沿性、时效性等特点的公开出版物，由一系列权威研究报告组成。

## ❖ 皮书作者 ❖

皮书系列的作者以中国社会科学院、著名高校、地方社会科学院的研究人员为主，多为国内一流研究机构的权威专家学者，他们的看法和观点代表了学界对中国与世界的现实和未来最高水平的解读与分析。

## ❖ 皮书荣誉 ❖

皮书系列已成为社会科学文献出版社的著名图书品牌和中国社会科学院的知名学术品牌。2016年，皮书系列正式列入"十三五"国家重点出版规划项目；2013~2019年，重点皮书列入中国社会科学院承担的国家哲学社会科学创新工程项目；2019年，64种院外皮书使用"中国社会科学院创新工程学术出版项目"标识。

**权威报告·一手数据·特色资源**

# 皮书数据库
## ANNUAL REPORT(YEARBOOK) DATABASE

## 当代中国经济与社会发展高端智库平台

**所获荣誉**

- 2016年，入选"'十三五'国家重点电子出版物出版规划骨干工程"
- 2015年，荣获"搜索中国正能量 点赞2015""创新中国科技创新奖"
- 2013年，荣获"中国出版政府奖·网络出版物奖"提名奖
- 连续多年荣获中国数字出版博览会"数字出版·优秀品牌"奖

**成为会员**

通过网址www.pishu.com.cn访问皮书数据库网站或下载皮书数据库APP，进行手机号码验证或邮箱验证即可成为皮书数据库会员。

**会员福利**

- 已注册用户购书后可免费获赠100元皮书数据库充值卡。刮开充值卡涂层获取充值密码，登录并进入"会员中心"—"在线充值"—"充值卡充值"，充值成功即可购买和查看数据库内容。
- 会员福利最终解释权归社会科学文献出版社所有。

数据库服务热线：400-008-6695
数据库服务QQ：2475522410
数据库服务邮箱：database@ssap.cn
图书销售热线：010-59367070/7028
图书服务QQ：1265056568
图书服务邮箱：duzhe@ssap.cn

卡号：465363414481
密码：

## 中国社会发展数据库（下设 12 个子库）

全面整合国内外中国社会发展研究成果，汇聚独家统计数据、深度分析报告，涉及社会、人口、政治、教育、法律等 12 个领域，为了解中国社会发展动态、跟踪社会核心热点、分析社会发展趋势提供一站式资源搜索和数据分析与挖掘服务。

## 中国经济发展数据库（下设 12 个子库）

基于"皮书系列"中涉及中国经济发展的研究资料构建，内容涵盖宏观经济、农业经济、工业经济、产业经济等 12 个重点经济领域，为实时掌控经济运行态势、把握经济发展规律、洞察经济形势、进行经济决策提供参考和依据。

## 中国行业发展数据库（下设 17 个子库）

以中国国民经济行业分类为依据，覆盖金融业、旅游、医疗卫生、交通运输、能源矿产等 100 多个行业，跟踪分析国民经济相关行业市场运行状况和政策导向，汇集行业发展前沿资讯，为投资、从业及各种经济决策提供理论基础和实践指导。

## 中国区域发展数据库（下设 6 个子库）

对中国特定区域内的经济、社会、文化等领域现状与发展情况进行深度分析和预测，研究层级至县及县以下行政区，涉及地区、区域经济体、城市、农村等不同维度。为地方经济社会宏观态势研究、发展经验研究、案例分析提供数据服务。

## 中国文化传媒数据库（下设 18 个子库）

汇聚文化传媒领域专家观点、热点资讯，梳理国内外中国文化发展相关学术研究成果、一手统计数据，涵盖文化产业、新闻传播、电影娱乐、文学艺术、群众文化等 18 个重点研究领域。为文化传媒研究提供相关数据、研究报告和综合分析服务。

## 世界经济与国际关系数据库（下设 6 个子库）

立足"皮书系列"世界经济、国际关系相关学术资源，整合世界经济、国际政治、世界文化与科技、全球性问题、国际组织与国际法、区域研究 6 大领域研究成果，为世界经济与国际关系研究提供全方位数据分析，为决策和形势研判提供参考。

# 法律声明

"皮书系列"(含蓝皮书、绿皮书、黄皮书)之品牌由社会科学文献出版社最早使用并持续至今,现已被中国图书市场所熟知。"皮书系列"的相关商标已在中华人民共和国国家工商行政管理总局商标局注册,如LOGO( )、皮书、Pishu、经济蓝皮书、社会蓝皮书等。"皮书系列"图书的注册商标专用权及封面设计、版式设计的著作权均为社会科学文献出版社所有。未经社会科学文献出版社书面授权许可,任何使用与"皮书系列"图书注册商标、封面设计、版式设计相同或者近似的文字、图形或其组合的行为均系侵权行为。

经作者授权,本书的专有出版权及信息网络传播权等为社会科学文献出版社享有。未经社会科学文献出版社书面授权许可,任何就本书内容的复制、发行或以数字形式进行网络传播的行为均系侵权行为。

社会科学文献出版社将通过法律途径追究上述侵权行为的法律责任,维护自身合法权益。

欢迎社会各界人士对侵犯社会科学文献出版社上述权利的侵权行为进行举报。电话:010-59367121,电子邮箱:fawubu@ssap.cn。

社会科学文献出版社